谨以此书
庆祝中国共产党成立九十五周年
纪念恽代英同志牺牲八十五周年

国家社科基金重大招标项目研究成果

《恽代英全集》的
编纂与研究

YUNDAIYING QUANJI DE
BIANZUAN YU YANJIU

顾问　恽希良　恽铭庆

编著　李良明　申富强

人民出版社

父亲走上革命道路的引路人

今年 8 月 12 日是中国共产党创建时期的早期领导人、著名的青年运动领袖恽代英同志诞辰 120 周年的日子。此时此刻，我们分外怀念这一伟大的共产主义战士、杰出的无产阶级革命家。

恽代英同志是中国共产党早期著名的领导人，在"打倒列强、除军阀"的大革命洪流中投身革命，为新民主主义革命胜利立下了不朽功勋。他是中国共产主义运动的先驱之一，创造性地将马克思主义应用于中国国情，短暂一生中留下了近 300 万字的思想理论著述，成为我们党思想理论建设的宝贵财富。他是著名的青年运动领袖，带领广大青年创办进步团体和进步刊物，主编的《中国青年》培养和影响了整整一代青年。恽代英同志追求理想、崇尚真理，对革命事业忠心耿耿，对共产主义信念坚定不移，即使被捕入狱仍矢志不渝，写下"浪迹江湖忆旧游，故人生死各千秋。已摈忧患寻常事，留得豪情作楚囚"的豪言壮语，为革命事业奋勇抗争，直至壮烈牺牲。1950 年周恩来同志为纪念恽代英殉难 19 周年题词："中国青年热爱的领袖——恽代英同志牺牲已经 19 年了，他的无产阶级意识，工作热情，坚强意志，朴素作风，牺牲精神,群众化的品质,感人的说服力,应永远成为中国革命青年的楷模。"这一题词高度概括了他极不平凡的一生。

恽代英同志是我的父亲刘瑞龙走上革命道路的引路人。父亲曾告诉我,1924年全国革命形势风起云涌,在他就读的通州师范,恽代英同志通过"晨光社"这一进步社团传播革命的种子。父亲的表姐葛季膺和她的丈夫、恽代英的胞弟恽子强,都是在恽代英同志的教育帮助下参加中国共产党的。正是通过他们,父亲直接接触到马克思主义。当时,恽代英、萧楚女同志经常寄送进步书刊,父亲有机会看到《共产党宣言》《社会进化简史》《共产国际党纲》等,从而接受了马克思主义的熏陶,决心献身共产主义事业。那个时期,还有许许多多像父亲一样的有志青年,在恽代英同志的带动下加入党的队伍,为共产主义事业奉献终身。

当前,我们国家的发展正站在新的历史起点上,老一辈无产阶级革命家开创的事业不断推向前进,民族伟大复兴呈现光明前景。斯人已逝,其志不朽。在恽代英同志诞辰120周年之际,我们要通过多种方式,宣传学习恽代英同志的光辉事迹,教育广大共产党员弘扬其革命精神,坚定为党和人民的事业而奋斗的信心决心,坚定不移走中国特色社会主义道路,紧密团结在以习近平同志为总书记的党中央周围,奋发进取,众志成城,为实现"两个一百年"奋斗目标、实现中华民族伟大复兴的中国梦而努力奋斗!

此情绵绵似江流

　　奔腾不息的长江之水从青藏高原的雪山下迸发,流入苍茫大地。长江,滋养了伯父恽代英果敢奔放的性格,赋予了他求索创造的风采与气概,也记录了他壮怀为国、探求真理和信仰和把革命的火种传播到大半个中国的足迹。小时候,他常带族兄弟们到江边去观看起伏的波澜,希望自己的学识像长江一般宽广辽阔、容纳百川,希望自己的理想像长江巨浪荡涤尘埃、奔向未来。

　　1913 年,18 岁的恽代英考入武昌中华大学预科,毕业后应聘为该校附中部主任。1915 年,陈独秀创办了著名的《青年杂志》,恽代英受其影响积极投身革命活动,发表大量文章,宣传新思想,表达反帝反封建、爱国求变革的思想。

　　五四运动爆发,中国人民的救国热情冲击着恽代英的心灵。目睹遍地狼烟、满目疮痍的祖国,他从心底发出呐喊:"国不可以不救。他人不去救,则唯靠我自己;他人不能救,则唯靠我自己;他人不下真心救,则唯靠我自己;自己要是不真心救,就是亡国奴的本性了!"他像夏日里冲出堤坝的江水奔涌着、呼号着,勇敢而坚定地向着探索中国发展道路而奋进、冲击。他带领同学们贴标语、发传单,创办学生周刊,不断掀起新的革命浪花。他在武汉组织策动罢课、罢工、罢市的"三罢"斗争,声援北京学生爱国运动,成为中国早期青年运动的领导人之一。

　　为传播新思想、新文化,恽代英与林育南、萧楚女等人于 1920 年 2 月在武昌创办了利群书社,并到北京与李大钊、邓中夏等建立了联系,接受并宣传马克思主义思想。1921 年 7 月,他在黄冈浚新学校成立了具有共产党早期组织性质的革命团体——共存社。同年年底,他加入了中国共产党。

信仰产生力量。恽代英把探求真理和信仰比作光明之灯,心中有这盏明灯,"如黑地有灯,则自增其勇往之气;无希望如无灯,则举足略有崎岖即生畏缩之心,如人遇小挫折即生消极之想也。希望愈大如灯光愈大,则风不能息"。为了追寻这光明之灯,他刻苦研究各种社会主义思潮,探索中国革命发展道路,留下了近 300 万字的遗著,在中国共产党及其人民军队的创建和发展、推进马克思主义中国化和大众化过程中作出了独特贡献。

九曲回肠的珠江之水蜿蜒而曲折。珠江以它"三江来水,八门出海"的特性,使得一方水土更具包容性和领潮性。1926 年 1 月,恽代英满怀期待前往广州参加国民党第二次全国代表大会。在这次大会上,他当选为国民党中央执行委员,同时被选为中共党团的干事。这让恽代英对国共合作、反对军阀和帝国主义有了更多的期待。

他是中共党内最早认识到武装斗争重要性的领导人之一。早在 1922 年 9 月 25 日,恽代英就在《东方杂志》发表了《民治运动》,提出了"组织作战的军队"的思想,特别强调:"时机危急了! 我们要赶快组织作战的军队,为民治政治,向一切黑暗的势力宣战。"

然而,蒋介石制造的中山舰事件使中共在黄埔军校的党内力量受到很大的削弱和限制。在严峻的形势下,周恩来推荐恽代英出任黄埔军校政治总教官兼中共党团书记。从此,开始了他革命军人的生涯。

从灰长衫到灰军装,恽代英对武装斗争重要性的认识进一步得到增强。他与聂荣臻一起负责中共黄埔特别支部,就革命军队的建设问题作了许多重要论述,先后编写了《国民革命》《政治讲演大纲》《政治学概论》《军队中政治工作的方法》等教材、论文、讲义,使党的军队建设、思想理论、组织宣传日臻完善。

"四一二"反革命政变后,恽代英萌发了中国共产党要独立领导武装斗争的思想。1927 年 7 月 23 日,恽代英赴九江参加周恩来领导的"八一"南昌起义,任中共前敌委员会委员,千方百计保存了武汉中央军校的革命武装;他克服党内右倾思想,坚决参与领导南昌起义和广州起义,成为缔造新型人民军队的实践者和见证者。在起义部队受到重创,血与火、生与死的考验面前,恽代英鼓励青年官兵不灰心、不气馁,"年轻人,有决心干30年革命,你不过50岁。接着再搞30年建设,你不过80岁,我们的希望,我们的理想社会主义、共产主义恐怕也实现了。那时世界多么美妙!也许那时年轻人不相信我们曾被又残暴又愚蠢的两脚动物统治过多少年代,也不易领会我们走过的令人难以设想的崎岖道路。我们吃尽苦中苦,而我们的后代则可以享到福中福。为了我们崇高的理想,我们是舍得付出代价的。"南昌起义之后,恽代英和张太雷一起参加和领导了广州起义,他那典型的书生气质与拿起武器穿军装的身影,一起留在了人民军队光辉壮丽的史册中。

水,本来是柔软的,但在封闭和压迫下却能迸发钢铁般的坚韧与锐利。

滔滔入海的黄浦江水,见证了伯父恽代英高尚的人格与风范,将他短暂而光辉的一生定格在中国革命战斗的第一线,他用生命诠释的"为将来的人创造美满生活的战士,我们不要为自己的痛苦伤心",化作浩瀚大海里最美的浪花。

恽代英长期承担党的宣传教育工作和青年运动工作,是党的著名理论家和青年运动领袖。他的足迹留在长江之滨、珠江水畔、黄浦江旁……他以"摩顶放踵以利天下"的精神宣传反帝救国,传播马列主义。所到之处,或口若悬河、热情奔放地演讲鼓动,或文思敏捷、倚马可待地作文宣传,或循循善诱、诲人不倦地授课辅导,或以身垂范,坚持正义和主张,凡是和他接触过的人,对他都会有极深的印象,许多青年就是在他的生动宣讲和战斗檄文里找到了真理,看到了光明,自觉地走上了革命的道路。郭沫若曾撰文回忆:"在大革命前后的青年学生们,凡是稍微有些进步思想的,不知道恽代英,没有受过他的影响的人,可以说没有。""假使我们从事调查,就会发现从四川那样的山坳里,远远跑到广州去投考黄埔军校的青年,十有八九是受了代英的鼓舞。"而他的正气、胆识和血性,却让反动当局恨之入骨,多次遭到扣留、通缉,甚至拘捕。恽代英将个人生死置之度外,总是走在队伍前面,与部队并肩战斗,做到了"决不怕,不逃,准备好到西门外(枪毙)"。

在恽代英留给我们的宝贵文稿中,清晰地记录着他这样的自白:"我身上没有一件值钱的东西，只有一副近视眼镜，值几个钱。我身上的磷，仅能做四盒洋火。我愿我的磷发出更多的热和光，我希望它燃烧起来，烧掉古老的中国，诞生一个新中国！"

1930 年 5 月 6 日，伯父恽代英在上海不幸被捕，在敌人的监狱中，他经受了严峻的考验。1931 年 4 月 29 日，恽代英在南京慷慨就义，年仅 36 岁。周恩来为恽代英亲笔题词："他的无产阶级意识，工作热情，坚强意志，朴素作风，牺牲精神，群众化的品质，感人的说服力，应永远成为中国革命青年的楷模。"宋庆龄称赞恽代英："在伟大的革命中光荣地献身，他给青年们江流那样不断地追思。"

恽希良、恽希友

二〇一五年九月十日

目　　录

第 一 章

《恽代英全集》的编纂

一、《恽代英全集》编纂的历史背景

1978 年党的十一届三中全会后,中国迎来了一个科学的春天。翌年是五四运动 60 周年,刚刚恢复不久的湖北省社联向华中师范大学下达了"五四运动在武汉"课题研究任务,古堡教授、陶恺教授接受任务后,联合武汉地区其他高校,成立了写作专班,指定笔者为执笔人。在完成这个课题的过程中,笔者被恽代英宣传新文化的学术论文所吸引,如《义务论》《新无神论》《怀疑论》《文明与道德》《社会性之修养》等。因此,笔者便选定恽代英为研究对象,坚持至今。

1985 年 8 月,华中师范大学召开纪念恽代英诞辰 90 周年学术讨论会,恽代英的夫人沈葆英受邓颖超委托出席会议,并代表邓大姐向全体与会代表问好。

会议期间,沈葆英表达了希望有生之年能见到《恽代英全集》出版的心愿。这对笔者触动很大,开始产生了编《恽代英全集》的念头。但笔者同时也认识到,这是一件非常繁难的工作,不是三年五载能够完成的,但是值得付出努力,于是回答说:"这是一件很有意义的工作,我们一定坚持去做,努力尽快

1985 年 6 月 30 日晚,邓颖超亲切会见恽代英夫人沈葆英

实现您的心愿。"从此,为了这句承诺,笔者便处处留心,在查阅 20 世纪 30 年代以前的旧报刊时,就注意看看有没有恽代英与他战友的文章。凡是有的,就记下来,或摘抄,或做卡片。那时没有科研经费,也没有复印机、照相机等设备,只能如此。

2005 年,笔者申报的国家社科基金一般项目"恽代英思想研究"获准立项,有了一定的科研经费,这项工作才大大推进了一步。笔者在收集、整理与研究恽代英遗著的同时,也一并将范围扩展到恽代英的战友林育南、张太雷、李求实、项英等中共早期领导人。2011 年,笔者承担的国家社科基金重大招标项目"中国共产党早期领导人遗著的收集、整理与研究"正式启动。笔者和研究团队成员多次到国家图书馆、中央档案馆、中共一大会址纪念馆、黄埔军校纪念馆、北京大学图书馆、湖北省图书馆、台北市中国国民党党史馆、"国史馆"等单位广泛收集他们的遗著,还请有学术交往的日本、美国学者帮助收集流失到海外的遗著。

要特别指出的是,我们是站在前人的肩膀上推进这一工作的。

1981 年,中共中央党校出版社出版了由中央档案馆、中国革命博物馆、中共中央党校出版社等单位联合编辑整理的《恽代英日记》(60 万字)。同年 5 月,北京出版社出版了由张羽、姚维斗、雍桂良编校的恽代英书信集《来鸿去

国家社科基金重大招标项目"中国共产党早期领导人遗著的收集、
整理与研究"开题报告会主要专家学者合影

燕录》(16 万字)。尤其难能可贵的是,在"文化大革命"期间,上海革命历史
纪念馆筹备处(现为上海中共一大会址纪念馆)的任武雄等同志,冒着很大的
风险,花费巨大精力,收集、整理了恽代英的部分重要遗著,于 1974 年 11 月内
部打印了《恽代英文集》(1—6 册)。在这个基础上,张注洪、任武雄编了《恽
代英文集》上下卷(73 万字),1984 年由人民出版社出版。1991 年,湖北教育
出版社还出版了由中央教育科学研究所整理编辑的《恽代英教育文选》(32
万字)。以上成果,除去交叉的部分,实际收录的文字仅占恽代英全部遗著字
数的约 40%。我们编《恽代英全集》,吸收了上述研究成果,并悉数进行了
校订。

二、恽代英笔名的考证

首先,收集、整理与研究恽代英的遗著,必须要将他用过的全部笔名、别名
考证清楚。这是一件十分繁难的工作,又是必须要做好的基本功课。否则,就
会出现将遗著遗漏或者张冠李戴的严重错误。2011 年,笔者在完成"恽代英
思想研究"课题时,已落实恽代英的别名、笔名有"天逸""代英""子毅""子
怡""尹子怡""毅""但一""遽轩""FM""但""英""稚宜"等,在编纂《恽代英

全集》时，我们对恽代英的别名、笔名又进行了深入考证，增补了"戴英"，否定了"DY"。

2012 年暑假，笔者在上海市图书馆查阅《申报》时，发现该报 1923 年 10 月 30 日的"时论"专栏，刊有署名"戴英"的《中国可以不工业化乎》一文。这篇文章不长，约 1500 字，但却是中国近代经济思想史上的一篇重要著作。

"戴英"是不是恽代英的笔名呢？从事中国经济思想史教学与研究的课题组成员李天华博士，从四个方面对这个问题进行了科学考证，认定"戴英"就是恽代英①。这一考证，得到中国经济思想史学界的高度认同，所以我们将《中国可以不工业化乎》一文编入到了《恽代英全集》中。

《中国青年》第一期发刊

在收集、整理与研究恽代英遗著的过程中，笔者发现在 20 世纪 20 年代发行的《中国青年》等刊物上，常见到以"DY"署名的文章。1986 年 4 月，由陕西人民出版社出版的《五四以来历史人物笔名别名录》一书中的恽代英条目，收有"DY"这个笔名，但我们课题组没有采信。因为早在 1984 年，笔者、田子渝在与中共一大会址纪念馆任武雄合著《恽代英传记》（湖北人民出版社 1984 年版）时，任武雄就曾认为，这是一个存疑的问题，"DY"可能不是恽代英的笔

---

① 参见李天华：《关于恽代英〈中国可以不工业化乎〉一文的考证及解读》，《中国经济史研究》2012 年第 3 期。

名,而是陆定一的笔名,但没有可靠的直接证据。编《恽代英全集》时,笔者又反复考证,终于找到了"DY"是陆定一笔名的重要证据。2006年人民出版社出版了陈清泉著《陆定一传奇人生》,该书写道:"广州暴动失败,今后动向如何?陆定一要向团中央请示;广州暴动的情况,也应向团中央汇报。因此他除了倾听会议上大家的发言以外,又向参加领导这次暴动的周文雍等同志采访,于12月29日写成一篇《向共青团中央报告广州暴动的经过及广州共青团在暴动中的工作》的文章,有一万多字,寄到上海团中央。因为是秘密通信,他没用真姓名,而用DY的笔名,报告中涉及的人,有的有姓无名,有的用□代替,以免万一这封信落入敌人手里,有关的人要遭殃。DY是1920年代陆定一常用的笔名,这份材料至今保存在中央档案馆"。① 这就充分说明DY的确是陆定一的笔名,而不是恽代英的笔名。

由上可见,收集、整理与研究包括恽代英在内的中共早期领导人的遗著,一定要下大气力考证其笔名、别名。这可以说是最大的难点之一。

三、恽代英遗著的收集与整理

恽代英的著作发表于20世纪30年代,时间久远,许多著作查找不易,还有一些流失海外,如中国台湾、日本等地。第一次国共合作时期,恽代英作为中国国民党中央执行委员,在国民党上海执行部工作期间所写的报告、书信等著作,有不少保存在台北中国国民党党史馆收藏的"五部档"(工、农、青、妇、商)、"汉口档"和"环档"等档案资料中。目前,台湾方面这些档案已经开放,但由于地域因素及相关制约,内地中共党史学界使用者寥寥无几。本课题组团队成员曾数次赴台,已收集到一些宝贵的资料。例如,2013年年底,笔者在17975件"汉口档"中海里捞针,意外发现了1924年8月11日毛泽东、恽代英等以国民党上海执行部名义致孙中山先生的一份电文,电文的标题是《呈报东日三四两区部开会情形》。这份电文,将国民党右派在上海反共、破坏革命统一战线的活动及时呈报孙中山,既使他和国民党中央能够迅速知晓下情,明

① 陈清泉:《在中共高层50年——陆定一传奇人生》,人民出版社2006年版,第21页。

察国民党右派的活动,又体现了共产党人拥护孙中山的三民主义,坚持国共合作、反对分裂革命统一战线的严正立场和光明磊落的情怀,具有重要的历史价值①。然而,要将台湾方面收藏的恽代英文献资料收集齐全,还有很多工作要做。又如恽代英 1915 年在中华大学读书时发表于《学生杂志》(英文版)第 2 卷第 2 期的《愚蠢的提问》一文,便流失到日本,笔者在境内一直未查到。该文是日本信州大学后滕延子教授在日本发现后提供给我们的。因此,要将流失在境外的恽代英遗著收集齐全,其难度自不待言。再例如,在《恽代英日记》中,多处有"致胡适先生信"的记载,但一直没有见过具体内容。2014 年 1 月,笔者经朋友的帮助,从胡适档案中找到了恽代英四封信的真迹,对研究恽代英的早期教育思想具有重要参考价值。此外,即使是保存在国内各档案馆、博物馆、纪念馆的恽代英遗著,要全面收集到手也不容易。当年恽代英提交给党中央、团中央的报告和代表党中央、团中央向各地做的指示、批示以及在党、团会议上的报告、讲话等,收集起来也特别困难。

即便是 1984 年版《恽代英文集》等公开出版物中已经收录的某些恽代英遗著,囿于一些条件的限制,也可能存在收录不完整的情况,这就不能充分、准确地反映恽代英的思想全貌。例如,收入 1984 年版《恽代英文集》上卷的《怀疑论》,是一篇反映恽代英早期哲学思想的重要著作。该文于 1915 年 5 月 1 日、1916 年 1 月 7 日和 3 月 7 日分三期连载于中华大学学报《光华学报》第 1 年第 1 期、第 2 期和第 3 期上(这是杂志上印刷的时间,实际上由于当时经费等原因,常常不能按期出版)。而 1984 年版《恽代英文集》在收录该文时,缺失了其中第 2 期约 3000 字的内容。这部分讨论了"不足论之说""不足信之说""怀疑与文明""充类至尽之怀疑""折衷说""怀疑期限之研究"六个问题,对于研究恽代英的早期哲学思想非常关键。之所以出现缺失的情况,是因为《光华学报》等期刊保存至今的数量很少,且分散保存在不同的单位,要查找齐全很不容易。像这种情况,就要花很大的精力去补充完善。这三期《光华学报》,我们经过长期寻觅,才分别从北京大学图书馆、中国国家图书馆、中共中央党校图书馆查找到,个中艰辛不言而喻。

---

① 见李良明、彭卫:《毛泽东、恽代英致孙中山总理电》,《光明日报》2014 年 8 月 20 日。

对恽代英遗著进行科学整理(包括鉴别、分类、统计、校勘、考证、注释)也存在相当困难。例如,由于历史年代久远和当时印刷条件的限制,或者由于本身的笔误,遗著中有的地方必然会出现文字错误或脱落等情况,必须细心鉴别。从新文化运动到中国共产党创建前后的遗著,有许多没有标点符号,必须进行断句、加标点等繁难的工作。为了便于读者阅读,对遗著中涉及的一些人物与事件,也要做必要的注释,这实际上也是遗著研究工作的必要组成部分。

正如恽代英所言:"没有困难从那里能得做事的益处?所以困难愈多愈大,我们的力量愈加增。我们应该欢迎困难,应该独立做事,加多加大我们的困难。不应因预想着有什么困难,便胆怯退缩,因为这样能力便无由增长了。"①尽管全面收集、整理与研究恽代英遗著存在着很多难点,但课题组成员以恽代英精神为引领,迎难而上,尽力而为。应该说,《恽代英全集》囊括了目前我们所能收集到的恽代英遗著,其中三分之二是新中国成立后第一次发表。

四、《恽代英全集》的史料价值和理论价值

《恽代英全集》(以下简称《全集》)共编为 9 卷,一律按写作和发表的时间先后为序,1914—1917 年的编为第一卷,1918 年、1919 年的编为第二、第三卷,1920—1921 年的编为第四卷,1922—1923 年的编为第五卷,1924 年、1925 年、1926 年的编分别为第六、第七、第八卷,1927—1930 年的编为第九卷。这样编的目的,就是为了真实地展现恽代英的生平史事与思想发展的历史轨迹。

恽代英在中共党内所处的重要历史地位和承担的革命工作,与中国共产党的历史紧密相连。他有着丰富的革命经历,领导和参与了新文化运动、五四运动、传播马克思主义、党的创建、第一次国共合作及批判国家主义、反对国民党右派、批判戴季陶主义、培训革命军队、声讨蒋介石和汪精卫叛变革命、参与领导南昌起义、广州起义,批判国民党改组派、坚持白区斗争、视察苏区建设等重大历史事件。这些都是中共党史的重要内容。恽代英把马克思主义与中国

---

① 《恽代英全集》第 3 卷,人民出版社 2014 年版,第 109 页。

革命实践相结合,运用马克思主义的立场、观点和方法,客观真实地记述了这些事件及其对这些事件的分析和思考。因此,《全集》是中共党史不可或缺的重要历史文献,极大地丰富了中共党史的研究内容。

人民出版社 2014 年出版的《恽代英全集》

《全集》第一至三卷,是恽代英在中华大学(华中师范大学前身之一)学习和工作及作为华中地区新文化运动的杰出代表和武汉五四运动的领导者时期的著述。

（一）

一般说来,新文化运动以陈独秀 1915 年 9 月创办的《青年杂志》(1916 年 9 月第二卷起改名为《新青年》)为标志。但实际上,新文化运动的兴起,有一个发展过程。在《青年杂志》创刊前,恽代英就发表了《义务论》(1914 年 10 月)。这是他发表的首篇论文,"为投稿之一新纪元"[1]。随后又发表了《新无神论》(1915 年 5 月、1916 年 1 月、1916 年 3 月),表明恽代英早已投入到批判封建专制、弘扬民主科学的启蒙运动中。从此,他文思如泉涌,接连发表《文明与道德》(1915 年 12 月)、《原分》(1916 年 3 月)、《物质实在论》(1917 年 3

---

① 《恽代英全集》第 1 卷,人民出版社 2014 年版,第 369 页。

月)、《我之人生观》(1917年3月、5月)、《论信仰》(1917年6月)、《社会性之修养》(1917年1月)、《怀疑论》(1915年5月、1916年1月、1916年3月)、《经验与知识》(1917年10月)、《互助社的第一年》(1918年10月)、《向上》(1918年12月)、《真男儿》(1918年12月)等著名论著,成为中国思想理论界升起的一颗新星。

这时的恽代英,还不知道马克思主义,只有从中国优秀传统文化中寻求反帝反封建的思想武器。

第一,猛烈抨击帝国主义、封建军阀,弘扬民主。

恽代英认为,义务论是"中国数千年圣哲之所传说";权利论是自海禁开,帝国主义列强入侵的产物。进而指出,帝国主义列强是"天下争攘之泉源","今日欧美上下争轧之祸",大抵由它们"影响而来"。它们所鼓吹的"自卫",实为"侵犯之又一名词";所鼓吹的"文明",实为"巨大之军舰也,猛烈之炸弹也",是"杀贫贱以利富贵者也"。① 他指出,造成中国军阀割据、天下大乱的根本原因在于"分乱","人权之说不昌",致使袁世凯窃国,复辟帝制,"肆其狂谋"。② 因此,他主张铲除第一次世界大战的祸根——帝国主义。并且大声疾呼:"扰乱和平之人,如德奥皇室,不可以不推倒","扰乱和平之事,如独断政治与民族之仇雠,不可以不扫除"。③ 还告诉国人,举国之人均应尽享权利和义务。"且人人各知己有应享之权利,因不肯放弃以供人(野心家)蹂躏。人人又知人亦有应享之权利,则亦无处心积虑以蹂躏他人为快者。如此则野心家永绝,而天下永臻于治安。"④除人人应享受权利外,还应尽义务。只有人人对国家社会承担"应尽义务","天下自然日安"。⑤

第二,批判孔孟之道,倡导男女平等。

恽代英分析了智、爱、信的关系,认为信(此处的信指的是宗教——笔者注)与智是常相冲突的,"吾人之智,常欲破除吾人之信。吾人之信,又常欲闭

① 《恽代英全集》第1卷,人民出版社2014年版,第3页。
② 《恽代英全集》第1卷,人民出版社2014年版,第37页。
③ 《恽代英全集》第1卷,人民出版社2014年版,第148页。
④ 《恽代英全集》第1卷,人民出版社2014年版,第38页。
⑤ 《恽代英全集》第1卷,人民出版社2014年版,第40页。

塞吾人之智"。他提倡人们要积极思考,不要盲目信仰宗教而弃智。盲目信仰,"不过引导吾人于迷惑愚妄之境地,使吾人倒行逆施,自绝于进化之门,不为有益,但有害耳"①。他驳斥孔教卫道者以西方宗教自由传播为由宣扬中国也应该建立宗教、国教的谬论说:"异哉吾国学者,于此日此时,乃欲大倡信仰之说于吾国,宗教也,国教也,纷哓不可辨晰"②。他用孔孟之徒、墨子之徒、老庄之徒所崇圣者不一的事实质问道:"所谓圣者之一,则君安从而折衷之?"并宣布:"吾不为圣人,故吾不知谁为圣人。"③他还指出:"信圣人而不疑,即终不能知不能为","这是自绝文化进步之本原"。④ 由此可见,恽代英对树立了几千年的"圣贤"偶像提出了有力挑战。

恽代英主张男女平等,毫不留情地鞭挞吃人的封建礼教,尤其对"男尊女卑"的封建理念深恶痛绝。他撰文痛斥孟子的"不孝有三,无后为大"这八个字,"不但是错,而且是荒谬"。恽代英指出,在孟子看来,无后"祖宗便会没有香烟血食了",不把无后看作一件大坏事,人类将会"灭种"。他接着驳斥道:"什么叫祖宗的香烟血食? 是说已经死了的祖宗的阴灵来享受子孙的供菜供品吗? 是说没有子孙上供,那祖宗们的灵魂便会打空肚子闹饥荒吗?"⑤这完全是迷信。

然而,恽代英批判孔孟之道,并不是全盘否定。他是学哲学的,懂得"扬弃"的道理,同对待传统文化的其他方面一样,一律抱着"择其善者而从之,其不善者而改之"的态度。他说:"孔子之学说,自然不尽可信,然苟确有所见之大学者,其根本观念每每不谬,其余则受当时社会之影响,有不正确处,亦有不可诽处。如《礼运·大同》及《论语·道之以政》章,何曾不好。""一个人必定要争孔子是大圣,没有一句错的。一个人必定要争孔子是大愚,没有一句不错的。若不是为孔子,是为世界人,我看这都错了。"⑥这正是恽代英的过人之处。

---

① 《恽代英全集》第 1 卷,人民出版社 2014 年版,第 279 页。
② 《恽代英全集》第 1 卷,人民出版社 2014 年版,第 281 页。
③ 《恽代英全集》第 1 卷,人民出版社 2014 年版,第 23 页。
④ 《恽代英全集》第 1 卷,人民出版社 2014 年版,第 279 页。
⑤ 《恽代英全集》第 3 卷,人民出版社 2014 年版,第 136 页。
⑥ 《恽代英全集》第 3 卷,人民出版社 2014 年版,第 219—220 页。

第三,批判封建迷信,宣传现代科学。

恽代英是五四运动以前中国共产党早期领导人中唯一的哲学本科毕业生。他坚持物质第一性的原则,坚信"物质必为实在"。在他看来,人们可以感知和分辨作为认识对象的物质的存在,但是物质的存在与否并不取决于人们的主观。"不可以为离主观而遂无客观也"①。恽代英还进一步指出物质与物相既有联系又有区别。他说,"物质即物之本体的形相",而物相"即物之对于吾感官所生之形相也"。也就是说物相是人们的主观对于客观存在的物质的反映。然而,恽代英并没有到此止步,他要探索"科学之物质"或"万物"背后有没有本原,他认为"以太为万物之根本"②。他在与刘子通教授讨论哲学的一封信中,还明确肯定以太也是实在的。"就根本言,世界仅有一以太,不言根本而但言存在之物,则物质亦实在也。"③这就更加明确地肯定了世界的本原是物质的。

恽代英运用现代科学的成就说明:"天下为无神,凡言有神者妄也"。并明确宣布自己是无神论者。他还指出,将"不可思议而归之于神"的观点是错的,事物总是由"不可思议而变为可思议"。"凡所谓不可思议者,皆不过一时之现象,非真不可思议也。"因此,不可思议的东西,"非谓为上帝之所主持",随着科学技术的发展和人类进步,"欲全知天下事事物物,实非绝对不可能之事"。④

恽代英进一步考察了人的认识能力、认识来源和认识的具体过程。他认为,人的认识能力是从实践中获得的,不是天生的。人的一切知识均来源于经验,都是从经验中产生的。"知识未有不从经验中得来","凡可称为知识者,非直接从经验中得来,即间接从经验中得来。舍吾人一切经验以外,欲求一种可称为知识者,盖渺不可得也"。⑤

恽代英还对认识过程进行了考察。他认为人的认识可以分为经验与知识

---

① 《恽代英全集》第 1 卷,人民出版社 2014 年版,第 136 页。
② 《恽代英全集》第 1 卷,人民出版社 2014 年版,第 273 页。
③ 《恽代英全集》第 1 卷,人民出版社 2014 年版,第 298—299 页。
④ 《恽代英全集》第 1 卷,人民出版社 2014 年版,第 13 页。
⑤ 《恽代英全集》第 1 卷,人民出版社 2014 年版,第 337 页。

两个阶段。他指出,第一阶段的经验,是一切知识的源泉。但是,它是认识的低级阶段。这一阶段的认识一带表面性,"类同因果之理,皆不能知";二带片面性,"单纯之经验,每不正确"。① 因此,不能让自己的认识停留在这一阶段。

知识是认识的高级阶段。它是人类经过"反复经验"和"研究""推理"以后得到的。它与经验的不同之处在于它已阐释了事物内部的因果关系,从而更正确地反映了客观存在。所以,恽代英认为:知识与经验比较"应以智识为主,以智识较经验正确也"。②

恽代英还指出,知识是不断发展的。他说:"人智是一天天进化的,倘若有个什么人智范围,这范围一定有随时代以扩张的可能性,一定不是一成不变的。"③人们一定要不断研究和分析新的经验,纠正已有知识的错误,补充新的知识。"知识如不正确,赖世人公同研究其经验,以补救矫正之,务使知识进于正确而止。"④

恽代英还一再申明,他之所以强调知识来源于经验,目的在于打击把知识说成是"天启"的反科学的观点。

由上可见,恽代英在中国新文化运动中的贡献是突出的。虽然这时他还只是一名中华大学(华中师范大学的前身之一)的青年学生,但他已经形成了初具规模的哲学思想体系,在这个体系中,"物质实在论"和认识论,已达到了相当高的水平。这在全国也是不多见的。

恽代英是位赤诚的爱国主义者,《全集》第三卷的大部分文章,是他站在时代潮流前头,领导武汉五四运动的明证。5月6日,《汉口新闻报》报道了北京五四运动的消息,当晚他就写了《四年五月七日之事》的传单,点燃了武汉五四运动的烈火。5月10日,他代表武昌5174位大中院校学生写了《武昌学生宣言书》,随后又为武昌学生团起草了《武汉中等以上学生致北京大总统国务院电》(5月11日)、《湖北全体学生上督军省长公函》(5月12日),还写了《鸣呼青岛》(5月17日)等传单。武汉"六一""六三"惨案发生后,恽代英发

---

① 《恽代英全集》第1卷,人民出版社2014年版,第500页。
② 《恽代英全集》第1卷,人民出版社2014年版,第501页。
③ 《恽代英全集》第4卷,人民出版社2014年版,第54页。
④ 《恽代英全集》第1卷,人民出版社2014年版,第501页。

华中师范大学恽代英广场汉白玉雕像

表了《学生的风潮》(6月5日)、《武昌中等以上学生放假留言》(6月5日)、《为什么要罢市》(6月10日)、《武汉学生联合会宣言书》(6月11日)、《学生联合会极重大之二事》(6月16日)、《武汉学生联合会提出对于全国学生联合会意见书》(6月19日)、《〈学生周刊〉发刊词》(6月29日)等脍炙人口的檄文,深刻揭露了湖北督军王占元镇压学生运动的罪行,号召广大市民罢市,支持爱国学生,并进一步对学生会的工作进行指导。而且这一时期,他的日记将五四时期每一天发生的情况都记得十分详细。由此可见,恽代英五四时期便成为湖北爱国青年的领袖。

五四运动后,包括马克思主义在内的各种社会思潮在中国广泛传播。恽代英本着"能欢迎新的,还应该欢迎更新的"理念,认真学习和研究马克思主义和其他各种社会思潮。他说:"我不是说新的便是好的,然而总不定不是好的,总值得我们反省一番,研究一番。"①本着这样的学习态度,他在学习马克思主义、宣传马克思主义的同时,也学习研究过介绍无政府共产主义、新村主义等方面的书籍和文章。但他自己养成了一种性格,"对于事理不轻可决,不轻否决。无论什么天经地义的律令训条,无论什么反经悖常的学理主张,我们

① 《恽代英全集》第4卷,人民出版社2014年版,第57—58页。

总是一律看待。这便是怀疑。"①并且都要放到社会实践中去检验。所以这一时期是恽代英由爱国主义向马克思主义转变的重要时期,他在接受马克思主义的同时,也受到无政府共产主义、新村主义的影响。《全集》第四卷正是恽代英思想转变的真实反映。

(二)

《全集》第五卷至第九卷充分展现了恽代英是中国共产党早期著名理论家的风采。其理论成果,是马克思主义中国化结晶的毛泽东思想的重要组成部分之一,内容丰富,思想深邃,是中国共产党的宝贵精神财富。主要创新之处是:

第一,对中国新民主主义革命基本思想的探索。

中共四大前后,中国共产党内的一批精英,如李大钊、陈独秀、瞿秋白、毛泽东、蔡和森、邓中夏、周恩来、张太雷等,对中国新民主主义革命基本思想进行了深入探索。恽代英也是其中之一。新民主主义革命基本思想,是关于对中国社会和革命性质、革命的领导权、革命动力、革命对象、革命任务和前途等问题的基本认识,其中最重要的是对无产阶级领导权的认识。这一时期,恽代英先后发表了《中国经济状况与国民党政纲》(1924 年 3 月)、《湖北黄陂农民生活》(1924 年 5 月)、《中国革命的基本势力》(1924 年 4 月)、《我们要雪的耻岂独是"五九"吗》(1924 年 5 月)、《中国革命与世界革命》(1924 年 6 月)、《怎样进行革命运动》(1924 年 11 月)等著名论文。面对自鸦片战争以来,中国饱受西方列强的侵略,领土主权丧失,国债累累,海关、邮政、铁路等事业都掌在列强手中,国家四分五裂,在其卵翼下的军阀兵祸迭起的现状,他明确指出,中国"不啻一处半殖民地。也可说是一个半亡国"。② 因此,中国首先应该实行资产阶级民主革命,对内打倒压迫人民的军阀,对外打倒侵略中国的帝国主义。"不打倒军阀,便不能组织革命的人民政府,经引导全国的民众,以反抗帝国主义;同时,我们不打倒帝国主义,便不能灭绝外国的经济侵略,便不能求

---

① 《恽代英全集》第 4 卷,人民出版社 2014 年版,第 57 页。
② 《恽代英全集》第 6 卷,人民出版社 2014 年版,第 361 页。

本国实业的发展"。① 他尤其指出,帝国主义和军阀表面看虽然"强盛""凶横",但并不可怕,"军阀一定要倒的"②,"帝国主义是一戳就穿的纸老虎"③。

恽代英又明确指出,在资产阶级民主革命中,无产阶级要做其他阶级的"中心与领导人"④。农民是无产阶级的同盟军,占人口的大多数,"是革命的大力量","若不是能得着大多数民众的赞助,不容易有力量而进于成功。"中国的资产阶级分为"大商买办阶级"和"幼稚工业资本家"两种,大商买办阶级"依赖外国资本主义而享其余沥,所以他们对于打倒外国资本主义的国民革命,一定是反革命的"⑤,而幼稚工业资本家(民族资产阶级)"一方挟无产阶级以与帝国主义争自己的利益,一方挟帝国主义以制无产阶级使不敢摇动自己的权利",所以要联合这个阶级,但在同民族资产阶级合作中,无产阶级必须保持高度警惕,要"善于应付"他们,而"不牺牲自己的利益"⑥。小资产阶级也是革命的动力之一,但"每是怯懦而自私的",无产阶级要团结教育他们。

综上所述,恽代英对中国新民主主义革命基本思想的探索,取得了可喜的成果,为中国共产党的新民主主义革命基本思想的形成,作出了重要贡献。

第二,对中国新民主主义经济政策的科学构想。

第一次世界大战期间,由于西方列强自顾不暇,中国曾经出现了兴办资本主义工业的热潮,迎来了中国民族工业发展的"黄金时代"。但好景不长。一战结束后,列强卷土重来。1920 年至 1921 年,民族工业企业纷纷陷入倒闭危机。这时,中国传统的以农为本的经济思想抬头,主张不需要做任何制度性的改革,而应退回到"农本社会"。1923 年 8 月 12 日,章士钊发表《业治与农(告中华农学会)》,提出"吾国当确定国是,以农立国,文化治制,一切使基于农"。⑦ 10 月 25 日,董时进发表《论中国不宜工业化》⑧。恽代英不同意上述

---

① 《恽代英全集》第6卷,人民出版社2014年版,第402页。
② 《恽代英全集》第6卷,人民出版社2014年版,第403页。
③ 《恽代英全集》第6卷,人民出版社2014年版,第588页。
④ 《恽代英全集》第7卷,人民出版社2014年版,第58页。
⑤ 《恽代英全集》第7卷,人民出版社2014年版,第90页。
⑥ 《恽代英全集》第7卷,人民出版社2014年版,第338页。
⑦ 章士钊:《业治与农(告中华农学会)》,《新闻报》1923年8月12日。
⑧ 董时进:《论中国不宜工业化》,《申报》1923年10月25日。

理论观点,坚决主张"以工立国",发表了题为《中国可以不工业乎》(1923 年
10 月)的重要论文,与董时进展开讨论。他用大量的经济数据,驳斥了"农业
国可以不需工业国而独立"的论点,明确指出,中国不发展工业,只能永远成
为列强国的原料供给地和商品销售地,"中国亦必化为工业国然后乃可以自
存,吾以为殆无疑议"①。这真是振聋发聩,说明恽代英是中共早期领导人中
最早提出中国必须走工业化道路的思想家。

恽代英拥护列宁的新经济政策,他明确指出,施行新经济政策重要的启示
是:"在产业后进的国家不经过相当的资本主义的发展,是不能进于最低度的
共产主义的"②,"产业后进国家可以实现共产主义,但必须用新经济政策做他
们中间一个长的阶梯"③。"共产党……必须酌量的重建资本主义,然而亦必
须使资本主义的发展,只足以巩固无产阶级的政权,而不致于妨害他才好"④。
他还特别强调:"解决中国的问题,自然要根据中国的情形,以解决中国的办
法"。⑤

恽代英坚信,中国新民主主义革命必然胜利,新民主主义革命的主要目
的,一是"国家拨款辅助农人,小工人,都市贫民,组织消费合作社"。二是"取
消租界,否认不平等的条约,没收国内的外国工厂银行,归为国有","国际贸
易由国家独占"。三是允许私营经济存在,"但我们必须将租税加重到资产阶
级身上,他们的事业,亦必须受国家的管理与干涉,有时甚至于为国民的利益,
须酌量没收一部分财产"⑥。这实际上是新民主主义经济纲领的雏形。特别
难能可贵的是,恽代英认为,经济落后的中国,经济建设必须对外开放,引进外
资。他说:"欲开发富源,就事实而言,终不能不借入外资"。⑦ 并认为"以苏
俄共产主义精神的租税制度,他们还是不能不利用外资,以助国内产业的发

---

① 《恽代英全集》第 5 卷,人民出版社 2014 年版,第 130 页。
② 《恽代英全集》第 6 卷,人民出版社 2014 年版,第 154 页。
③ 《恽代英全集》第 6 卷,人民出版社 2014 年版,第 155 页。
④ 《恽代英全集》第 6 卷,人民出版社 2014 年版,第 154 页。
⑤ 《恽代英全集》第 6 卷,人民出版社 2014 年版,第 155—156 页。
⑥ 《恽代英全集》第 6 卷,人民出版社 2014 年版,第 127—128 页。
⑦ 《恽代英全集》第 6 卷,人民出版社 2014 年版,第 294 页。

展。中国将来是应当仿效苏俄的"。①

第三，革命统一战线思想。

（⑱）討論中國社會革命及我們目前的任務

代英　存統

存統同志：

你作「本週的問題」，觸動我許多要說的話，你說此產黨主要的精神，是時刻發現自己的錯誤，大膽舉前的承認，敢揭明敢的更改，此數語我標贊同。我至今常發奇想這有一些重大錯誤，我竟不因此而不與大家一同努力，（因我相信相當的犧牲已見，眼從洞悉的精力，效果終局有限，終覺得可惜的事。）然而我眼見大家在此中虛耗我精力，效果終局有限，終覺得可惜的，將我所見不免於錯誤麼？那便只不容氣的為我解釋了。

（一）你說背年問將求工人入團，只要他有階級覺悟，比經濟上沒有地位的學生好。學生與非純智識界人，除極少數永遠保守舊精神者以外，我確不可悟。工人如在這樣進步的地方，或有一部分能有階級覺悟。故我以為你此棒見地，應用於渡川今日雖亦有工人，然求所謂「近代意義的無產階級」求所謂「產業勞動者」可惜少極少。—我相信工人的階級覺悟，不僅由於受壓迫，不僅由於應，乃在由於其自覺有抵抗革命的力量。

恽代英致施存统

恽代英在《讨论中国社会革命及我们目前的任务——致存统》（1923年6月）中，明确指出："吾人取加入民主主义联合战线政策殊有意义。但我视此举只认为我们借此改造民党"，还特别强调："我本上之所见，以参加民党须完全注意于为无产阶级势力树根基。"②这实际上蕴含有坚持中国共产党在统一战线中的领导权的思想。

为坚持国共合作，恽代英与瞿秋白、毛泽东、萧楚女等站在理论战线的前沿，团结国民党左派，与破坏统一战线的国民党右派、戴季陶主义进行了坚决的斗争。他先后写了《国民党中的共产党问题》（1924年7月）、《致孙总理电》（1924年8月）、《国民党左派与共产党》（1924年12月）、《答〈醒狮周报〉三十二期的质难》（1925年7月）、《致柳亚子》（1925年7月）、《读〈孙文主义之哲学的基础〉》（1925年8月）、《"真三民主义！"》（1925年11月）、《孙中山

---

① 《恽代英全集》第6卷，人民出版社2014年版，第295页。

② 《恽代英全集》第5卷，人民出版社2014年版，第83页。

主义与戴季陶主义》（1925 年 12 月）等檄文,深刻地论述了国共合作的必要性。他深刻分析了国内政治形势后指出,国民党在今天革命势力还很薄弱的时候要想单独完成国民革命是不可能的。这是改组前国民党的历史已经证明了的。国民党只有与共产党合作,注意发动工农民众,才有前途。而共产党加入国民党,他们的理由是很显然的,就是认定了眼前最大的急务,是尽力与国民党合作,"以帮助完成孙中山先生等志愿的必要",因此,"你便明白和排斥他们出去,他们为了促成国民革命,终究不免要秘密参加进来"①。恽代英揭露了国民党右派破坏统一战线的阴谋活动和逐条批驳他们散布的破坏国共合作统一战线的种种奇谈怪论,针对国民党右派所鼓吹的国民党改组之后,就要"亡党"、被"赤化"的谬论,他指出,这真是危言耸听,"倘若国民党根本忘了国民革命的使命,这才是亡党呢",②"红是革命的标帜,国民党的旗子明明是'青天白日满地红',党员倘若是革命的,会跟着反革命党怕起红色来了么?"③恽代英对戴季陶主义的批判,更是入木三分。他一针见血地揭穿了戴季陶"真三民主义""纯粹国民党人"的画皮,指出,真三民主义的信徒,"一定要无论如何艰难危险敢与帝国主义相奋斗（民族主义）;同时,一定要打倒军阀为全体人民,争回政权,不让政权落于少数人之手（民权主义）;同时,一定要有很切实有效的方法,实行'节制'资本,'平均'地权,不许中国有资本家地主压迫工人农民的事（民生主义）。"而戴季陶呢? 他既不敢提打倒帝国主义,打倒军阀,也不提"节制资本""平均地权"八个字。"对于眼前中国已经有了的资本家地主压迫工人农民的事,闭着眼睛置之不问不议之列。这种人配得上为三民主义的信徒吗? 他们只是有意作践三民主义,有意作践我们的总理与我们的国民党罢了!"④

　　恽代英旗帜鲜明地批判国民党右派和戴季陶主义,字字珠玑,雄辩有力,捍卫了革命统一战线,立下了不朽功勋。

　　1926 年 1 月 19 日,恽代英在国民党第二次全国代表大会上发表演说,进

① 《恽代英全集》第 6 卷,人民出版社 2014 年版,第 455—456 页。
② 《恽代英全集》第 6 卷,人民出版社 2014 年版,第 456 页。
③ 《恽代英全集》第 7 卷,人民出版社 2014 年版,第 114 页。
④ 《恽代英全集》第 7 卷,人民出版社 2014 年版,第 380 页。

一步坚定地表达了反对国民党右派的立场。他说:"我相信我始终是站在总理的三民主义这一边的……那末我当真是永远忠心于本党的事吗? 也不一定。如果本党丢了三民主义,我便要反叛起来,这是没有什么客气的。我的入党是因为想做官吗? 想认识某要人吗? 我完全是因为国民党能反对帝国主义、军阀,为被压迫农工利益而奋斗所以来的。如果国民党会有一天和帝国主义妥协,和军阀勾结,和大多数的农工反对,这是冯自由的国民党,已经不是总理的国民党了;到那时,我一定起来反对,和现在反对上海的伪中央执行委员会一样。""总而言之,各位同志不要管我是不是共产派,只要问我是不是实行三民主义。如果有违背三民主义去做反革命的事情,便马上可以拿去枪毙。如果没有,便不能开除。我的理由在这里说得很明白了,如果你说我是共产派,我这个共产派便是这样主张的。"①字字铿锵,掷地有声,充分体现了共产党人心胸坦然光明磊落的情怀。

第四,培养和建立一支为人民而战的军队的思想。

黄埔军校旧址

————————

① 《恽代英全集》第8卷,人民出版社2014年版,第20页。

中国共产党在幼年时期，"是在统一战线、武装斗争和党的建设三个基本问题上都没有经验的党"①，尤其是对武装斗争的重要性缺乏认识。但这并不是说，所有的中国共产党人在这一时期都不懂得革命斗争的重要性。周恩来、恽代英、聂荣臻等在黄埔军校工作过的同志，就是中国共产党人中的杰出代表。

恽代英在黄埔军校任政治主任教官、政治总教官和实际主持中央军校武汉分校期间，先后写了《党纪与军纪》（1926 年 2 月）、《纪律》（1926 年 8 月）、《主义》（1926 年 9 月）、《军队中政治工作的方法》（1926 年 9 月）、《政治学概论》（1926 年 9 月）、《国民革命》（1926 年 9 月）、《国民党重要宣言训令之研究》（1926 年 9 月）、《中国国民党与农民运动》（1926 年 9 月）、《中国国民党与劳动运动》（1926 年 9 月）、《修正中央军事政治学校政治教育大纲草案》（1926 年 10 月）等重要论文和教材，为培养和建立一支为人民而战的军队作出了卓越贡献。

恽代英在黄埔军校时期的戎装照

首先，"在党军中间，党高于一切"。恽代英指出："所谓党高于一切，是说军队不能违背党的主义。"要永远记着"党军是要'为主义''作战'的，不'为主义'，或者是不能'作战'，都同样是有负党军的责任，都同样是有负于党，有负于全国瞩望我们的被压迫的劳苦工农"。② 因此，"任何一个高级长官想引导军队走到反革命的路上去，我们军队中的同志都应拿出党纪来裁制他"。③ 恽代英这里强调的中心思想就是军队应服从于"被压迫的劳苦工农"的根本利益。

① 《毛泽东选集》第二卷，人民出版社 1991 年版，第 610 页。
② 《恽代英全集》第 8 卷，人民出版社 2014 年版，第 48 页。
③ 《恽代英全集》第 8 卷，人民出版社 2014 年版，第 51 页。

其次，军队一定要有严明的纪律。为此，他指出，军校政治大队的培养目标，是"养成一般在军队中做政治工作的人才，如党代表、政治指导员及政治部工作人员"①，还指出，军中必须设党代表，"党代表在军中的关系，非常重大"②。恽代英指出："军队是完全为党的主义工作，只有严整的军纪可以集中革命的力量，有充分的力量可以打倒一切反革命的敌人，所以军纪亦是党所应极力注意的。""党纪是要保障革命的军纪，决不是来破坏这种军纪的"，"破坏军纪，便是破坏我们革命党的作战势力，便是破坏党"③。所以，"每个同学必须加倍努力的严守纪律，反对一切破坏纪律的行为"，"我们要严格的纪律建造起我们的铜墙铁壁，剔除一切不守纪律的分子"④。

再次，要使军队与人民结合，使之成为人民的军队。恽代英认为，军队政治思想工作的目的，第一步使武力与人民结合，第二步使武力成为人民的武力，"我们便是要从第一步引军队走到第二步"⑤。为此，必须对士兵进行主义的教育，使他们对于三民主义有正确的认识，"保证我们的军队永远站在革命的战线上，为本党的主义奋斗到底。"所以，"我们政治工作人员无论在如何困难的环境中，必须要丝毫不妥协的将这种理论传达到士兵方面去……将党的真正主张，很正确的灌输到军队里去"⑥。

最后，军队要谦虚谨慎，反对暮气和骄气。恽代英认为，为党和主义奋斗的军队，"不应有一点矜夸骄傲之气，应当时时考查自己的缺点，谨防暮气深入我们的军队中间"，只有这样，才可以"常保作战之能力"。因此，"我们应当互相警惕，努力振奋，扑灭一切暮气，亦扑灭一切骄气"⑦。

恽代英以上所述培育和建立一支为人民而战的军队的思想，不仅在当时具有很强的针对性和指导作用，在今天仍具有重大的现实意义。

第五，青年运动的思想。

① 《恽代英全集》第8卷，人民出版社2014年版，第356页。
② 《恽代英全集》第8卷，人民出版社2014年版，第410页。
③ 《恽代英全集》第8卷，人民出版社2014年版，第119页。
④ 《恽代英全集》第8卷，人民出版社2014年版，第119页。
⑤ 《恽代英全集》第8卷，人民出版社2014年版，第156页。
⑥ 《恽代英全集》第8卷，人民出版社2014年版，第160页。
⑦ 《恽代英全集》第8卷，人民出版社2014年版，第51页。

恽代英是中国青年热爱的领袖和良师益友。他主编的《中国青年》杂志，影响了大革命时期的一代青年。郭沫若说："在大革命前后的青年学生们，凡是稍微有些进步思想的，不知道恽代英，没有受过他的影响的人，可以说没有。"①

恽代英的青运思想主要体现在如下方面：

1. 理想与信仰的思想

恽代英在中华大学读书时，就志向高远，追求崇高的理想。他在《论信仰》中说："信仰之引人向上，固不可诬之事。且其功用能使怯者勇，弱者强，散慢者精进，躁乱者恬静……惟信仰固有如此之功用，而除信仰外，尚不乏有此同一之功用者。"②他把理想比作"光明之灯"，认为"有希望之人，如黑地有灯，则自增其勇往之气……无希望如无灯，则举足略有崎岖即生畏缩之心……希望愈大如灯光愈大，则风不能息"。③ 他主编《中国青年》，热情宣传马克思主义和党的新民主主义革命思想，更是鼓励青年坚定理想信念，毫不动摇地向着光明前行，"倘若我能明明白白看见出来救中国的道路，我自能如在黑夜长途看见前面一盏电灯一样，我自能一心一意向着灯光走上去，任何别的事情，不能阻碍了。"④而且，他还希望觉悟的青年尽自己的力量转输光明于自己周围的群众，"为这一个更大的光明奋斗！""我们总有一日在这一个更大的光明中间相见的"。⑤ 在恽代英看来，实现远大理想需要教育。他指出，主义的教育，比军事教育还重要。只有进行主义的教育，才能使青年成为"真正有力的革命军"；此外，只有进行主义的教育，才能培养出对"本国经济与国际关系有研究的人才"，由他们去指导中国革命。

2. 爱国与救国的思想

早在 1917 年 10 月，恽代英在互助社的《互励文》中就强调"不应该忘记

① 郭沫若：《纪念人民英雄恽代英》，《中国青年》1950 年第 38 期。
② 《恽代英全集》第 1 卷，人民出版社 2014 年版，第 278 页。
③ 《恽代英全集》第 2 卷，人民出版社 2014 年版，第 207 页。
④ 《恽代英全集》第 6 卷，人民出版社 2014 年版，第 198 页。
⑤ 《恽代英全集》第 7 卷，人民出版社 2014 年版，第 332—333 页。

伺候国家、伺候社会"①。他鼓励青年学生要"尽力爱国"②,认为"国不可不救。他人不肯做,则惟靠我自己"③。他指出,"中国的病源,在于外国经济的压迫"④,我们"应当把每一个列强加于我们的耻辱都深刻地记在心中"⑤,"我们大家要一同来灭国耻,洗雪国耻"⑥。他还强调,要真心救国,就要找个根本的办法,那就是民族独立。"要求民族独立,必须抵拒列强的侵略";而要抵拒列强,"又应先事打倒军阀"。⑦

爱国更在力行。恽代英主编的《中国青年》,就是要引导青年到活动的路上,强健的路上,切实的路上。因此,他提出了对有志者的三个要求⑧:一、每星期至少牺牲六小时,作有益于社会改造的事业。二、每星期至少牺牲六小时,作时事与社会改造理论与办法的研究。三、有收入时至少捐其十分之一作有益于社会改造的事。这就是希望真心爱国的有志之士,即刻把自己应承担的担子挑起来。他说:"在我们今天,不是自动地以热血为人类奋斗,便只有被动地受强邻的自由宰割……还有人气的青年,上去吧!只有奋斗可以给你们生路,而且亦只有奋斗可以给你们快乐"。⑨

拯救国家,一个人的力量是有限的。恽代英又指出:"联合的分子越多,他的力量越大。一丛纤弱的竹林,可以胜过吹得倒孤松的风暴。一把细嫩的竹箸,可以胜过折得断粗枝的手腕。"⑩因此,立志救国的青年,一定要去接近广大的农工平民,使他们都能站起来,"一齐成为与学生共同作战的军队"⑪。

要实现这一目的,就要到群众中、特别是到农民中去宣传革命的道理。恽代英特别强调:"你要去宣传,须对于所要宣传的理论,自己先有充分的明

① 《恽代英全集》第 2 卷,人民出版社 2014 年版,第 119 页。
② 《恽代英全集》第 2 卷,人民出版社 2014 年版,第 301 页。
③ 《恽代英全集》第 3 卷,人民出版社 2014 年版,第 235 页。
④ 《恽代英全集》第 6 卷,人民出版社 2014 年版,第 586 页。
⑤ 《恽代英全集》第 6 卷,人民出版社 2014 年版,第 342 页。
⑥ 《恽代英全集》第 6 卷,人民出版社 2014 年版,第 356 页。
⑦ 《恽代英全集》第 6 卷,人民出版社 2014 年版,第 427 页。
⑧ 《恽代英全集》第 5 卷,人民出版社 2014 年版,第 108 页。
⑨ 《恽代英全集》第 6 卷,人民出版社 2014 年版,第 346 页。
⑩ 《恽代英全集》第 5 卷,人民出版社 2014 年版,第 50 页。
⑪ 《恽代英全集》第 5 卷,人民出版社 2014 年版,第 54 页。

了","只要你能说明理由,解释疑惑,群众一定能够接受你的宣传。"在做农民宣传工作时,要先"熟悉农村生活的实际情形,从农民本身生活说起","注意在说话的时候,每一句清楚,每一个字清楚"。

恽代英以上所阐发的青运思想具有恒久的理论价值和实用价值,在进行社会主义核心价值观教育的今天,更显得弥足珍贵。

除此之外,《全集》还有丰富的文化、教育等方面的思想内容。

综上所述,《全集》不仅内容丰富,思想深邃,而且具有很强的前瞻性。它充分说明:

第一,恽代英不愧是武汉和华中地区新文化运动的杰出代表人物,与陈独秀、李大钊等先进分子一起,弘扬民主与科学精神,为马克思主义中国化创造了基本前提条件。

第二,恽代英是在中国传播马克思主义的先驱者之一,通过积极宣传马克思主义,为马克思主义中国化奠定了思想基础。

第三,恽代英作为中共早期杰出的理论家之一,努力探索将马克思主义基本原理与中国国情相结合,对毛泽东思想的形成作出了重要贡献。

第四,《全集》作为马克思主义中国化的早期成果,是中国共产党的宝贵精神财富,对于在当代更好地推进马克思主义中国化,构建具有中国特色、中国风格、中国气派的马克思主义理论体系依然具有重要的理论价值和实践指导意义。

五、《恽代英全集》与中共党史人物研究

《恽代英全集》对中共党史人物思想与生平史事的研究,也具有极大的推动作用。这种推动作用主要表现为以下两个方面:一是可以深化老一辈无产阶级革命家早期思想转变的研究;二是可以丰富老一辈无产阶级革命家研究的内容。

中共老一辈无产阶级革命家是怎样成长为马克思主义者的?他们的思想转变过程有没有普遍规律可循?这是中共党史人物研究一直争论不休的一个问题。

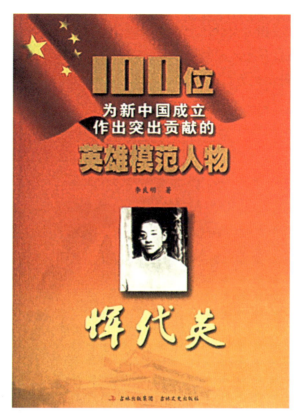

恽代英被评为"100位为新中国成立作出突出贡献的英雄模范人物"之一

　　恽代英早期政治思想的转变,在中共老一辈无产阶级革命家中极具代表性。从《全集》可以看出,恽代英怀着一颗拳拳的爱国心,在没有接触马克思主义以前,只能从优秀的中国传统文化中吸取营养,培养自己的爱国思想。他十三四岁的时候,"所想象的只是'中流击楫','揽辔澄清'的人格"①。正是本着收复失地的决心和澄清天下的远大抱负,他在母亲的指导下,自学家中藏书,先后读完《纲鉴易知录》《古文观止》《战国策》等书,尤其酷爱《饮冰室文集》,崇敬变法志士谭嗣同,经常吟咏谭的七绝:"望门投止思张俭,忍死须臾待杜根。我自横刀向天笑,去留肝胆两昆仑。"从此,少年时代的恽代英,开始萌发了强烈的爱国主义思想。

―――――――――

　　① 《恽代英全集》第9卷,人民出版社2014年版,第77页。

辛亥革命爆发时,恽代英 16 岁。他虽然没有直接参与这场革命,但毕竟亲历过。这位关心国家大事、勤于思考的热血青年,对革命的胜利果实被袁世凯窃夺痛心疾首。他和陈独秀、李大钊、毛泽东、周恩来等"五四"新一代知识精英一起,继承前辈仁人志士的革命精神,在茫茫黑夜里探索救国的道路,又从中国传统的善恶观出发,将追求进步的刚锐少年称之谓"善势力",将西方列强和北洋军阀、政客统斥之为"恶势力"。在恽代英看来,辛亥革命之所以失败,是因为善势力"被恶势力压服了,吞灭了","若没有善势力,我们是不能扑灭恶势力的"①。那么,如何养成善势力呢? 他在《文明与道德》(1915 年 12 月)、《社会性之修养》(1917 年 1 月)、《一国善势力之养成》(1918 年 10 月)等论文中,论述了道德进化与退化同人类文明的关系,认为人类愈文明,为善之人愈多,道德愈进化,反之道德则退化。"使天下为善之人多,而为恶之人少,则道德进化之处多,退化之处少,使天下为恶之人多,为善之人少,则道德退化之处多,进化之处少。进而论之,使天下之人,皆为善而不为恶,则道德有进化无退化,皆为恶而不为善,则道德有退化无进化……故将来之世界,在道德界之价值……皆视现今人类之行为而判定之"。因此,恽代英殷切希望有志之士,"善用其由文明进化所得之智力,群出于善之一途,使道德有进化无退化,以早促黄金世界之实现也。"②可见,在恽代英看来,实现这种理想的黄金世界,在改良风俗,使天下之人皆为善而不为恶。这就必须从"公德""公心""诚心""谨慎""谦虚""服从""礼貌""利他"八个方面加强修养,如果每个国民都按这"八德"行事,中国社会风俗必将大变,中国必将臻于强盛社会,善势力便能得以养成。这正是"今日有志之士,所应持以救国之惟一方法"③。这显然是受了道德救国论的影响。与此同时,恽代英又认为,教育又是正风俗的"惟一切实的工具"④,说明他也受到了教育救国思想的影响。

作为观念形态的道德、教育属于上层建筑,是一定社会经济的反映,又反作用于一定的社会经济,不用暴力革命推翻现有的社会经济制度,道德和教育便

① 《恽代英全集》第 3 卷,人民出版社 2014 年版,第 99 页。
② 《恽代英全集》第 1 卷,人民出版社 2014 年版,第 30—31 页。
③ 《恽代英全集》第 2 卷,人民出版社 2014 年版,第 94 页。
④ 《恽代英全集》第 4 卷,人民出版社 2014 年版,第 63 页。

不可能得到彻底改造。因此,单纯的道德和教育改造,不可能救国。年轻的恽代英当时自然不懂得马克思主义的这一基本原理,这也是从甲午至戊戌,再到"五四",一代又一代知识精英在救亡图存探索救国道路上都曾留下过的脚印。

恽代英在探索救国的道路上继续前行。五四运动后,包括马克思主义在内的各种社会思潮在中国广泛传播。他刻苦学习和研究各种新学说,常预备欢迎新学说到自己心里来,到自己耳朵里来。"能欢迎新的,还应该欢迎更新的"①。因此,从"五四"至中国共产党成立这一时期,恽代英的思想呈现出十分复杂的状态:一方面,马克思主义的世界观不断冲击着无政府主义等错误思想的藩篱,在他的头脑里正在萌芽发展;另一方面,无政府主义等错误思想对他也有着较深的影响,也不能一下子克服掉,仍在顽强地表现着。但随着实践的发展,他不断克服了无政府主义等错误思想的影响,而逐渐接受了马克思主义,树立了对马克思主义的坚定信仰。这从《致王光祈》(1919 年 9 月)、《驳杨效春君"非儿童公育"》(1920 年 4 月)、《再驳杨效春君"非儿童公育"》(1920 年 6 月)、《怎样创造少年中国?》(1920 年 7 月)、《未来之梦》(1920 年 10 月)、《论社会主义》(1920 年 11 月)、《致沈泽民、高语罕》(1921 年 4 月)、《致杨钟健》(1921 年 11 月)等论文和通信中看得十分清楚。

包括李大钊、毛泽东、蔡和森、刘少奇在内的中共早期领导人于"五四"前后,都曾受到过无政府主义等错误思想的影响。这是一种历史现象。正如毛泽东所说,那时,"求进步的中国人,只要是西方的新道理,什么书也看"②。恽代英也不例外。他坦率地告诉朋友:"我很喜欢看见《新青年》、《新潮》,因为他们是传播自由、平等、博爱、互助、劳动的福音的"。"从实告诉你,我信安那其主义已经七年了,我自信懂得安那其的真理,而且曾经细心的研究。"③他在日记中也写道:"与香浦(林育南,字湘浦,又写作香浦——笔者注)谈,都很赞成将来组织新村"。"我们新村的生活,可以农业为根本,兼种果木,并营畜牧"。④ 这说明,恽代英受无政府主义等的影响还是比较深的。

---

① 《恽代英全集》第 4 卷,人民出版社 2014 年版,第 57—58 页。
② 《毛泽东选集》第四卷,人民出版社 1991 年版,第 1469 页。
③ 《恽代英全集》第 3 卷,人民出版社 2014 年版,第 101 页。
④ 《恽代英全集》第 3 卷,人民出版社 2014 年版,第 328 页。

但是,我们又清晰地可以看到,五四运动以后,恽代英思想的主要倾向是朝着马克思主义转变的。

1920 年 4 月,他受少年中国学会的委托,负责编辑《少年中国》丛书,将"马克司及其学说",放在应研究的 26 种书目的首位。他还主张研究"唯物史观"和"布尔塞维克"①。在讨论儿童公育问题时,恽代英开始用唯物史观的基本观点,分析社会问题,认为社会存在的不合理的教育、受恶势力的压迫和引诱、婚姻与家庭的种种弊端等问题,都是经济压迫造成的。因此,"最主要的是全部改造的社会"②。在讨论如何创造少年中国时,他明确地说:"我从一方面很信唯物史观的意见,他说道德是随经济演化而演化的",并拟对唯物史观

《少年中国》第一卷第十一期封面照

---

① 《恽代英全集》第 4 卷,人民出版社 2014 年版,第 38—39 页。
② 《恽代英全集》第 4 卷,人民出版社 2014 年版,第 86 页。

現在姑且將我盼望看見的書,擬幾個題目寫在下面:

克魯泡特金及其學說　太茢兒及其學說
馬克司及其學說　哲姆士及其學說
羅素及其學說　尼采及其學說
杜威及其學說　康德及其學說
遠爾文及其學說　蒲魯東及其學說
唯物史觀　康德及其學說
道德的起原　實驗主義
優種論　生物進化論
布爾塞維克　德謨克拉西
勞動問題　新村運動
鄉村小學教育　女子問題
安那其　中學校教育研究
國際運動　日本

會員通訊　群衆心理

恽代英致少年中国学会同人文照

另写专文论述①。与此同时,他对马克思主义暴力革命学说也有一定的认识。

"我想只要通情达理的人,他或者不信政治活动或流血是必要的手段;然果遇着显见政治或流血,为简捷有力的改造手段的时候,甚至于显见其为改造的独一无二不可逃避的手段的时候,亦没有不赞成取用政治活动或流血的手段的道理。"②他对无政府主义也发生了怀疑,指出:"我们讲人道,是企求人类平等幸福。所以我们不愿人家受掠夺,亦不愿自己受掠夺。若我们一天天走受掠夺的路,却谈什么无政府主义,这只是割肉饲虎的左道,从井救人的诬说"③。这说明,恽代英新的世界观在成长中。

然而,恽代英的思想这时还没有摆脱无政府主义错误思想的羁绊。例如他说:"世界不断应为德莫克拉西的,而且应为安那其的,这些话,我实在深信。"④还说:"我信阶级革命的必要,与新村的必要一样真实。"⑤

这种思想的矛盾性是不难理解的。瞿秋白讲得好:"社会主义的讨论,常

---

① 《恽代英全集》第4卷,人民出版社2014年版,第124页。
② 《恽代英全集》第4卷,人民出版社2014年版,第126页。
③ 《恽代英全集》第4卷,人民出版社2014年版,第119—120页。
④ 《恽代英全集》第4卷,人民出版社2014年版,第140页。
⑤ 《恽代英全集》第4卷,人民出版社2014年版,第266页。

常引起我们无限的兴味,然而究竟如俄国十九世纪四十年代的青年思想似的,模糊影响,隔着纱窗看晓雾,社会主义流派,社会主义意义都是纷乱不十分清晰的。"①恽代英也正是这样的情况。这也反映了中国共产党早期领导人探索革命真理的艰辛历程。

从1920年年底至1921年夏,是恽代英思想迅速向马克思主义转变的历史时期。1920年10月,恽代英翻译了恩格斯的《家庭、私有制和国家的起源》的部分章节,以《英哲尔士论家庭的起原》为题,发表在《东方杂志》第十七卷第十九号上。《译者志》说:"英哲尔士为马克斯的挚友,终身在宣传事业中联合努力。读马氏传的,无有不知他的"。② 表明了恽代英对马克思、恩格斯的崇敬心情。

利群书社旧址

1920年12月,陈独秀在《新青年》8卷第4号发表了由他组织的《关于社会主义的讨论》一组资料,其中(十三)《独秀复东荪先生底信》说:"在全社会底一种经济组织生产制度未推翻以前,一个人或一个团体决没有单独改造底余地,试问福利耶以来的新村运动,像北京工读互助团及恽君的《未来之梦》

---

① 《瞿秋白文集》(文学编)第1卷,人民文学出版社1985年版,第53—54页。
② 《恽代英全集》第4卷,人民出版社2014年版,第220页。

等类,是否真是痴人说梦?"①陈独秀是恽代英崇敬的师友,也是北京工读互助团的发起人,他对工读互助团认识的觉醒和对《未来之梦》的批评,促使了恽代英和利群书社成员对他们实践着的"共同生活"进行深刻反思。1921 年 1月,恽代英受陈独秀委托翻译的《阶级争斗》一书作为"新青年"丛书第八种,由新青年社出版。这本书正确阐述了马克思的阶级斗争学说,对毛泽东及其他中共早期领导人的思想产生了重大影响,也促进了恽代英自己的思想转变。他一边翻译,一边将内容讲给利群书社的朋友听,大家都感到很新颖。

由陆定一题词的今日利群书社

1921 年 4 月 29 日,恽代英在《致沈泽民、高语罕》中,表示完全赞成沈泽民"教育问题,正和一切问题一样,非把全部社会问题改造好了,是不得会解决的"观点。还赞赏沈看问题深刻透辟,"目光如炬"。② 6 月 15 日,恽代英《致王光祈》,认为"经济压迫,能力不足",为工读互助团失败的原因,并以利群书社为例说:"以我一年来利群书社的生活,深信都市中作小工商业,实有不免受经济压迫的地方……我们真饱受了经济压迫的况味。"③

① 陈独秀:《关于社会主义的讨论》(13),《新青年》第 8 卷第 4 号,第 23 页,1920 年 12 月 1日。
② 《恽代英全集》第 4 卷,人民出版社 2014 年版,第 479 页。
③ 《恽代英全集》第 4 卷,人民出版社 2014 年版,第 500 页。

这说明恽代英的思想开始发生了质的变化。经过利群书社等工读互助的实践，他终于认识到，企图避免革命手段，利用经济学的原理，建设一个为社会服务的大资本，一方用实力压服资本家，一方用互助共存的道理，启示一般阶级，靠这种共同生活的扩张，把全世界变为社会主义的天国是不现实的幻想。

1921年7月上旬，少年中国学会在南京召开年会。会议在讨论学会宗旨和主义时，邓中夏、高君宇、刘仁静等主张学会应确立社会主义的方向；左舜生、陈启天等则表示反对，主张学会应成为从事社会活动的改良主义团体。这使恽代英原希望把改造中国的重责寄托在少年中国学会的希望完全破裂，加速了他向马克思主义转变的步伐。年会后，恽代英返回武昌，明确主张"真团体联合"。必须建立在劳农专政的基础上。他与林育南等商议，"赞成组织新式的党——布尔什维克式的党，并提议把要组织的团体叫'波社'（波尔什维克）"①。于是，召集受利群书社影响的24位先进青年，于7月15—21日在黄冈浚新小学成立了共产主义性质的革命团体共存社。其宗旨是："以积极切实的预备，企求阶级斗争、劳农政治的实现，以达到圆满的人类共存为目的"②。共存社的宗旨明确承认阶级斗争，拥护无产阶级专政，

以实现没有剥削和压迫的共产主义为最终奋斗目标，与中共一大通过的第一个纲领基本精神完全一致，标志着恽代英、林育南等先进青年走上了马克思主义的道路，确立了马克思主义的世界观。随后，恽代英赴四川泸县川南师范任教，抵达川师后，立即写出《致杨钟健》，坚定地表示："私意近来并很望学会为波歇维式团体，这是年会后思想的大改变。"③

从恽代英早期政治思想转变的历史轨迹可以看到，他先是通过学习中国优秀传统文化，从中汲取丰富营养，培养了自己强烈的爱国主义思想，并积极投身五四爱国运动；五四运动后，为寻求救国真理，又广泛学习和研究包括马克思主义在内的各种社会主义思潮，虽然一度受到无政府主义等错误思潮的影响，但他思想的主流是反帝爱国的民主主义；经过实践的检验和反复比较后，最终抛弃了无政府主义等错误思潮，选择了马克思主义并树立了坚定的马

---

① 廖焕星：《武昌利群书社始末》，载《回忆恽代英》，人民出版社1982年版，第258页。
② 《浚新小学纪略》，《我们的》第7期，1921年8月10日。
③ 《恽代英全集》第4卷，人民出版社2014年版，第533页。

克思主义信仰。由此可见,恽代英是从爱国主义走向马克思主义的。中国共产党的早期领导人李大钊、毛泽东、周恩来、蔡和森、刘少奇等的早期思想转变,都和恽代英大体相似。这说明,从爱国主义走向马克思主义,是中国共产党早期领导人思想转变的一个普遍规律。

《恽代英全集》还直接涉及陈独秀、李大钊、毛泽东、周恩来、张太雷、张浩、施洋、黄负生、刘子通、沈泽民等数十位中共早期领导人和著名英烈,为研究这些中共党史人物提供了丰富的资料。仅以毛泽东为例,一些重要资料,《毛泽东年谱》《毛泽东传》中都没有记载,特别珍贵,现择其要者简介。

毛泽东与恽代英的友谊,始于五四时期。恽代英景仰毛泽东,对毛泽东的《民众大联合》极为推崇。利群书社成员李伯刚、郑南宣回忆:恽代英在五四运动后曾同毛泽东通信联系;"利群的同志曾受《湘江评论》所提'大联合'的启示,趋向扩大联合。"①恽代英受毛泽东《民众大联合》的影响,主张"小组织大联合"②。毛泽东对恽代英也无比钦佩,他曾在《东方杂志》等杂志上读过恽代英的巨篇宏论,十分熟识恽代英的大名。他俩惺惺惜惜惺惺,好汉爱好汉。

五四运动中,武汉爱国学生运动受到湖北军阀王占元的残酷镇压,发生了"六一""六三"惨案,随后,武汉学生联合会6月上旬被强行解散。恽代英无比气愤,当即写了《武汉中等以上学生解散留言》,刊登在6月7日出版的《大汉报》上。《湘江评论》7月14日创刊后,恽代英见该刊反帝反封不遗余力,战斗性强,为了在全国深入揭露王占元镇压学生的罪行,又将该文寄给毛泽东。

"我们平日在学校里,老师总叫我们爱国,今天我们尽我们所能尽的力量,来做一点爱国的事情,未必这便是我们的罪? 未必这还是一个极大的罪? 竟然应受这样的待遇吗? 我们所受的待遇,简而言之,有用刺刀戳穿胫骨的,有用刺刀直撞心窝的,有用枪背打得筋肉青肿的,肺部损伤的,有用老拳打得上头流血、下面便血的……若是这狠的警察,这狠的保安队,能够替我们向日本争青岛,他便打死我们亦所甘心。只是他们除了对于我们手无寸铁的学生,诬以扰乱秩序,将我们毒打以外,看了外国人哼亦不敢哼一句"③。

---

① 李伯刚:《我所知道的恽代英》,载《回忆恽代英》,人民出版社1982年版,第261页。
② 郑南宣:《永远的景仰》,载《回忆恽代英》,人民出版社1982年版,第124页。
③ 《恽代英全集》第3卷,人民出版社2014年版,第31—32页。

毛泽东收到恽代英的文稿后兴奋不已,当即转登在7月1日出版的《湘江评论》临时增刊第1期上。这是我们目前查到的毛泽东与恽代英以文会友的最早文字。

1919年年末至1920年年初,毛泽东率驱张(敬尧)代表赴京路过武汉,慕名拜访恽代英,在利群书社住了半个月,和恽代英朝夕相处,促膝长谈。毛泽东向恽代英介绍了驱张情况后,取出一卷《驱张宣言》,请恽代英帮助在武汉三镇广为张贴,以扩大宣传。

"……去岁张敬尧入湘以后,纵饿狼之兵,奸焚劫杀;聘猛虎之政,铲刮诈捐。卖公地,卖湖田,卖矿山,卖纱厂,公家之财已罄;加米捐,加盐捐,加纸捐,办田税,人民之膏脂全干。洎乎今日,富者贫,贫者死,困苦流离之况,令人不忍卒闻。彼张贼兄弟累资备数千万……欲攫尽湖南财产,吃尽湖南人民"。

《驱张宣言》激起了恽代英对张贼敬尧的无比愤慨。他看罢宣言,立即将宣言交给利群书社李伯刚等。第二天,武汉三镇大街小巷遍贴《驱张宣言》。

1924年1月国民党"一大"的召开,标志国共两党合作的第一次统一战线正式成立,推进了中国大革命的发展。随着革命形势的迅猛发展,国民党内的右派分子日益感受到革命的威胁,于是加紧反共分裂活动。6月18日,国民党监察委员邓泽如、张继、谢持不仅上书孙中山,指控中国共产党,而且向国民党中央委员会提出"弹劾共产党案",诬蔑共产党"违反党义,破坏党德","希即从速严重处分"。"弹劾案"提出后,北京、上海、广州等地的国民党右派分子跟着效仿,掀起了一股反共逆流。

8月1日,国民党上海第三四两区党部的右派分子曾贯五、喻育之等人在上海执行部叶楚伧等人的怂恿下,纠集暴徒,挑起事端,欧伤第五区党部常务委员、国民党左派黎磊,第二天,又打伤了时为共产党人的邵力子,反共气焰十分嚣张。

时同在上海执行部任职的毛泽东、恽代英等联名致电孙中山总理,将国民党右派在上海的反共活动及时报告:

孙总理钧鉴:

东日三四两区部曾贯吾等集少数党员秘密开会,强迫签字于致总理电文,黎磊被殴伤。更日,该两区部喻育之等二十余人拥入执行部,强迫楚伦盖印于致总理电文,邵力子被殴伤。党纪扫地,若无制裁,何以励众?再,楚伦主持不力,迹近纵容,并乞明察。

　　沪执行部　　毛泽生①、恽代英、施存统、邓中夏、沈泽民、韩觉民、王永基、杨之华、李成、刘伯伦

　　叩蒸　　　　　　　　　中华民国十三年八月十一日②

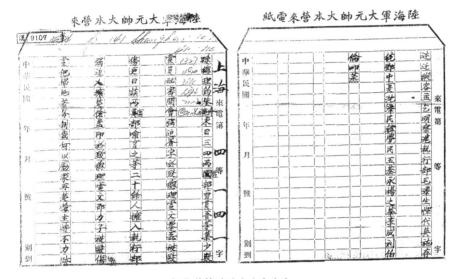

恽代英等致孙中山电全文

　　这封珍藏在台北市国民党党史馆的重要历史文献,为首次刊布,充分表明了毛泽东、恽代英等中共党人拥护孙中山的三民主义,坚持国共合作,反对分裂革命统一战线的严正立场和光明磊落的情怀,为研究毛泽东、恽代英大革命时期的理论与实践,提供了新的史料。

　　1926年5月,恽代英受中国共产党的指令,到黄埔军校担任政治主任教官,同时任军校中共党团书记。在军校期间,恽代英编著《本党重要宣言训令之研究》《国民革命》《中国国民党与劳动运动》《中国共产党与农民运动》《政

---

① 电报原文毛泽生,应为毛泽东之误。
② 《恽代英全集》第6卷,人民出版社2014年版,第460页。

治学概论》等教材,同时应毛泽东的聘请,兼任毛泽东主持的第六届广州农民运动讲习所教员,主讲《中国国民党与农民运动》《中国民族革命运动史》等课程。研究恽代英所编的这些教材,对于深化毛泽东、恽代英等的生平史事与思想研究,也是大有裨益的。

蒋介石发动"四一二"反革命政变后,毛泽东、恽代英等共产党人,联合国民党左派宋庆龄、邓演达等四十名国民党中央委员、候补委员、国民政府委员、军事委员会委员联合通电讨蒋。指出,如不去此"民众之蟊贼","革命群众将无噍类"。5月初,恽代英在武汉中央军校讲《最近军校改革之意义》,明确指出:"譬如我,假使跟着蒋介石,也可升官发财,但要使中国革命成功,就不能不反对反革命的甘作民众叛徒的蒋介石! 这种反对,是有益中国的。"①恽代英和毛泽东的心是相通的,他坚决反蒋的这一严正立场和思想观点,当然也代表了毛泽东。

轰轰烈烈的大革命失败后,中国共产党的一大批精英,走上了武装反抗国民党的革命道路。恽代英先后参与领导南昌起义和广州起义,随后转入香港、上海,从事地下斗争。毛泽东领导秋收起义后,将马克思主义与中国革命实践相结合,率部走上井冈山,开辟了中国特色的革命道路,创立了中国特色的革命理论。恽代英从毛泽东开创的农村革命根据地看到了中国革命的胜利的希望,在他主编的中央机关刊物《红旗》上,经常报道朱、毛领导的革命根据地和红军的消息。

1930年2月15日至20日,中共福建省委在厦门召开了第二次代表大会,恽代英以中央代表的身份,帮助和指导福建省委完成了大会的任务,选举了新的省委。这次会议在分析全国总的革命形势时,尽管也存在"左"倾错误的倾向,但在制定省委具体任务和闽西红军的发展方向时,却抵制了李立三的"左"倾冒险主义错误,强调党在白区的工作应利用合法的形式展开斗争,不能盲目暴动;应深入与扩大土地革命;在加强厦门、福州、漳州城市工作的同时,要健全闽西特委,建立闽北特委;特委工作的重点是发动群众,开展游击战争,在游击战争中建立和扩大红军,巩固党对红军的领导;闽西红军应向敌人

---

① 《恽代英全集》第9卷,人民出版社2014年版,第50页。

统治力量较薄弱的闽南发展,而不是向敌人统治力量较强的广州方向发展等。这表明,恽代英是坚决支持朱、毛建立农村革命根据地,走以农村包围城市的中国特色革命道路的。会后,恽代英怀着激动的心情,沿着秘密交通线,到闽西苏区视察。他广泛接触贫苦农民、红军指战员和苏维埃政府各级干部,对闽西苏区的形成、巩固和发展进行了全面的了解,写下了《请看闽西农民造反的成绩》《闽西苏维埃的过去与将来》等文章,热情地讴歌了朱、毛领导的闽西农民暴动和红军的伟大成绩。

恽代英饱含革命激情写道,闽西农民暴动"真是一件大了不得的事",在朱、毛红军的帮助下,这不是一种普通的什么革命,好比蒋介石革命便打倒了张作霖、吴佩孚,自己做起国民政府主席,好比汪精卫又要革蒋介石的命,亦想来抢一个国民政府主席做做? 闽西完全不是这一回事情。"闽西不是什么普通的革命,他是造反,他是要闹一个天翻地覆,把全世界翻转过来。"①

接着,恽代英还初步总结了中国共产党在闽西局部执政的历史经验。

第一,恽代英认为,中国共产党在"闽西苏维埃确实表现出来是工农的政府"②。执政为民是共产党宗旨的必然要求。在半殖民地半封建社会,中国广大贫苦农民最根本的利益是土地问题。执政为民就是要坚决实行土地革命,进行土改,使无地或少地的农民获得土地。据调查,闽西苏维埃政府成立以前,龙岩、永定、上杭、连城、长汀、武平六县,田地平均85%为地主、富农所有,农民所有田地不过15%。这正是农民遭剥削、受压迫的根源。苏维埃政府成立后,中国共产党领导农民实行土改,烧毁田契、账簿、契约,从而使贫苦农民翻了身。"从前闽西农民在地主官府下面,要交租,又要完粮,又要上捐,又要派款,他们那时候简直没有法子生活下去。有些农民一年都没有米进口,并且连红薯亦没有吃,他们只有吃红薯渣。"而"在苏维埃政府之下,无田地或少田地的农民都分得了田地,成年吃薯渣的贫农都改吃白米"③。由于闽西苏维埃政府给贫苦农民带来了看得见的实惠,所以得到拥护。广大贫苦农民坚决团

① 《恽代英全集》第9卷,人民出版社2014年版,第293页。
② 《恽代英全集》第9卷,人民出版社2014年版,第299页。
③ 《恽代英全集》第9卷,人民出版社2014年版,第299—300页。

结在苏维埃政府的周围,明白了"只有拼命扩大斗争才是一条生路"①。因此,自觉行动起来配合红军粉碎国民党军队的"围剿",使金汉鼎部龟缩在长汀城不敢越城池一步,刘和鼎、张贞部被迫离开闽西,国民党军队、民团的士兵向红军投诚日益增多,地主豪绅垂头丧气。

第二,恽代英认为,中国共产党在闽西要民主执政。民主执政的重要体现便是广大贫苦农民的政治参与。由于闽西苏维埃是工农的政府,所以经常有群众会议与代表会议,"有很多工人、贫农以至妇女参加苏维埃代表会与委员会。"农民许多事都是靠着开群众大会来解决。例如,他们分田地,便是由群众大会自己讨论,自己定出分配的标准和确实需要照顾的对象,即使有什么争端,仍是开群众大会解决。不但一乡的事这么办,一区的事、一县的事也这样办。这实际上是中国共产党实行民主政治的最先尝试。恽代英指出,在初成立苏维埃的地方,民主政治还不够发展,每次开会多是几个领袖发言,农民只是在台下点头或鼓噪,表示赞成与否,而且多半是赞成领袖提出的意见,妇女发言多半不受人重视。但苏维埃成立稍久的地方,民主政治的要进步得多。"农民渐次能发表意见,他们已经实行撤回不称职的上级苏维埃代表,妇女在苏维埃中间的地位亦日益抬高。"②由此可见,中国共产党在闽西民主执政是不断完善的。

第三,恽代英在肯定中国共产党在闽西局部执政经验的同时,也指出了其存在的缺点。"群众的创造力还未能充分发展,苏维埃一切政治设施还表现很多自上而下的精神。"③例如,办理合作社、俱乐部、列宁学校等,都是由县苏维埃及至各县联席会讨论规定办法,交各乡执行,上级主观上亦要求各乡工作一致。苏维埃最高执行权力实际还是在委员会,代表会议或群众会议好像只是一个讨论机关。因此,广大贫苦农民虽然都认识苏维埃政权的好处,但仍觉得只是一部分上级领袖、委员替他们做事的好政府,还未能完全行使自己的权力。恽代英强调,最高权力机关重要的事情必须经过代表会议或群众会议充

① 《恽代英全集》第9卷,人民出版社2014年版,第299页。
② 《恽代英全集》第9卷,人民出版社2014年版,第300页。
③ 《恽代英全集》第9卷,人民出版社2014年版,第301页。

分讨论。他指出,闽西的党组织已经意识到这一缺点,并提出两条改进措施,一是以后除军事财政外,"一切政治、经济、文化事业,要尽可能帮助各乡群众自己创造,党的好意见一方面固然要影响上层苏维埃指导工作,另一方面尤其是要发动每个支部到群众中去发展讨论,推动群众在会议中提出意见,使各乡一切设施都可以各出心裁,互相观摩争竞"。二是"党不仅是要帮助群众发展自己的意见,而且要帮助群众自己做,这样便可以使苏维埃的群众基础更为巩固"。① 恽代英指出,工农群众在国民党长期统治与欺骗宣传下,现在还是第一次建立自己的政权,"自然不会一件件事情都做到尽善尽美的,工农群众现在已经有机会自己试验,自己批评,并且随时改正自己的缺点"②。这正是共产党领导下中国民主政治进步的表现。他坚信,"只有苏维埃政权是工农群众自己的政权。全中国工农群众都应当起来为苏维埃政权奋斗。"③

恽代英是中国共产党早期领导人最早总结党在苏区局部执政历史经验的代表之一,他的这两篇重要论著,对于深化中共苏区史的研究、朱毛红军的研究以及毛泽东开创的中国特色革命道路与理论的研究,增添了新内容,都具有重要的参考价值。

如前所述,《恽代英全集》仅是收集了我们目前能够收集到的恽代英遗著,虽称《全集》,但肯定还有不少遗漏。这种遗憾只能以后通过各种努力去不断补充完善。

六、我们在台湾查资料

2013 年 12 月 25 日至 2014 年 1 月 8 日,笔者和蔡丽、孙泽学两位博士一同前往台北,查阅有关 1924—1927 年第一次国共合作时期的历史资料。

2014 年元旦,是我们难忘的一天,中正文教基金会副主委车守同先生放弃与亲人一起欢度佳节,陪同我们一天,既当"司长",又当导游,带领我们参观了中正文教基金会、基隆普修禅寺、杜月笙墓、基隆炮台;中餐后,又驾车沿

---

① 《恽代英全集》第 9 卷,人民出版社 2014 年版,第 301 页。
② 《恽代英全集》第 9 卷,人民出版社 2014 年版,第 302 页。
③ 《恽代英全集》第 9 卷,人民出版社 2014 年版,第 302 页。

东海岸带我们去野柳参观,还带我们参观了邓丽君墓和风力发电站等风景区。车守同先生博学多才,他的精到讲解和点评,让我们学到许多知识。他实在太热情了,饭后抢着埋单,全是他招待。我们要付汽油费他也不要,还用标准的武汉话说:"这不是甩我的耳光子!"我们只好将他的深情铭刻在自己心里。

我们此次到台湾的目的,是要收集1924年至1927年第一次国共合作时期前后的相关史料,每天早上8时出发,至下午6时以后回到驻地,中午不休息,每天工作在十小时以上。

国民党党史馆馆藏丰富,共分一般史料、中央政治会议速记录、中央政治临时会议速记录、五部(工、农、青、妇、商)档案、吴稚晖档案、政治档案、特种档案、副总裁批签档案、国防档案、会议记录、汉口档案、监察档案、蒋中正档案、环龙路档案等十四大类,每类都有档案资料上万件以上。例如我们所关注的汉口档案,所藏为1924年至1927年的档案资料,其中有第一、第二届执行委员会档案及中央特别委员会之各类档案共17975件,截至宁汉分裂,故称"汉口档案"。该档案大多为中央执行委员会与中央及地方各党务机关往来的公文书,能与五部档案资料互相搭配,是研究国民党自改组以来重要的历史文献,极具参考价值。这些资料在极短时间内是看不完的,我们只有自己辛苦一点,尽量多看一点。

查阅第一次国共合作时期恽代英主编的《新建设》杂志,是我们此次台湾之行的主要目的之一。这个杂志大陆肯定有,我曾经在相关文博单位请他们帮助拍摄过恽代英发表在该刊的有关论文,但很不完备。湖北的相关图书馆我都去查过,皆无收藏。

我们原以为《新建设》在国民党党史馆可以查到。但遗憾的是国民党党史馆经过调整,只保存国民党相关档案资料,图书和期刊都转移他地,不知去向。我们只好到台湾"国家图书馆"去寻觅。但经过检索,该馆只有抗战以后的《新建设》。这使我们很失望,真不知再到何处查阅。此时蔡丽在该图书馆查到了《孙逸仙图书馆馆藏目录》一书,该书有民国十二年至十三年的《新建设》杂志的记载。这正是我们需要的,于是我们立即找图书馆的工作人员查询,经检索,"国家图书馆"的确没有该杂志,该杂志收藏于"孙逸仙图书馆",并告诉我们,"孙逸仙图书馆"就在"国父纪念馆"二楼的右边。第二天,我们又立即赶到"国父纪念馆"之"孙逸仙图书馆"。该馆工作人员帮我们检索，遗憾的是仍然没有。这就奇怪了！线索到此似乎就要断了，我们显得很无奈，但仍没有放弃，在朋友的帮助下，最终查出，《新建设》等一批图书杂志转到了政治大学社会科学资料中心图书馆。

这时已是元月六日，离我们返汉时间仅剩一天了。"只要有线索，就要下决心追下去，不留遗憾。"元月七日上午 10 时许，我们赶到政治大学。走进社会科学资料中心图书馆，顿时几乎处于绝望，图书馆门口贴有告示："本馆定于元月十五日开馆。""完了，彻底完了！"但我们又不死心，还是进资料中心看一看吧！我们直奔三楼资料中心，办完了手续，先将资料中心各室的开架的图书资料大体浏览了一遍。好丰富的收藏啊！从二十四史、四库全书直至现代的各种图书、期刊，应有尽有，连《湖北文史资料》《武汉市文史资料》也收藏得很完整，这不能不令我们佩服。随后，我们不抱希望地在三楼走廊的电脑上检索《新建设》，依然查不到。这时已经是中午 11 时了。一位 40 岁左右的女士微笑地走了过来，知道我们是大陆过来的，又热情地帮我们查，还是没有找到。我们告诉她，"国父纪念馆"之"孙逸仙图书馆"的工作人员明确告诉我们，该杂志转到了政治大学。蔡丽还将《新建设》杂志的编号告诉了该女士。这位女士太可敬了，她看了编号说："凡是上了我们图书馆目录的，都应该查得出来，现在电脑里没有，说明还没上目录，是不是保存在二楼，还没上目录呢？走，我带你们到二楼胶片室去查！"我们顿时兴奋起来，跟她一起到二楼胶片阅览室。"踏破铁鞋无觅处，得来全不费工夫！"果然在这里找到了我们朝思暮想的《新建设》杂志胶片。工作人员又帮助我们上机，教我们如何使用，如何将所需要的资料打印出来，是那么的细心和耐心，真叫我们十分感动。顾不上吃中午饭，连一口水也没有喝，我们抓紧工作，直至下午 5 时，将《新建设》第一卷 1—6 期、第二卷 1—2 期全部过了一遍，并将我们所需的内容全部打印出来。真没想到在来台的最后一天有这么大的收获，真是太激动太高兴了。

尤其令我激动的是，在《新建设》的第一卷第一期，有孙中山先生的题词："建设新基"。这幅墨宝是最新发现。目前海内外出版的有关孙中山先生题词遗墨的书籍，都未收集这幅题词。2000 年 9 月，我在华中师范大学出版社任职,担任刘望龄教授辑注的《孙中山题词遗墨汇编》一书的责任编辑。这本书共收集孙中山先生题词四六九件,遗墨二九九件,是目前海内外收集孙中山题词遗墨最全的一本书。该书就没有收集到这幅遗墨,只是在该书第 292 页有对孙中山先生这幅题词的释文,所以,我敢作这样的肯定的结论。尤其使我震惊的是《新建设》杂志,主要作者不仅大多是"湖北佬",而且还都是我校前辈校友。如第一卷第一期载各类文章 24 篇,湖北籍作者就有恽代英(笔名但一)、李求实(笔名求实)、林育南(笔名林根)、谢远定、刘仁静(笔名敬云)等 5 位。其中恽代英一人独写 6 篇。

还有一件令我十分快乐的事。"国父纪念馆"正在筹备孙中山 150 周年诞辰。典藏组组长王秉伦博士承担筹备工作。在他的办公桌上,放着海内外出版的有关孙中山先生题词遗墨书籍约六七本。王博士告诉我,经过反复比较,他们认为我责编的这本书最全,质量最好。经研究,"国父纪念馆"决定,将我责编的这本书做成电子版,收入数据库。他们很注意知识产权,正在愁如何同华中师范大学出版社和刘望龄教授联系,取得授权。我的到来,让王博士惊喜不已。这真是缘分呵!想不到我十四年前编的一本书,在国父纪念馆能得到这么高的评价和荣誉!这使我感到,做一件有价值的事情,是多么的有意义!

(李良明)

七、恽代英思想的鲜明特点

恽代英是中国共产党创建时期的重要领导人和政治活动家、理论家、著名的青年运动领袖。1920 年创办利群书社,后又创办共存社,传播新思想、新文化和马克思主义,1921 年加入中国共产党。他创办并主编《中国青年》,"培养和影响了整整一代青年"。对他的研究是学界多年关注的热点。《恽代英思想研究》一书,是国家社科基金项目优秀结项成果,是一部研究恽代英的力作,也是《恽代英全集》编纂的奠基之作。该书全面梳理恽代英近 300 万字遗著以及国内外恽代英生平和思想研究成果的基础上,从恽代英的家庭、所处的时代、所受的教育以及社会实践四个方面分析了恽代英思想产生和形成的历史背景及其主要特点,对恽代英生平事迹与思想研究的历史与现状进行了实事求是的客观评介,并对其在哲学、政治、经济、军事、文化、教育等领域的理论贡献进行了比较深入的论述。

通读该书,笔者认为恽代英的思想理论具有四个鲜明的特点:第一,全面性。恽代英的思想理论不是局限于某一个领域,而是涵盖了哲学、政治、经济、军事、文化、教育等各个领域,非常全面,而且在很多领域中,都形成了自己独立的思想体系,这在早期中国共产党人中是不多见的。比如在军事工作的思想理论中,他较早意识到了政治工作的重要性,认为"在党军中

人民出版社 2011 年出版的
《恽代英思想研究》

间,党高于一切",并强调指出:"所谓党高于一切,是说军队不能违背党的主义";虽然他这里所说的"党"是指改组后的国民党,"主义"是指孙中山的新三民主义,但这种重视军队政治领导和思想工作的认识还是很具启发性。他还提出,要在黄埔军校学员区队中"每队加设一指导员,选择政治观念好的人来担任",责任是"代替政治部做工作","他的地位和区队长差不多,于必要时可代替区队长"。他的以上思想,都为后来中国共产党"党指挥枪""支部建在连上"等军队政治工作原则的形成提供了借鉴。

第二,深刻性。恽代英的思想理论结构严谨,逻辑性强。实事求是,一切从中国的实际出发,是他立论的逻辑起点;运用马克思主义的立场、观点、方法分析问题,是他立论的主要方法。其中,"利社会、利国家、利天下"是他思想的起点。他认为:"欲立人者,不可不先己立,欲改造社会,必先改造自身。"这说明,他的思想理论根植于中国博大丰厚的文化土壤,因此,他的思想不仅有血有肉,极具有思想启迪性,而且在马克思主义中国化的实践中不断得到升华和体现。

《恽代英思想研究》出版座谈会全体与会人员合影

第三，前瞻性。恽代英的思想理论高屋建瓴，既有气势，又具有很强的前瞻性。例如1922年9月，他便提出了"纸老虎"和"真老虎"的概念，从而指出了一切反动派都具有两重性的真面目。1923年在讨论与孙中山领导的国民党建立革命统一战线政策方针时，他不仅论述了与国民党合作的必要性，而且提出在合作时要注意"为无产阶级专政树立确实根基如俄国前例"。1924年，他更是明确指出，中国民主革命胜利后的前途是社会主义，并对社会主义的经济体制和经济政策提出了一系列的科学构想，特别强调在产业落后的中国，建设社会主义必须"开发富源""利用外资"，像这样闪光的具有前瞻性的思想还有很多，足见他一直站在理论发展的前沿。

第四，战斗性。恽代英的思想理论具有极强的革命性和战斗性。比如在五四运动期间反对湖北督军王占元的斗争中，他认为革命应该唤起民众、发动民众、引领民众，他指出："惟愿吾国国民能善用此民气，以一扫政治界中之妖气耳。"又如他在对国家主义派的批判、对国民党新老右派和国民党改组派的批判的相关论著中，字字如珠玑，掷地有声；篇篇如投枪，如利剑，直刺敌人的胸膛，不但具有极强的感染力、说服力，还极具号召力、战斗力。

恽代英短暂的一生能够取得如此丰硕的理论成果，主要源于他对马克思主义的坚定信仰和不断探索。"创业总是艰难的,敢于创业的人,便不应计较艰难。世上没有一帆风顺的革命。"他自从接受马克思主义以后,从未动摇过,一直自觉运用马克思主义武装自己的头脑,指导自己的实践。

（申富强）

第 二 章

《恽代英全集》编纂中的重要研究成果

一、恽代英与共存社的成立

中共中央党史研究室著《中国共产党历史》第一卷上册在讲到中国共产党成立时,特别写道:"值得注意的是,在党成立前后,与共产国际以及与上海、北京没有联系的一些先进分子也在独立开展建党活动。1921 年夏,湖北利群书社在黄冈开会,在三天的讨论中,其成员一致拥护无产阶级专政,拥护无产阶级在革命中的领导权,拥护苏维埃,赞成组织俄国式党——布尔什维克式的党,并提议把即将成立的组织称做'波社'('波'即布尔什维克之意)。"这段文字所述指的是恽代英、林育南组建的共存社,内容基本符合历史事实,但其中还有一些值得进一步探究的问题,笔者不揣愚陋,现略论如下。

1. 关于共存社成立的时间

1921 年 7 月 15—21 日,恽代英、林育南召集受利群书社影响的 24 位进步青年在湖北黄冈林家大湾浚新学校召开会议,成立了共产主义性质的革命团体共存社。其时,毛泽东在长沙创办了长沙织布厂,派易礼容来黄冈购买织布机并聘请技师,恰逢会议召开,因此,易礼容也参加了此次会议。会议持续的

共存社遗址标志碑

共存社遗址

时间长达 7 天,具体的会议日程安排如下:

15 日 下午(7—8 时),讨论会议规则、议事日程及对学生讲演事。(8—9 时),非正式讨论工厂及学校。

16 日 卢斌主席。上午(6—9 时)议主义及宗旨。下午(2—4 时)演讲,(5—7 时)议主义及宗旨。

17 日 光耀主席。上午(7—10 时)议分股设委员。下午(1—3 时)讨论书社继续等问题。

18 日 书渠主席。上午(7—10 时),议社友资格及权利。下午(1—4 时),讨论代英、焕星等个人问题。(5—8 时),议总务股委员职权。

19 日 育南主席。上午(7—10 时),议社员经济及戒约、教育股、实业股、宣传股委员职权。下午(1—5 时),代英、育南起草章程。(5—9 时),议大会期社友表决权。

20 日 代英主席。上午(7—12 时),议社友表决权。下午(1—3 时),议大会各办法及总务股委员产生法。(2—6 时),代英继续起草章程草案。(6—8 时)审查草案。

21 日 代英主席。上午(9—12 时),审查草案、选职员、讨论最近半年书社学校经济事项。下午(1—4 时),讨论工厂。(6—12 时),讨论工厂及定名。

由上可见,这次会议日程安排明确清晰,讨论内容具体丰富,持续时间为 7 天,而非 3 天。

2. 关于定名、主义及组织原则

这次会议,将新创建的组织定名为共存社。其宗旨是:"以积极切实的预备,企求阶级斗争、劳农政治的实现,以达到圆满的人类共存为目的。"这个宗旨清楚表明,恽代英、林育南等先进青年公开宣布承认阶级斗争,拥护无产阶级专政,以实现没有剥削和压迫的共产主义为最终目的。这与中国共产党第一次全国代表大会确定的党的奋斗纲领基本精神完全一致。它的成立,标志着恽代英、林育南等先进青年的世界观发生了根本转变,实现了由资产阶级民主主义者向马克思主义者的根本转变。

共存社设总务股、教育股、实业股和宣传股,各项事务采用民主集中制,"总务股委员用袁氏金匮投票法",其他各股委员,"由加入各股社员社友公举"。选举公举结果是:李书渠任总务股委员、恽代英任教育股委员、郑遵芳任实业股委员、廖焕星任宣传股委员。

共存社规定社员必须遵守的戒约是:不嫖,不赌,不烟,不酒,不纳妾,不奢侈,不做有害社会、有害社会团体的事。共存社分社员、社友。社员中有自由支配的银钱财产,"应统捐入";不能捐入,"须向总务股经济干事报账,申明理由";社员中无自由支配银钱财产的,"应尽量多捐,至少每年三元",有困难的,"亦得申明理由减免"。完全为团体服务的社员,其最低限度生活费用由团体供给。社友没有向团体捐入银钱财产的义务,但有选举权,不能介绍其他人为社员或社友。无论是社员或社友,都必须填写志愿加入申请书,接到申请志愿书方可入社。

共存社有一些显著特点:第一,"组织严密,俨然一国家"。第二,分社友社员,旨在"使人入社不致因社友有不健全而失败了社务"。第三,注重道德品质修养,提倡人格互信。

综上所述,共存社宗旨明确,组织纪律严密,实行民主选举,注重健全人格的培养。它虽然名称未称共产党,不能称之为共产党组织,但从其宗旨和主义及组织原则等方面看,它又的确是一个具有共产主义性质的革命团体。因此,认为恽代英、林育南等在中国共产党成立前后,"也在独立开展建党活动"的立论是正确的,也是立得住的。共存社的成立具有重大的历史意义。西方和港台的一些中共党史"专家",曾极力鼓吹历史虚无主义。他们认为,20世纪20年代初,中国不具备成立共产党的历史条件。中国共产党的成立,是"舶来品",是从苏俄"移植"来的,等等。共存社的成立有力地证明,中国共产党的成立,是马克思主义与中国工人运动相结合的产物,是当时历史发展的必然结果,它表明即使没有共产国际与苏俄的帮助,中国迟早也要建立无产阶级政党;当然,共产国际与苏俄的帮助,的确加速了中国共产党成立的历史进程。这些都是历史证明了的不争事实。

共存社成立不久,恽代英、林育南、林育英、李求实、李书渠、廖焕星等人获悉中国共产党成立的消息,异常振奋。他们先后加入中国共产党,为无产阶级的解放事业奉献了自己的力量甚至是生命。

(李良明、徐大兵)

二、恽代英政治思想研究

恽代英是中国共产党早期杰出领导人①和著名理论家。他思想睿智,才思敏捷。周恩来曾赞誉他"又会写文章,又会演说"②,董必武题诗称颂他"手书口说万人钦"③。他短促的一生,留下遗著近 300 万字,写于 1914—1930 年间,时间跨度 16 年。这 16 年间,他先是担负着繁重的学习和教学任务,加入中国共产党以后,又全身心地投入党的事业、担负党的重要领导工作,每天日理万机,不分昼夜。他身体不好,患有肺病,20 世纪 20 年代末 30 年代初,又受到李立三"左"倾冒险主义错误的打击。在这样的历史条件下,恽代英能写出这么多的著作(含译著),实在是令人敬佩。恽代英遗著内容丰富,思想深邃,涵盖哲学、政治、经济、军事、文化、教育各个领域。本节仅研究他的政治思想。

1. 对辛亥革命失败原因的深刻分析

辛亥革命爆发时,恽代英 16 岁。他虽然没有直接参与这场革命,但毕竟

---

① 何谓中国共产党早期领导人?目前学术界还没有公认的标准。李良明认为,凡符合以下条件之一者,即可称作中国共产党早期领导人:(1)在中国传播马克思主义的先驱者;(2)中共早期党团组织及共产主义性质团体的主要负责人;(3)出席中共一大的代表;(4)中共一至三届中央委员、候补中央委员;(5)党团机关早期刊物的主编等。时间界定在 1920—1923 年。根据上述标准,恽代英是当之无愧的中共早期领导人之一,因为他同时满足上述(1)、(2)、(5)三条。因此称恽代英是中国共产党早期领导人,是完全立得住的。以李良明为首席专家的课题组承担的 2011 年度国家社会科学基金重大超标项目"中国共产党早期领导人遗著的收集、整理与研究"(11&ZD079)的重要内容之一,就是恽代英遗著的收集、整理与研究。

② 恽希仲:《周恩来伯伯夸他又能写又会说》,转引自张黎明主编:《我的父辈》,上海人民出版社 2011 年版,第 111 页。

③ 《董必武诗选》,人民出版社 1977 年版,第 143 页。

亲历过。这位关心国家大事、勤于思考的热血青年,在辛亥革命后不久,便向同年 10 月 16 日创刊的武昌起义后新建革命政权的第一家政府报馆《中华民国报》和 1912 年 2 月 18 日创刊、由共和党人创办的《群报》投稿,评议这场革命,"有时事小言颇长""均不售"。此后,他将对辛亥革命的思考,写在自己的日记中。第一次国共合作的统一战线建立后,他又先后写了《造党》《孙中山逝世与中国》《孙中山先生》《中华民族革命运动史》等论著,论述了辛亥革命爆发的原因、过程及经验教训,尤其对这场革命失败的原因做了精辟的分析。

第一,恽代英认为,辛亥革命失败"是党的组织不完密,党员对三民主义不了解"。这就是说,辛亥革命指导思想不明确。恽代英分析说,领导辛亥革命的革命党中同盟会有三派,第一派为孙中山先生创立的兴中会,第二派为湖南黄兴、宋教仁创立的华兴会,第三派是江浙蔡元培、章太炎创立的光复会。1905 年 8 月同盟会成立时通过的章程草案规定其纲领为"驱除鞑虏,恢复中华,创立民国,平均地权"这十六字纲领,在以孙中山名义发表的《〈民报〉发刊词》中被概括为三民主义。但是,"在中山先生一派,虽有三民主义的精神,但其能明了三民主义者亦属少数";"至黄兴一派,可说仅有二民主义",因为黄兴等的主张与孙中山不同,"他们只知排满复汉,没有所谓农工政策";而章太炎一派"至多说他有半民主义罢了",因为"他们没有民生民权的主张",只不过有故国遗民之痛,而"厌恶满清"。正因如此,"三派虽然牵合了,主张未能一致",因此,没有严密的组织,不开会讨论政策,又不注重宣传。"他们心目中只知要干,要打倒满清,所以对于主义反不屑研究,因此不能明了自己革命的目的与意义"。这样的革命,当然是"很难靠得住的"。①

第二,恽代英认为,辛亥革命失败是国民党"无实力也"。同盟会虽然揭起了三民主义的旗帜,却又要求帝国主义帮助中国革命。"这无异要帝国主义来打帝国主义,却未免是笑话"。武昌起义胜利后,革命党人最大的弱点,乃找黎元洪出来,其他各省也是这样。"所有都督皆请旧时满清官吏或立宪派人去做,那时党员的心理,以为革命党只堪做破坏的工作,不能做建设的工

---

① 《恽代英文集》(下卷),人民出版社 1984 年版,第 947 页。

作"。这样,失败是必然的,"自己不相信自己的力量,始终要被反革命派打倒的"①。1912 年 1 月 1 日,孙中山在南京宣誓就职中华民国政府临时大总统。临时政府一成立,袁世凯马上以军事恫吓逼迫南方革命力量就范,革命派内部妥协倾向日益增长。袁世凯见窃国时机成熟,便提出了优待皇室、清帝退位、南京民国临时政府解散,由他在北京另组织共和政府的要求。尽管一度遭到包括孙中山在内的革命党人的拒绝,但最终妥协。同年 2 月,南京临时参议院通过对皇室的优待条件,袁世凯指使其亲信段祺瑞武力"逼宫"。2 月 12 日,溥仪宣布退位,13 日,孙中山向临时参议院递交辞职书。15 日,临时参议院选举袁世凯为临时大总统。至此,辛亥革命的胜利果实丧失殆尽。为维护辛亥革命的成果,挽救民主共和国,孙中山先后又领导了二次革命、护国战争和护法运动,但都因方法不对、自己无实力,乃借他人之力,假重军人,假重官僚,假重外人。对此,恽代英在日记中写道:"今日大乱已极。吾尝谓,官僚决不可恃,武人尤不可恃。中国非民党有实力了国事,则国事终不得了。今日,民党君子不知从养实力做去,但以呼朋引类求速效,不知以非真民党之人拉入民党,令在高位播恶于众,亦徒为民党声誉累耳。乃至自己无实力,无信用,惟知借助于官僚,借助于武人,甚至借助于外人……果何益哉?"②恽代英还说,民国即无人,"吾甚为民党羞之"。③

第三,恽代英认为,辛亥革命失败,还由于"不注意下层的国民运动","没有注意农工运动,培植民众的革命势力"。④ 同盟会是民族资产阶级的政党,囿于阶级的局限性,包括孙中山在内的领导人都看不到农工的力量。武昌起义前,他们主要运动会党,之后"只图利用土匪、运动军队去打倒袁氏,不知利用土匪军队,是不中用的"。恽代英指出,有些不忠实的不革命的党员欺骗孙中山说:"我服从先生,那处有几多土匪军队,要拨几多款子,就可以起事革命"。孙中山有时信了,就把钱交给他去运动,结果他们跑到外地开旅馆,吃西餐,宴宾客,委托出许多空头的团长、营长,到某地方开几枪,诈作谋事失败

① 《恽代英文集》(下卷),人民出版社 1984 年版,第 949 页。
② 《恽代英日记》,人民出版社 1981 年版,第 96—97 页。
③ 《恽代英日记》,人民出版社 1981 年版,第 87 页。
④ 《恽代英文集》(下卷),人民出版社 1984 年版,第 951 页。

的证据,便回来向孙中山报告"起事失败!"孙中山不知受了多少次这样的欺骗,还是没有认识农工的力量。所以,没有农工的势力,只有总是吃亏。利用军阀势力以倒袁。"政治上反被军阀所用"。直到1922年6月陈炯明反叛后,孙中山在中国共产党的影响和共产国际代表鲍罗廷的帮助下,才决意把国民党改组,仿俄国共产党的组织,"改从前只注意军事政治运动,忽略民众宣传组织的缺点"。这样,中国的革命运动才得了很大的进步,农工的组织,亦日益发展起来。

恽代英对辛亥革命失败原因的分析,坚持了历史唯物主义,抓住了民族资产阶级的本性,既平实中肯,又深刻透辟。他从辛亥革命失败的原因中吸取了深刻教训,在第一次国共合作的统一战线中,一再强调"主义高于一切",(恽代英这里所讲的"主义",是指孙中山的新三民主义。这是国共合作的政治基础。)要坚持中国共产党在统一战线中的领导权,坚持依靠广大工农群众,从而为中国共产党的政治思想建设提供了历史借鉴。

互助社成员合影(前排左三为恽代英)

2. 用唯物史观揭示改造中国的道路

五四运动前后包括马克思主义在内的各种社会思潮像潮水一般纷至沓来,传入中国,吸引着在茫茫黑夜中探索救国救民真理的热血青年,在最初一个时期无政府主义受到欢迎,超过了马克思主义。新村主义、工读互助主义也受到热捧,试办新村和工读互助团的实践也热烈地开展起来。这是一种历史现象,反映了中国先进青年对帝国主义压迫和封建军阀专制统治的不满,迫切要求改造中国,实现"各尽所能,各取所需"的无压迫无剥削共产主义社会的强烈愿望。恽代英正是这部分先进青年的一分子。他曾一度受到这些错误思想的影响,在《致王光祈》信中坦率承认:"从实告诉你,我信安那其主义已经七年了,我自信懂得安那其的真理,而且曾细心的研究"①。新村主义传入中国后,恽代英与林育南交谈,"都很赞成将来组织新村"②。然而由于新村主义和工读互助实验在全国各地相继失败,又适逢马克思主义和反马克思主义大论战在中国的深入开展,马克思主义在中国广泛传播,这促使了恽代英进一步深入学习马克思主义,使他终于认识到,无政府主义、新村主义在中国行不通,并深刻指出:"无政府主义是割肉饲虎的左道,从井救人的诬说"。③"个人主义的新村是错了。"④从此,恽代英的思想由资产阶级民主主义向马克思主义迅速转变,至1921年7月共存社的成立,标志着他成长为一位坚定的马克思主义者。

成为马克思主义者的恽代英,自觉地用马克思主义的唯物史观分析中国国情,揭示了拯救中国、改造中国的正确道路。

第一,恽代英论述了经济与文化的关系。

其时,教育救国、学术救国、人格救国等主张在中国活跃一时,也吸引和迷惑着许多正在寻觅真理的青年。这些救国论实质上是企图用文化去改造社会。恽代英指出,各民族的文化,实则是由各民族经济状况所反射而形成的,中国两千年的历史都证明了经济是决定人类行为的最重要的原因。⑤ 他说:"不从物质上救济中国,恐怕终如前几年前几十年所空唱的救国自强,结果终只是空唱而已。"⑥所以,当务之急是必须尽快使中国免于"物质的贫乏",即

---

① 《恽代英文集》(上卷),人民出版社1984年版,第109页。
② 《恽代英日记》,人民出版社1981年版,第652页。
③ 《恽代英文集》(上卷),人民出版社1984年版,第162页。
④ 《恽代英文集》(上卷),人民出版社1984年版,第244页。
⑤ 《恽代英文集》(下卷),人民出版社1984年版,第656—657页。
⑥ 《恽代英文集》(上卷),人民出版社1984年版,第406页。

必须尽快创造条件,使中国的生产力能够得到解放和发展。他还指出,面对帝国主义的经济压迫和文化侵略,要实现所谓"教育救国",无异于缘木求鱼。"我们若不能打倒外资压迫,欲以空谈弭国内冲突,恐终不能生效呢。"①"要用教育救中国,需先知中国究要如何才能得着经济独立,——才能得救。"②所以,归根结底,经济压迫是万恶之源。所谓道德、人格的堕落,教育、学术的不兴,宗法家庭的破坏,等等,均不过是经济压迫在观念方面的折射。"旧社会的罪恶,全是不良的经济制度所构成。舍改造经济制度,无由改造社会。"③

马克思主义者认为:"每一时代的社会经济结构形成现实基础,每一个历史时期由法的设施和政治设施以及宗教的、哲学的和其他的观念形式所构成的全部上层建筑,归根到底都应由这个基础来构成的全部上层建筑,归根到底都应由这个基础来说明。"④恽代英的上述论述,正是基于马克思主义关于经济基础决定上层建筑这个根本原理之上的,反映了他运用马克思主义唯物史观分析解决中国实际问题的能力与水平。

第二,恽代英明确指出了改造中国的正确道路。

那么,究竟如何才能使中国获得经济上的独立呢?恽代英指出:"要求经济的独立,终必须经过一番政治革命……这个政治革命,完全是为求经济独立去障碍的法子。"⑤"我们便是为国民革命,亦必须由经济争斗以引导一般人到政治争斗上面,对于无产阶级尤须由阶级争斗以引导之到民族解放运动。"⑥"无产阶级必须为'生之欲望'才能踊跃参加革命;换一句话说,便是无产阶级必须为自己的利益(解除自己的经济压迫)而参加革命。"⑦具体而言,"要中国工业发达,必须一方面废除一切不平等条约,收回租界租借地,彻底实行关税自主,取消领事裁判权,撤退外国驻军炮舰,没收外国企业银行,打倒一切帝国主义及其走狗买办阶级;另一方面废军阀制度,取消苛捐杂税,没收地主阶

---

① 《恽代英文集》(上卷),人民出版社1984年版,第404页。
② 《恽代英文集》(上卷),人民出版社1984年版,第412页。
③ 《恽代英文集》(上卷),人民出版社1984年版,第326页。
④ 《马克思恩格斯选集》第3卷,人民出版社1995年版,第739页。
⑤ 《恽代英文集》(上卷),人民出版社1984年版,第408页。
⑥ 《恽代英文集》(下卷),人民出版社1984年版,第656页。
⑦ 《恽代英文集》(下卷),人民出版社1984年版,第657页。

级土地归农民。只有这样,中国工业才会发达,只有这样,中国才会太平……这便是共产党所号召的工农民权革命,共产党领导工人、农民群众基础,便是要做到上述的事情。与一切反革命势力坚决奋斗到底。"①恽代英的这些思想清楚地表明,必须通过无产阶级政党领导的阶级斗争,打倒帝国主义和封建军阀,彻底摧毁半殖民地半封建的经济制度,建立新型的社会经济制度,中国经济才能独立,生产力才能得到解放和发展,这才是改造中国唯一正确的道路。

3. 独立探索在中国建立无产阶级政党

中国共产党是马克思主义与中国工人运动相结合的产物。五四运动后,中国工人阶级的成长壮大,为中国共产党的建立奠定了阶级基础;马克思主义在中国的广泛传播,为中国共产党的建立奠定了思想基础;具有初步共产主义思想的知识分子深入工人阶级之中传播马克思主义,促进了马克思主义与中国工人运动的相结合,说明中国共产党在 20 世纪 20 年代初建立,已经水到渠成。

中国共产党的成立具有两个样式:

一是与共产国际以及与上海、北京有联系的先进分子的建党活动。1920年春,经共产国际批准,俄共(布)远东局派维经斯基等人来华考察能否建立共产党组织的问题。维氏一行在北京会见了李大钊,又经李大钊介绍前往上海会见陈独秀。在维氏的帮助下,1920 年 8 月,陈独秀在上海建立了上海共产党早期组织。这是中国的第一个共产党组织。"李大钊在介绍维经斯基一行去上海后,与陈独秀通信相商,一致认为需要加快建党的进程,并同时在北方和南方从事建党的筹备工作。"②正是在陈独秀、李大钊的指导下,武汉、长沙、广州、济南等地的先进分子相继建立了共产党早期组织。

二是与共产国际以及与上海、北京没有联系的先进分子,也在独立探索建党活动。这里特别要介绍恽代英、林育南等先进青年成立的共产主义性质的团体共存社。

---

① 《恽代英文集》(下卷),人民出版社 1984 年版,第 1038 页。
② 《中国共产党历史》第一卷上册,中共党史出版社 2011 年版,第 59 页。

中共中央党史研究室著《中国共产党历史》第一卷上册在讲到中国共产党成立时,特别写道:"值得注意的是,在党成立前后,与共产国际以及与上海、北京没有联系的一些先进分子也在独立开展建党活动。1921 年夏,湖北利群书社在黄冈开会,在三天(实际上是七天,李良明)的讨论中,其成员一致拥护无产阶级专政,拥护苏维埃,赞成组织俄国式党——布尔什维克式的党,并提议把即将成立的组织称做'波社'('波'即布尔什维克之意)。"①这段文字所述指的是恽代英、林育南组建的共存社。

1921 年 7 月 15—21 日,恽代英、林育南召集受利群书社影响的 23 位进步青年在湖北黄冈林家大湾浚新学校召开会议,成立了共产主义性质的革命团体共存社。其时,毛泽东在长沙创办了长沙织布厂,派易礼容来黄冈购买织布机并聘请技师,恰逢会议召开,因此,易礼容也参加了此次会议。

共存社的成立体现了恽代英的党建思想。主要是:

第一,奋斗纲领明确。这次会议,将新创建的组织定名为共存社。其宗旨是:"以积极切实的预备,企求阶级斗争、劳农政治的实现,以达到圆满的人类共存为目的。"这个宗旨清楚表明,恽代英、林育南等先进青年公开宣布承认阶级斗争,拥护无产阶级专政,以实现没有剥削和压迫的共产主义为最终目的。可见,共存社奋斗纲领明确。这与中国共产党第一次全国代表大会确定的党的奋斗纲领基本精神完全一致。

第二,坚持民主集中制。共存社设总务股、教育股、实业股和宣传股。"总务股委员用袁氏金匮投票法",其他各股委员,"由加入各股社员社友公举"。这说明共存社的组织原则是民主集中制。

第三,权利和义务相一致。共存社规定社员必须遵守的戒约是:不嫖,不赌,不烟,不酒,不纳妾,不奢侈,不做有害社会、有害社会团体的事。共存社分社员、社友。社员中有自由支配的银钱财产,"应统捐入";不能捐入,"须向总务股经济干事报账,申明理由";社员中无自由支配银钱财产的,"应尽量多捐,至少每年三元",有困难的,"亦得申明理由减免"。完全为团体服务的社员,其最低限度生活费由团体供给。社友没有向团体捐入银钱财产的义务,

---

① 《中国共产党历史》第一卷上册,中共党史出版社 2011 年版,第 70—71 页。

但有选举权,不能介绍其他人为社员或社友。无论是社员或社友,都必须填写志愿加入申请书,接到申请志愿书方可入社。这说明共存社社员、社友的权利和义务是一致的。

由上可见,共存社有以下显著特点:第一,宗旨明确。第二,坚持民主集中制,"组织严密,俨然一国家"。第三,分社友社员,旨在"使人入社不致因社友有不健全而失败了社务"①。体现了权利和义务相一致。第四,注重道德品质修养,提倡人格互信。恽代英的这些党建思想与马克思恩格斯以及列宁的建党思想是完全一致的。

总之,共存社宗旨明确,组织纪律严密,实行民主选举,注重健全人格的培养。

它虽然名称未称共产党,不能称之为共产党组织,但从其宗旨和主义及组织原则等方面看,它又的确是一个具有共产主义性质的革命团体。因此,认为恽代英、林育南等在中国共产党成立前后,"也在独立开展建党活动"的立论是正确的,也是立得住的。

4. 拥护"民主联合战线"政策

1922年7月召开的中共二大,通过了《关于"民主联合战线"的决议案》,改变了党的一大关于不同其他党派建立任何联系的规定,明确指出:"中国共产党的方法是要邀请国民党等革命的民主派及革命的社会主义各团体开一个联席会议……共同建立一个民主主义的联合战线,向封建式的军阀继续战斗"。"这是党最早提出关于统一战线的思想和主张"②。这次会议虽然确定了同国民党实行合作的原则,但并没有解决国共两党采取什么形式进行合作的问题。

早在1922年4月,共产国际驻华代表马林便根据列宁起草的《关于民族与殖民地问题的决议》精神指示,"向中国共产党建议同孙中山领导的国民党建立联合战线"。③ 但是,这个建议开始未被中共中央接受。4月24日,马林

---

① 以上引文参见恽代英:《浚新大会纪略》,《我们的》第7期,1921年8月10日。
② 《中国共产党历史》第一卷上册,中共党史出版社2011年版,第81页。
③ 《包惠僧回记录》,人民出版社1983年版,第129页。

建议受挫后于离沪往莫斯科向共产国际汇报。苏俄政府委派达林为全权代表出席中共中央于4月底5月初在广州召开的党、团干部工作会议。达林在会上发言,要求共产党整个加入国民党,结成反帝民族革命统一战线。达林回忆说:"大多数与会者同意了(附有很多保留意见)统一战线的策略,但没有通过一定的决议,会议决定继续讨论。"①

中共二大后,马林从莫斯科返回上海,带来了共产国际的指示。在8月29—30日的西湖会议上,马林提议共产党应加入国民党组织。出席会议的5名中共中央委员李大钊、张国焘、蔡和森、高君宇与陈独秀都一致反对马林的提案,认为党内联合混合了阶级组织和牵制了我们的独立政策。马林无奈拿出了杀手锏,提出中国共产党是否服从共产国际决议。"于是中共中央为尊重国际纪律遂不得不接受国际提议,承认加入国民党,从此国际代表(及中共代表)进行国民党改组运动。"②为贯彻国际决议,1923年6月召开的中共三大,接受了共产国际关于同国民党合作的指示,正式确立了与国民党实行国共合作的政策与方针,决定采取共产党员以个人身份加入国民党的方式实现国共合作。

恽代英拥护党的"民主联合战线政策",1923年6月15日,在中共三大召开期间,恽代英在四川成都就"讨论中国社会及我们目前的任务"问题致信中国社会主义青年团书记施存统,明确阐述了他的思想观点。

首先,阐述了与国民党合作的必要性。恽代英指出,中国工业落后,产业工人阶级人数较少,除上海、武汉等城市,像四川这样的地方,"求所谓'近代意义的无产阶级',求所谓'产业劳动者'可谓少极少极",且工人分散而不易团结。"工人之无团结,或团结而无力量,欲求社会革命之完成诚不易言。"因此,在这样的现实情况下,"吾人取加入民主主义联合战线政策殊有意义"。这就深刻地说明,在半殖民地半封建的中国,要打倒帝国主义、封建军阀,无产阶级除执行加入民主主义联合战线的政策外,别无他法。

其次,论述了改造国民党的必要性及其目的。在恽代英看来,中国当今的

---

① 《中国共产党八十年珍贵档案》第一卷,中国档案出版社2001年版,第61页。
② 《陈独秀告全党同志书》,1929年12月10日,转引自《共产国际、联共(布)与中国革命文献资料选辑》(1926—1927)下,北京图书馆出版社1998年版,第351页。

国民党中除孙中山和少数坚贞分子外，其余多系"借名招摇，何曾真为民主主义作战？即如四川民党中且有派别，互相水火"。所以，中共加入联合战线后，必须对国民党实行改造，否则，无益于革命和主义的进行。因此，恽代英说："我视此举只认为我们借此改造民党，借此联合一般真诚热心于民主的人向恶势力奋斗，因此握取政权，为无产阶级专政树立确实根基如俄国前例。"

恽代英的这一思想，深邃而高远。他在第一次国共合作的统一战线正式确立之前，就认识到无产阶级加入联合战线，是要借此改造国民党，达到"为无产阶级专政树立确立根基"的目的，最终像俄国无产阶级一样握取政权，在中国实现无产阶级专政，思维前瞻，目光远大，实在难能可贵。

国共合作后国民党上海执行成员合影，后排右三为恽代英，后排左二为毛泽东

最后，说明了实现改造国民党目的的具体途径。恽代英指出，为实现为无产阶级专政树立确实根基的目的，在今日要从三方面努力："（一）在产业进步地方，促进工人觉悟为重要，然尤要莫过于促成政治，注意军人与群众的革命。（二）在产业不进步的地方，搜出一二出类拔萃的革命青年学生与工人，并作普泛鼓吹，固有其价值，但更不可视自此以外，即无他事。（三）参加民党，总

须能有力改进民党,真为民主势力作战。"①这三方面的努力途径,具体而切实,具有极大的操作性,反映了恽代英一贯务实的作风。

综观恽代英上述"民主联合战线"的思想,我们不得不感佩的是,他当时"囤居偏僻"的四川,信息流通不如上海、武汉等大都市,照理说应该保守一些。可是,我们却看到,与同时代的党的其他早期领导人相比,他的思想不仅没有落伍,而且超前。他不仅赞成参加国民党以促革命统一战线早日形成,而且强调在统一战线中要为无产阶级势力树立根基。这实际上蕴含有保持无产阶级在统一战线中的独立性和领导权的思想。特别要指出的是,恽代英在写这封信之前,未曾与共产国际的代表联系过,又没有出席过党的会议。他的这些思想,完全是他独立运用马克思主义理论,结合中国实际独立思考的结果,反映了他当时高超的马克思主义理论水平。

5. 对帝国主义和一切反动派本质的认识

当论及对帝国主义和一切反动派本质的认识时,大家都会不约而同地想起 1946 年 8 月 6 日毛泽东与美国记者安娜·路易斯·斯特朗的谈话。毛泽东在这次谈话中,对当时国内外形势作了精辟和深刻分析,以无产阶级战略家的伟大气魄,提出了"一切反动派都是纸老虎"的著名论断。他说:"看起来,反动派的样子是可怕的,但是实际上并没有什么了不起的力量。从长远的观点看问题,真正强大的力量不是属于反动派,而是属于人民。……蒋介石和他的支持者美国反动派也都是纸老虎。"②这个论点,极大地武装了中国人民的思想,鼓舞了斗争的勇气,坚定了中国人民在中国共产党领导下赶走美帝国主义,推翻国民党政权,夺取新民主主义革命最终胜利的必胜信心。

关于"纸老虎"的提法问题,有学者认为,"在中国共产党人中,首先提出'纸老虎'概念的是蔡和森。"③李良明认为,这是值得商榷的。

事实上,毛泽东关于帝国主义和一切反动派都是纸老虎的科学论断,有一个历史的形成过程。它和毛泽东思想的其他原理一样,包含了中国共产党人

---

① 以上引文见恽代英:《致施存统》,1923 年 6 月 15 日,《先驱》第 23 期,1923 年 7 月 15 日。
② 《毛泽东选集》第四卷,人民出版社 1991 年版,第 1195 页。
③ 李军海、夏洪帅:《蔡和森首先提出"纸老虎"概念》,《解放军报》2010 年 2 月 22 日。

的集体智慧。在中共党内,将反动势力比喻为"纸老虎"可以一直追溯到 20 世纪 20 年代。同为杰出的中国共产党早期领导人,恽代英与蔡和森是中共党内最早将反动派比喻为纸老虎的著名理论家。

1922 年 9 月,恽代英在《东方杂志》第 19 卷第 18 号上发表的《民治运动》一文中指出,有些人总希望复古,像最有权势的慈禧太后、袁世凯、张勋等人都曾逆历史潮流而动,但他们都以失败而告终。接着,他以讽刺的笔调写道:"纸老虎是不好戳穿的,一经戳穿了,还盼望用愚民政策,使他再信这个是真老虎,这简直是可笑的梦想。"①恽代英在这篇论文中不仅将慈禧太后、袁世凯、张勋等中国近代史上的反动势力比喻为纸老虎,而且在使用"纸老虎"这个概念的同时,也使用了"真老虎"这个概念,以说明反动派虽有凶恶的一面,但其本质是虚弱的。这已经包含了二重性(即对立统一规律)的思想,对于中国共产党后来逐步形成成熟的"纸老虎"理论,作出了开创性的贡献。

距恽代英《民治运动》一文发表仅三个月,蔡和森于 1922 年 12 月在中共中央机关报《向导》周报第 13 期上发表《革命中的希腊》一文,对该国的资产阶级代表人物复辟给予了无情的揭露。然后他指出:"已戳穿了的纸老虎是吓不住民众势力之发展的"。这是中共理论家首次将国外的资产阶级反动派比喻为纸老虎,扩大了纸老虎比喻的对象,拓宽了"纸老虎"概念的内涵。1924 年 10 月,蔡和森又在《向导》周报第 88 期上发表的《商团击败后广州政府的地位》一文中评论道,英国帝国主义支持的商团军是"反革命的纸老虎,经十五日那一日的恶战,便完全戳穿了!"这已经初步包含了帝国主义以及与其勾结的反动派都是纸老虎的思想,在当时极大地鼓舞了革命力量,推动了工农群众反帝运动的进一步发展。

1924 年 11 月,恽代英在共青团中央机关刊物《中国青年》第 54 期发表《怎样进行革命运动》,更是从战略的高度,论述了"帝国主义是一戳便穿的纸老虎"。② 代表了当时中国共产党人对帝国主义本质的认识达到一个全新的高度。

---

① 《恽代英文集》(上卷),人民出版社 1984 年版,第 337 页。
② 《恽代英文集》(上卷),人民出版社 1984 年版,第 596 页。

首先,帝国主义国家之间存在着尖锐的矛盾。"他们朝野间,他们国际间,意见还十分纷歧"。他们钩心斗角,互相倾轧,常常你争我夺,明争暗斗,正如列宁所指出的那样:"帝国主义重要特点,是几个大国争夺霸权,即争夺领土,其目的与其说是直接为了自己,还不如说是为了削弱敌方,破坏对方的霸权"。① 这样对于中国的革命势力而言,"不但不易于各国联合起来以压迫我们,便是任何一国亦不能拿全力来压迫我们",②中国的革命势力完全可以利用帝国主义国家之间的矛盾,集中自己的全部力量,各个击破他们。

其次,帝国主义与本国革命群众之间存在着尖锐的矛盾。这种矛盾主要表现为剥削与反剥削,控制与反控制。一旦国内出现统治危机的时候,帝国主义就会借侵略他国,尤其是侵略殖民地半殖民地国家来转移国内人民斗争的视线。但本国劳动阶级不愿意负担战争的损失。因此,"一国侵占我国的国土,可以惹起别国的忌妒冲突,他自己国家的革命民众亦不肯放过他"。正是因为这两点,中国虽无抵抗力,"然而至今不完全灭亡","苏俄革命之初,各国无法直接干涉,各国派兵驻西比利亚,不久又即撤退,都是由于上述原因。"③

再次,帝国主义国家与殖民地半殖民地国家之间存在着矛盾。帝国主义的资本输出,原料供给完全依赖于殖民地半殖民地国家。对这些国家敲骨吸髓的掠夺必然激起被压迫民族解放运动的兴起。列宁说过:"帝国主义意味着瓜分世界而不只是剥削中国一个国家,意味着少数最富的国家享有垄断高额利润"。④ 因此对于中国的革命势力而言,"我们只要能团结国民,与外人抵御……中国四万万人的独立战争,一定能激动东洋各被压迫民族的革命潮流,那时列强纵欲干涉,亦将不知从什么地方干涉的好。"⑤失去这些大市场,帝国主义及其附属的反动势力必将根本动摇。

最后,苏俄革命的胜利,使全世界反帝国主义运动扩大,殖民地半殖民地国家人民的民主革命与无产阶级结成反帝国主义的统一战线,将给帝国主义

---

① 《列宁选集》第2卷,人民出版社1995年版,第653页。
② 《恽代英文集》(上卷),人民出版社1984年版,第596页。
③ 《恽代英文集》(上卷),人民出版社1984年版,第596页。
④ 《列宁选集》第2卷,人民出版社1995年版,第665页。
⑤ 《恽代英文集》(上卷),人民出版社1984年版,第596页。

及其依附势力以致命打击。"所以中国的革命一定在世界革命中间完全可以成功。"①

　　1919 年 11 月 7 日,列宁在《苏维埃政权成立两周年》一文中曾经指出:"当时人们认为,世界帝国主义是一种巨大的不可战胜的力量,一个落后国家的工人要起来反对这种力量,简直是发了狂。现在,我们回顾一下过去两年的情形就可以看到,连我们的敌人也愈来愈认为我们是正确的。我们看到:像一个制服不了的巨人似的帝国主义,在大家眼中已经成为一个空架子;我们在斗争中度过的这两年,愈来愈鲜明地标志着俄国无产阶级的胜利,而且也标志着国际无产阶级的胜利。"这段话中的"空架子"一词,是人民出版社 1960 年版的译文,1986 年版译为"泥足的巨人"。② 列宁通过"空架子"或"泥足的巨人"这样的比喻,科学地分析了帝国主义的基本特征、内部矛盾和历史地位,指出了它外强中干的本质。恽代英、蔡和森关于帝国主义和反动派是纸老虎的提法与列宁关于帝国主义是"空架子"或"泥足的巨人"的论断异曲同工。由此笔者认为:(1)在未能全部认真读完中国共产党人早期全部著作的情况下,不要轻易武断地下"首先""第一"这样的结论;(2)恽代英提出"纸老虎"的概念在时间上尽管比蔡和森略早一些,但应该看到,他俩是代表了中国早期共产党人在同一时期对帝国主义本质的认识,都为后来毛泽东"纸老虎"理论的形成作出了重要贡献。而且这种认识,是在中国共产党探索中国新民主主义革命基本理论的前提下进行的,应该是中国新民主主义革命理论体系的一部分。从比喻的对象看,恽代英最先将中国国内的反动势力比喻为纸老虎;而蔡和森则最早将国外的资产阶级反动派比喻为纸老虎;之后恽代英又从战略的高度明确指出"帝国主义是一戳便穿的纸老虎"。这表明中国共产党人在革命实践中对"纸老虎"概念内涵的认识在不断深化,对国内外一切反动派的本质看得越来越清楚。

　　综上所述,恽代英、蔡和森不仅继承了列宁主义,而且在革命实践中将列宁主义中国化,从而创造性地发展了列宁主义。

---

　　① 《恽代英文集》(上卷),人民出版社 1984 年版,第 596 页。
　　② 《列宁全集》第 37 卷,人民出版社 1986 年版,第 287 页。

6. 探索新民主主义革命基本思想

新民主主义革命的基本思想,是关于对中国社会性质、中国革命的领导权、革命动力、革命对象、革命任务和前途等一系列问题的基本认识,其中最重要的是对无产阶级领导权的认识。

党的二大,根据列宁关于民族和殖民地问题的思想,通过了《中国共产党第二次全国代表大会宣言》,初步指出了中国革命的动力是工人、农民和小资产阶级,民族资产阶级也是革命的力量之一。这是正确的。但二大未能提出无产阶级领导权的问题。

1922 年 10 月,高君宇在《向导》上发表文章,明确提出"在国民革命中,无产阶级是要站个主要地位",因为"无产阶级较资产阶级为强壮","无产阶级那一时总是较多数","资产阶级是被召集而参加"的。他还特别指出"无产阶级独立的组织起来",并强调不可放松了无产阶级"对资产阶级的阶级利益斗争"。[①]

1923 年 2 月,瞿秋白写作《现代劳资战争与革命》一文。他在论文中指出:"务使最易于组织最有战斗力的无产阶级,在一切反抗旧社会制度的运动中,取得指导者的地位,在无产阶级之中则共产党取得指导者的地位"。[②]

高君宇、瞿秋白的理论观点,是中国共产党人对无产阶级领导权的最早认识。1923 年 6 月,中共三大确立了与国民党建立革命统一战线的策略。中共三大以后,随着革命形势的发展,越来越多的共产党人也开始注意研究新民主主义革命基本思想问题。

1925 年 1 月召开的中共四大,明确提出了无产阶级领导权和农民同盟军问题。包括恽代英在内的一大批中共党人,如李大钊、瞿秋白、毛泽东、蔡和森、邓中夏、周恩来、张太雷等,进一步对中国新民主主义革命思想进行深入探讨。特别是 1925 年 12 月毛泽东发表的《中国社会各阶级的分析》,吸收了中共党内其他同志的思想理论成果,代表了中国共产党人当时对中国新民主主

---

① 高君宇:《读独秀君造国论底疑问》,《向导》1922 年第 4 期。
② 瞿秋白:《现代劳资战争与革命》,《新青年》1923 年第 1 期。

义革命基本思想认识的最高水平,标志着中国共产党新民主主义革命思想的基本形成。因此,中国新民主主义革命思想,"是中国共产党集体智慧的结晶。我党许多卓越领导人对它的形成和发展作出了重要贡献"。① 恽代英就是其中之一。

恽代英对中国新民主主义革命基本思想探索的主要理论观点是:

第一,深刻分析了中国社会和革命的性质、对象问题。

认清中国社会的性质,就是说,认清中国的国情,是认清一切革命问题的基本的根据。恽代英在大革命初期先后在《南洋周刊》、上海《民国日报》副刊《觉悟》以及《中国青年》等报刊上发表了《我们要雪的耻岂独是"五九"吗?》《中国民族独立问题》《中国革命与世界革命》等论文,对中国社会性质作了深入的分析,说明他对这个问题有比较深刻的认识。

恽代英说:"中国今日,既不完具独立国的资格,已不啻一个半亡的国家。"他指出,中国领土权的丧失,帝国主义各国在华的治外法权的存在,以及海关、邮政、铁路等事业都被列强所操纵,这一切"都可以证明中国不啻成为一处半殖民地,也可以说是一个半亡国。况且如在上海,外人势力的膨胀,我国人事事之无能力,可说是已成为一个完全的殖民地了"。②"中国已成了殖民地,这是实在的。恭维一点说,中国已成了半殖民地的国家了。"③他特别指出:"中国有今日的地位,完全是外国人来造成的。"④如何改变中国这种社会状况? 恽代英指出,只有资产阶级民主革命,对内打倒压迫人民的军阀,对外打倒侵略中国的帝国主义。"我们不打倒军阀,便不能组织革命的人民的政府,以引导全国的民众,以反抗帝国主义;同时,我们不打倒帝国主义,便不能灭绝外国的经济侵略,便不能求本国实业的发展。"⑤

第二,分析了中国社会各阶级的经济地位和他们对革命的政治态度,从而论述了中国革命的动力问题。

---

① 《关于建国以来党的若干历史问题的决议注释本》,人民出版社1983年版,第47页。
② 恽代英:《我们要雪的耻岂独是"五九"吗?》,《南洋周利》1924年第4卷第9号。
③ 《恽代英文集》(上卷),人民出版社1984年版,第541页。
④ 《恽代英文集》(上卷),人民出版社1984年版,第545页。
⑤ 《恽代英文集》(上卷),人民出版社1984年版,第552页。

1924 年 4 月,恽代英在《中国革命的基本势力》一文中,对中国社会各阶级进行了初步分析,明确指出农工是中国革命的希望。他说:"真正与一切统治阶级利害完全相反的,只有农人与工人。所以说到革命,亦只有他们还可以有希望。"①他明确指出,中国工人阶级是最富于革命的阶级,"只有他能做民族革命的主要军队。""中国有一百百六十万产业无产阶级(据《中国工人》第二期中夏君估计),他们掌管海陆交通运输、市政及各种重要工业。他们的联合,是中国打倒帝国主义与军阀的唯一可靠的力量。"②1926 年 2 月,在纪念京汉铁路工人大罢工三周年时,恽代英更是明确指出:"产业无产阶级遂成为最容易觉悟的革命势力,遂成为最富于革命性的阶级力量"。③ 他还特别强调,在资产阶级民主革命中,无产阶级要做其他阶级的"中心与领导人"。④

恽代英是中国共产党最早重视农民运动的领导人之一。早在五四运动时期,他就深入湖北黄冈农村,宣传发动农民。他看到陶行知搞乡村工作有成效,便写信给毛泽东说:"我们也可以学习陶行知到乡村里搞一搞。"毛泽东说:"现在在城市工作还忙不过来,怎么能再去搞乡村呢?"⑤这就说明毛泽东当时没有顾到农村工作。但恽代英把关注的目光继续投入农村。他在有关文章里深刻地指出,农民感受的政治经济的痛苦最深切,他们是革命的大力量,中国革命若不是能得着大多数农民的赞助,不容易有力量而进于成功。"农民哪一天觉醒,改造的事业便是哪一天成功。"⑥他又进一步指出:"农民占全国人口百分之七十以上,所以是民众的一大部分。""农民终岁勤劳耕作甚至不能供养妻子儿女,所以他们最应当渴望革命。"他号召革命青年到田间去,到农民中去,接近农民,学习农民,教育农民,研究农民,调查他们的生活实在情形,"这是中国革命最重要而且必要的预备"。⑦

恽代英将中国的资产阶级分为"大商买办阶级"和"幼稚工业资本家"。

① 《恽代英文集》(上卷),人民出版社 1984 年版,第 500—501 页。
② 《恽代英文集》(下卷),人民出版社 1984 年版,第 636 页。
③ 《恽代英文集》(下卷),人民出版社 1984 年版,第 781—782 页。
④ 《恽代英文集》(下卷),人民出版社 1984 年版,第 636 页。
⑤ 《周恩来选集》(上卷),人民出版社 1980 年版,第 333 页。
⑥ 《恽代英文集》(上卷),人民出版社 1984 年版,第 511 页。
⑦ 《恽代英文集》(上卷),人民出版社 1984 年版,第 561 页。

这里所说的幼稚工业资本家,实际上指的是民族资产阶级。他指出,大商买办阶级是"倚赖外国资本主义而享其余沥,所以他对于打倒外国资本主义的国民革命,一定是反革命的"。① 而中国的民族资产阶级则是一个具有两面性的阶级。五卅运动后,他进一步指出,无产阶级在同资产阶级合作中,必须保持警惕,要"善于应付"他们,而"不牺牲自己的利益"。②

对于小资产阶级和其他阶级,恽代英均作了分析。他说,小资产阶级有其革命的一面,但"每是怯懦而自私的","游民兵匪比较勇悍,然而为自己的利害,亦易于卖民族"。③

通过对中国社会各阶级的分析,恽代英明确认识到中国革命的主要动力是工人和农民。因此他强调,要打倒国内军阀和帝国主义,就必须对内发动民众,对外联络各国被压迫的人民。他还指出,无产阶级政党"必须建筑在被压迫的农人工人的上面,他一定是代表着农人工人的利益,而且一定要简直是农人工人的团体"。④"党应当是在各种民众中的进步分子所组成的,这样的分子,每个人都要活动,每个人都要逐渐具有号召指挥他那一方面的民众的能力。"⑤

综上所述,恽代英在中共四大前后对党的新民主主义革命基本思想进行了广泛的探索,取得了可喜的成果,他对中国社会性质、中国革命的领导权、中国革命的动力、革命的对象等问题的分析,都有自己独立的见解,为党的新民主主义革命基本思想的形成作出了重大贡献。尤其在中共四大后不久,他对中国民族资产阶级两面性的认识尤为深刻。这在中共党内是不多见的。

7. 对党在闽西苏区局部执政经验的总结

1930 年 2 月 15 日至 20 日,中共福建省委在厦门召开了第二次代表大会,恽代英以中央代表的身份,帮助和指导福建省委完成了大会任务,选举了新的

---

① 《恽代英文集》(下卷),人民出版社 1984 年版,第 657 页。
② 恽代英:《五卅运动与阶级斗争》,《中国青年》1925 年第 103 期。
③ 《恽代英文集》(上卷),人民出版社 1984 年版,第 560 页。
④ 恽代英:《评王光祈著〈少年中国运动〉》,《中国青年》1924 年第 53 期。
⑤ 《恽代英文集》(上卷),人民出版社 1984 年版,第 569 页。

省委,通过了政治、军事、农运等十项决议。会后,恽代英怀着激动的心情,沿着秘密交通线,穿过崇山峻岭,到闽西苏区观察。恽代英在闽西苏区深入调查研究,广泛接触贫苦农民、红军指战员和苏维埃政权各级干部,对闽西苏区的形成、巩固和发展作了全面的了解,写下了《请看闽西农民造反的成绩》《闽西苏维埃的过去与将来》等文章,恽代英热情讴歌中国共产党领导的闽西农民暴动"真是一件大了不得的事",它不是一种普通的什么革命,好比蒋介石革命便打倒了张作霖、吴佩孚,自己做起国民政府主席,好比汪精卫又要革蒋介石的命,亦想来抢一个国民政府主席做做。"闽西完全不是这一回事情。闽西不是什么普通的革命,他是造反,他是要闹一个天翻地覆,把全世界翻转过来。"①接着,恽代英初步总结了中国共产党在闽西局部执政的历史经验。

第一,恽代英认为,中国共产党在"闽西苏维埃确实表现出来是工农的政府"。② 执政为民是共产党宗旨的必然要求,在半殖民地半封建社会,中国广大贫苦农民最根本的利益是土地问题。执政为民就是要坚决实行土地革命,进行土改,使无地或少地的农民获得土地。据调查,闽西苏维埃政府成立以前,龙岩、永定、上杭、连城、长汀、武平六县,田地平均85%为地主、富农所有,农民所有田地不过15%。这正是农民遭剥削、受压迫的根源。苏维埃政府成立后,中国共产党领导农民实行土改,烧毁田契、账簿、契约,从而使贫苦农民翻了身。"从前闽西农民在地主官府下面,要交租,又要完粮,又要上捐,又要派款,他们那时候简直没有法子生活下去。有些农民一年都没有米进口,并且连红薯亦没有吃,他们只有吃红薯渣。"③而在苏维埃政府之下,无田地或少田地的农民都分得了田地,"成年吃薯渣的贫苦农民都改吃白米。"④由于闽西苏维埃政府给贫苦农民带来了看得见的实惠,所以得到拥护。广大贫苦农民坚决团结在苏维埃政府的周围,明白了"只有拼命扩大斗争才是一条生路"。⑤

① 《恽代英文集》(下卷),人民出版社1984年版,第1064页。
② 《恽代英文集》(下卷),人民出版社1984年版,第1069页。
③ 《恽代英文集》(下卷),人民出版社1984年版,第1066页。
④ 《恽代英文集》(下卷),人民出版社1984年版,第1069页。
⑤ 《恽代英文集》(下卷),人民出版社1984年版,第1069页。

因此,自觉行动起来配合红军粉碎国民党军队的"围剿",使金汉鼎部龟缩在长汀城不敢越城池一步,刘和鼎、张贞部被迫离开闽西,国民党军队、民团的士兵向红军投诚日益增多,地主豪绅垂头丧气。

第二,恽代英认为,中国共产党在闽西要民主执政。民主执政的重要体现便是广大贫苦农民的政治参与。由于闽西苏维埃是工农的政府,所以经常有群众会议与代表会议,"有很多工人、贫农以至妇女参加苏维埃代表会与委员会,"①一切权力都属于苏维埃,农民许多事都是靠着开群众大会解决。例如,他们分田地,便是由群众大会自己讨论,自己定出分配的标准和确实需要照顾的对象,即使有什么争端,仍是开群众大会解决。不但一乡的事这么办,一区的事、一县的事也这样办。这实际上是中国共产党实行民主政治的最先尝试。恽代英指出,在初成立苏维埃的地方,民主政治还不够发展,每开会多是几个领袖发言,农民只是在台下点头或鼓噪,表示赞成与否,而且多半是赞成领袖提出的意见,妇女发言多半不受人重视。但苏维埃成立稍久的地方,民主政治就要进步得多。"农民渐次能发表意见,他们已经实行撤回不称职的上级苏维埃代表,妇女在苏维中间的地位亦日益抬高。"②由此可见,中国共产党在闽西民主执政是不断完善的。

第三,恽代英在肯定中国共产党在闽西局部执政经验的同时,也指出了其存在的缺点。"群众的创造力还未能充分发展,苏维埃一切政治设施还表现很多自上而下的精神。"③例如,办理合作社、俱乐部、列宁学校等,都是由县苏维埃及至各县联席会讨论规定办法,交各乡执行,上级主观上亦要求各乡工作一致。苏维埃最高执行权力实际还是在委员会,代表会议或群众会议好像只是一个讨论机关。因此,广大贫苦农民虽然都认识苏维埃政权的好处,但仍觉得只是一部分上级领袖、委员替他们做事的好政府,还未能完全行使自己的权力。恽代英强调,最高权力机关重要的事情必须经过代表会议或群众会议充分讨论。他指出,闽西的党组织已经意识到这一缺点,并提出两条改进措施,其一,以后除军事财政外,"一切政治、经济、文化事业,要尽可能帮助各乡群

---

① 《恽代英文集》(下卷),人民出版社 1984 年版,第 1069 页。
② 《恽代英文集》(下卷),人民出版社 1984 年版,第 1070 页。
③ 《恽代英文集》(下卷),人民出版社 1984 年版,第 1071 页。

众自己创造,党的好意见一方面固然要影响上层苏维埃指导工作,另一方面尤其是要发动每个支部到群众中去发展讨论,推动群众在会议中提出意见,使各乡一切设施都可以各出心裁,互相观摩争竞"。① 其二,"党不仅是要帮助群众发展自己的意见,而且要帮助群众自己做,这样便可以使苏维埃的群众基础更为巩固。"恽代英指出,工农群众在国民党长期统治与欺骗宣传下,现在还是第一次建立自己的政权,"自然不会一件件事情都做到尽善尽美的,工农群众现在已经有机会自己试验,自己批评,并且随时改正自己的缺点"②,这正是共产党领导下中国民主政治进步的表现。他坚信,"只有苏维埃政权是工农群众自己的政权。"全中国工农群众都应当起来为苏维埃政权奋斗。③

恽代英对中国共产党在闽西苏区局部执政经验的总结,虽然只是初步的,但他所提出的一些基本理论观点和意见,对当时全国苏维埃建设具有重要的指导作用。

8. 简单的结语

以上研究,只是恽代英政治思想的主要内容,而不是全部。例如,关于恽代英在反对国家主义、反对国民党新老右派、批判戴季陶主义、批判国民党改组派等方面的思想,囿于篇幅,本节都未能涉及。但仅从以上七个方面的内容看,恽代英的政治思想已表现出以下鲜明的特点:

第一,阶级性与实践性的特点。近代以来,中国共产党面临着两大历史使命,即实现民族独立、人民解放和国家繁荣富强、人民共同富裕。恽代英始终站在无产阶级和人民大众的立场上,一切从中国的实际出发,运用马克思主义的立场、观点和方法,观察分析中国问题。因此,他的理论是马克思主义中国化的结晶,是为无产阶级和人民大众服务的。它来自中国革命的伟大实践,又用于指导实现民族独立和人民解放的伟大斗争实践,表现了中国化的马克思主义的优秀品格。

第二,前瞻性与指导性的特点。恽代英的理论观点高瞻远瞩,极具前瞻

---

① 《恽代英文集》(下卷),人民出版社 1984 年版,第 1071 页。
② 《恽代英文集》(下卷),人民出版社 1984 年版,第 1072 页。
③ 《恽代英文集》(下卷),人民出版社 1984 年版,第 1072 页。

性,处在中国共产党政治思想理论的前沿。例如,他关于独立探索在中国建立无产阶级政党的思想、关于拥护"民主联合战线"政策的思想、关于对帝国主义和一切反动派本质认识的思想、关于中国新民主主义革命基本问题的思想、关于党在闽西局部执政历史经验的总结等等,在中国共产党内都是具有开创性的理论成果,因此对中国革命具有很强的指导作用。

第三,深刻性与通俗性的特点。恽代英学识渊博,融通古今,把马克思主义与中国优秀传统文化相结合,将马克思主义深奥的革命道理用中国广大民众能够接受的、一看便懂的通俗语言表达出来,真正做到了使马克思主义大众化、通俗化。因此,恽代英的文章,既有理论深度,又通俗易懂。因此特别受广大民众特别是广大青年的欢迎。许多有志青年,正是读了他的文章后走上革命道路的。正如郭沫若所说:"在大革命前后的青年学生们,凡是稍微有些进步思想的,不知道恽代英,没有受过他的影响的人,可以说没有。"[1]这充分显示马克思主义大众化、通俗化的无比威力。

恽代英的上述理论观点,具有重要的学术价值与理论价值,它既可以丰富中共党史、中国现代史的研究内容,补充和修正过去研究中的某些不足;又和陈独秀、李大钊、瞿秋白、毛泽东、邓中夏、蔡和森等的理论观点一起,成为中国共产党新民主主义革命理论体系中的重要元素,是中国共产党人为实现民族独立、人民解放奋斗征程的指南和经验总结,为党的第一次理论飞跃成果——毛泽东思想的产生、形成和发展作出了历史性的贡献,极大地丰富了中国共产党的理论宝库,促进了党的理论建设和思想建设;对当前为把我国建设成为富强、民主、文明、和谐的社会主义现代化强国,也具有重大的现实指导作用。

(李良明)

三、恽代英军事思想的历史贡献

恽代英短暂的一生中,对党的军事工作曾作出过重要的历史贡献。不仅是中共党内早期著名的理论家,而且也应该是一位优秀的军事家。然而,由于

---

① 郭沫若:《由人民英雄恽代英想到〈人民英列传〉》,《中国青年》1950 年第 38 期。

他牺牲太早，以致中共党史和军史学界都比较忽略。笔者现仅就这个问题略述管见。

（一）最早认识到军事斗争重要性的中共早期领导人之一

中国共产党在幼年时期，"是在统一战线、武装斗争和党的建设三个基本问题上都没有经验的党"①，特别是在大革命的后期，以陈独秀为代表的中共中央，执行共产国际关于"共产党不应当要求一定由自己的党员担任国家和军队的一切领导职位"②的指示，犯了右倾错误，致使中国共产党"自愿地放弃对于农民群众、城市小资产阶级和中等资产阶级的领导权，尤其是放弃对于武装力量的领导权"③，最终导致了大革命的失败。

然而，这并不是说，在大革命时期，所有的中国共产党人都不懂得军事的重要性。周恩来、恽代英、聂荣臻等参加黄埔军校工作的同志，就是中国共产党内最早认识到军事斗争重要性的杰出领导人。正如毛泽东所指出，从1924年参加黄埔军事学校开始，已进到了新的阶段，"开始懂得军事的重要了"④。

恽代英对建立革命武装重要性的认识可以追溯到1922年。当时刚刚成立的中国共产党将精力主要放在从事领导工人运动方面，还没有人关注建立革命武装问题。1922年9月25日，恽代英在《东方杂志》发表《民治运动》，初次提出了"组织作战的军队"的思想。他强调说："时机危急了！我们要赶快组织作战的军队，为民治政治，向一切黑暗的势力宣战。"⑤这是中国共产党人早期阐述武装斗争思想的一篇重要著作。

1923年京汉铁路工人大罢工失败后，恽代英从血的教训中进一步认识到："民主革命仍必假军队与群众之力以成功"。6月15日，他在致中国社会主义青年团书记施存统的信中说道："我说民主革命要假军队与群众之力，朋友不有笑我仍不出资产阶级思想范围的。然在无产（者）无力时，革命未有非

---

① 《毛泽东选集》第二卷，人民出版社1991年版，第610页。

② 《共产国际、联共（布）与中国革命档案资料丛书》第1卷，北京图书馆出版社1997年版，第678页。

③ 《毛泽东选集》第四卷，人民出版社1991年版，第1257—1258页。

④ 《毛泽东选集》第二卷，人民出版社1991年版，第547页。

⑤ 《恽代英文集》（上卷），人民出版社1984年版，第343页。

由军队赞助,使群众勃发之感情得以增长而能成功者。法国、我国、俄国、德国均可为证。俄国劳农会虽系革命时之产物,然决非全恃劳农会而成功革命"。他还指出:"在产业进步的地方,促进工人觉悟自为重要,然尤要莫过于促成政治,注意军人与群众的革命。""无论何处,除工人外,必须注意军队、群众"。① 可见,当时恽代英已经清楚地论述了武装斗争的重要性,即:要取得反帝反封建的民主革命的胜利,不仅要注重产业工人的力量,而且要组织军队和群众,只有使用武力,革命的目的才能达到。

1925 年 6 月 20 日至 7 月 7 日,全国学生第七届代表大会在上海召开。大会秘密设立了党团组织,恽代英担任党团书记,具体指导这次会议的召开,向大会提出了两个重大的带有方向性的议题:一是关于在学校里建立学生军议案;二是关于知识青年到工农中去,援助工农、向工农学习的议案。他在会上对青年学生反复讲:"青年学生赤手空拳,手无寸铁,打天下是不成的"。"全国中等以上各校学生应组织学生军,讲求军事教育,以为领导农民工人武装起来,以革命手段,打倒帝国主义的准备"。② 会后,恽代英写了《学生军与军事运动问题》一文,发表在《中国青年》第 87 期上。

在黄埔军校工作期间,恽代英对武装斗争重要性的认识进一步得到提升。1926 年 3 月,恽代英来到黄埔军校,担任政治主任教官。当年,他撰著了《国民革命与农民》,作为"国民革命军总司令部政治部丛书"第三种印行。在这篇著作中,恽代英指出,过去农民受压迫敲诈,完全是因为不团结,没有组织起来。现在农民要参加国民革命,解除自己的痛苦,就必须第一步团结起来,组织农民团体,先由每村的农民结合成小团体,再集合各村的团体成为一乡的大团体,更集合各乡的团体,成为一县的团体,以至一省的团体。第二步,我们有了团体还不够,还要有指导我们去活动的主义和党,"我们若果没有指导、没有主义,虽有团体也很难成功的,各省红枪会的失败,便是这个原因"。当然,恽代英在这里所说的主义和党,指的是孙中山先生的"联俄、联共、扶助农工"的新三民主义和其领导的改组后的国民党。第三步,参加国民革命,一切反革

---

① 恽代英:《来鸿去燕录》,北京出版社 1981 年版,第 128—130 页。
② 阳翰笙:《照耀我革命征途的第一盏明灯》,载《回忆恽代英》,人民出版社 2015 年版,第18 页。

命派一定是反对的,一定会利用他们手中的反革命武装军警民团进行镇压的。这该怎么办呢?"一方面要团结我们的团体,一方面不能不靠革命军的帮助",因为"革命军是信仰三民主义的,是有训练有纪律的,是为民众的利益保护农民的"。恽代英具体指出,广东全省的农民因为有革命军的保护,各级农民协会成立了4000余处,有团体的农民共60余万。他还特别指出,广东省的农民组织农会,编练农军,"去反抗压迫他们的土豪、劣绅、大地主及贪官污吏,剿灭蹂躏他们的土匪散兵,取消各种苛抽杂捐","并且能够协助政府,协助工人,去剿灭刘杨(指驻在广州地区的滇桂军阀刘震寰、杨希闵——笔者注),肃清反动势力,封锁香港,在国民革命中建立了不少的功绩。假使全国的农民都能够和广东的农民一样团结起来……那还怕帝国主义、军阀以及一切反革命派不能够打倒吗?那还怕国民革命不成功吗?"①

恽代英在主持中央军事政治学校武汉分校期间,为适应革命发展的需要,还招收了183名女生。这一开创性的革命举措,在中国革命史上具有重大历史意义。

中央军事政治学校武汉分校入伍生总队政治女生大队全体合影局部

"四一二"反革命政变后,蒋介石指使粤、桂、川、黔军阀分三路进攻两湖。在这种形势下,武汉国民政府开始动摇。5月中旬,夏斗寅首先揭起了叛旗。恽代英、毛泽东等共产党人与国民党左派宋庆龄、邓演达等站在了讨蒋斗争的前沿阵地。恽代英以武汉军校的名义向武汉国民政府提出征募2500名"志愿

---

① 《恽代英文集》(下卷),人民出版社1984年版,第920—921页。

武汉军校第一届女兵游曦

兵"的计划。① 恽代英还在国民党中央会议上提出把农工及学生 2000 余人编为义勇队赴前线作战②。

由上可见，在中国共产党创建和大革命时期，恽代英就一直认识并坚持进行反帝反封建的民主革命和反独裁的军事斗争，"要赶快组织作战的军队"；"必须注意军队、群众"，使武力与工人运动相结合；"应组织学生军"；农民应组织农会，"编练农军"参加国民革命和"组织志愿兵"反对蒋介石的独裁。这些思想现在看来虽然还比较浅显，不够系统，但在中国共产党的幼年时期，在全党对武装斗争缺乏认识的情况下，恽代英能够有这些独到的见解和认识，对于中国共产党后来独立进行武装斗争有着不可低估的影响。同时，也说明他是中共早期领导人中对进行武装斗争有比较清醒认识的、少数杰出的马克思主义者之一。

（二）人民军队政治思想工作的奠基者之一

从严格意义上说，中国共产党从事军事活动是从黄埔军校开始的。中

武汉军校第一届女兵赵一曼

---

① 《武汉国民政府史料》，武汉出版社 2005 年版，第 418 页。
② 国民党中央 12 次常委扩大会议速记录，1927 年 5 月 18 日。

国共产党先后派周恩来、恽代英、聂荣臻等到黄埔军校出任教官。周恩来曾担任黄埔军校政治部主任,这是一个相当重要的职务。政治部负责全校的政治思想教育工作,政治部主任实际上是党代表的"参谋长"。恽代英来到黄埔军校后,先后担任政治主任教官、政治总教官,任政治总教官后,他主要负责三个方面的工作:第一,由我党完全掌握的政治科,这个科比其他各科人数都多,从这个科毕业的学员大部分是做连党代表,以至营、团甚至是师党代表、师政治部主任;第二,是步、炮、工、辎四科的政治课程和政治教育工作;第三,就是入伍生部(两个团 3000 人)的政治教育工作。加之讲课生动、诙谐、鼓动性强,很受欢迎,因此,"恽代英在黄埔的学生中威信很高,影响很大。蒋介石对他十分忌恨,但也没有办法"①。同时,还成立了以他为书记,熊雄、聂荣臻、陈赓、饶来杰四人为委员的军校中共特别委员会(即中共党团),这足可见恽代英及其所处地位的重要性。

恽代英任政治总教官后,继承和发展了周恩来的军事思想。周恩来 1924年 11 月任黄埔军校政治部主任,在周恩来之前,该校曾有两任政治部主任,他们分别是国民党员戴季陶和邵元冲。但当时,黄埔军校初期的政治部工作形同虚设。周恩来到任后,健全了政治工作制度和建立了日常工作秩序,重新制订政治教育计划,并在军校建立了中共特别支部。周恩来在黄埔军校撰写了《国民革命军及军事政治工作》《革命军部队政工与民众运动》等重要著作,提出了军队政治工作的方针、方法和目的,在中国军事史上开创了革命军队的政治思想工作,为建立一支为人民服务的军队作出了卓越贡献。恽代英上任后,先后撰写了《本党重要宣言训令之研究》《国民革命》《政治学概论》《政治讲义大纲》《党纪与军纪》《军队中政治工作的方法》等教材、论文,发表了一系列重要讲话,就革命军队的建设问题,作了全面的论述,使军队政治思想工作更臻完善。因此,毛泽东曾评价说:"那时军队设立了党代表和政治部,这种制度是中国历史上没有的,靠了这种制度使军队一新其耳目。一九二七年以后的红军以至今日的八路军,是继承了这种制度而加以发展的。"②朱德也评价

---

① 阳翰笙:《照耀我革命征途的第一盏明灯》,载《回忆恽代英》,人民出版社 2015 年版,第 19 页。

② 《毛泽东选集》第二卷,人民出版社 1991 年版,第 380 页。

道:"研究党的军史时,应当从这个老根上研究起。"①这清楚表明,周恩来和恽代英是中国共产党领导的人民军队思想政治工作的开创者和奠基人。

恽代英军队政治工作理论的具体内容是:

1."在党军中间,党高于一切"

恽代英认为:为打倒一切压迫中国民众的黑暗势力,解放全中国人民,就必须建设一支为中华民族独立自由而作战的军队。这支军队一要明了而服从党的主人,在党的领导下与中华民族的仇敌作战。二要有充分作战的能力,为党的主义有切实把握能够杀敌致胜。所以,军队要进行政治思想教育和军事教育,使每个同志都要服从党纪,服从军纪。只有如此,军队才能受党的指导,为党的主义作战。他说:"在党军中间,党高于一切。""所谓党高于一切,是说军队不能违背党的主义"。这也是今天人民军队党指挥枪的理论来源之一。恽代英强调说:"永远记着党军是要'为主义''作战'的。不'为主义'或者是不能'作战',都同样是有负党军的责任,都同样是有负于党,有负于全国瞩望我们的被压迫的劳苦工农。"他还特别指出,"任何一个高级长官想引导军队走到反革命路上去,我们军队中的同志都应拿党纪来制裁他"②。为坚持"在党军中间,党高于一切",恽代英在黄埔军校,反复要求军校每一个长官和学生,都要"站在党的观点上讲话"③。

1926年10月,恽代英为主持修改黄埔军校政治教育大纲,规定了十条政治训练条件:(1)使学生彻底了解他自己的责任,是要能够担负责任使一切已经与国民相结合的武力,渐进而成真正的国民之武力。(2)使学生彻底了解军队中政治工作的重要。因为只有借政治工作阐明本党的学说与主张,养成士兵确定革命观点,方可以保证军队的统一与为主义奋斗作战的革命精神。(3)使学生彻底了解本党总理学说与三民主义之根本原理,本党的各项宣言决议案之要点。因为这样,便可以使他们明确地认识本党坚定而勇敢地站在

---

① 《朱德选集》,人民出版社1983年版,第393页。
② 《恽代英文集》(下卷),人民出版社1984年版,第800、797页。
③ 恽代英:《站在党的观点上讲话》,《黄埔潮》第48期,1926年4月14日。

党的立脚点上以应付一切问题。(4)使学生彻底了解中国的国民革命。(5)使学生彻底了解各种与革命运动有密切关系的社会科学常识。使他们因此更能了解党的主义与政策的意义。(6)使学生彻底了解世界与中国政治经济方面各种重要的现象与问题,同时亦注意中国重要各省都市,与乡村政治或社会经济情形。(7)使学生彻底了解革命运动是起于农工群众的物质要求,革命的胜利,亦必须靠农工群众的势力参加始能有所保障。(8)使学生彻底了解纪律是造成统一集中的力量所必要的。(9)使学生彻底了解军事学术和军事锻炼,对于革命意义上之重要。(10)使学生彻底了解军队中政治工作应注意的事项①。这十条训练条件,始终贯穿了"党高于一切",即军队不能离开党的主义指导的精神。

2. 军队一定要有严明的纪律

恽代英认为,党军除了服从党纪外,还应该有严明的军纪。"军纪是在党纪监视之下的;同时亦是说军队是完全为党的主义工作的,只有严整的军纪可以集中革命的力量,有充分的力量可以打倒一切反革命的敌人,所以军纪亦是党所应极力注意。党纪是要保障革命的军纪,决不是来破坏这种军纪的"。"破坏军纪,便是破坏我们革命党的作战势力,便是破坏党"。军队的号令不行,全军泄沓松懈,这种军队是不可以称为党军的。"若蔑军纪,便证明他们不明了主义,因为他们并不急于希望主义之成功,所以不注意为主义而养成军纪很好能作战的军队,他们反转引导军队到不能作战的路上去。""任何一个同志想引导军队走到不能作战的路上去,我们军队中的同志仍旧都应当拿出党纪制裁他"。所以,"我们站在党的地位,觉得有严整军纪的必要"。②

恽代英分析了中国不易造成一支纪律严明、战斗力强的军队的原因:一是有许多无革命觉悟,不知主义为何事的腐败分子混入;二是又有许多富于无政府主义思想,不知纪律为何物的浪漫青年参加,再加上社会上流行的偷惰狡猾的习气。这些心理自然影响到党的军队与军事教育机关,于是产生一部分根

---

① 参见《中共军事政治学校政治教育大纲草案》,《黄埔时刊》1926 年 10 月 7 日、8 日、9 日。
② 《恽代英文集》(下卷),人民出版社 1984 年版,第 798 页。

本讨厌党纪的军官和一部分根本讨厌军纪的学生兵士,"结果真正的党纪未曾树立起来,而军纪先败坏下去了,甚至于有些人借口党纪来做他们不守军纪的理由"。恽代英说:"这是很严重的错误,这种人将要毁损我们革命军队的力量的;每个忠实热心革命的党员应极力纠正他,犹如应极力纠正军队中对于主义上的误解一样。"①

北伐军出征以后,为了巩固后方,恽代英还特别写了名为《纪律》的重要文章,发表在1926年8月5日出版的《黄埔日刊》上。论文开篇便论述了纪律的重要性,明确指出,我们要团结精神统一意志,须注意纪律的重要。若是养成了无纪律的生活习惯,精神是不会能团结的,意志是不会能统一的。"没有纪律,就没有统一的团结,就没有力量做任何事情。凡不遵守纪律的,都是真正革命工作的仇人,他们是帮助帝国主义分散我们革命的力量"。恽代英将不遵守纪律提高到"革命工作的仇人"这样的高度来认识,这在黄埔军校其他领导人中是没有先例的,足见他对革命军队养成严明纪律是何等的重视。

3. 要使军队与人民结合,使之成为人民的军队

恽代英提出了军队中政治工作的目的问题。他说,军队中政治工作的目的,就是孙中山先生的两句话,"第一步使武力与人民结合,第二步使武力成为人民的武力"。我们就是要通过政治工作,引导军队从第一步走向第二步。他很重视军队与人民结合而成为人民军队的问题,强调军队中政治工作要注意的是要引导兵士走上革命的道路。他说,我们的兵士虽然大多数是被饥寒交迫逼上革命之路的。可是他们沾染旧社会的思想习惯已经很深,满脑子里还装着许多旧的观念。只有根本铲除了这些旧观念,才能使他们站稳革命的立场,"由不自觉的革命以至于自觉的很稳定的努力革命"。这就必须给他们进行三民主义的教育,"使一切士兵对于三民主义,有很正确的认识,非此不能保证我们的军队永远站在革命的战线上,为本党的主义奋斗到底"。因此,我们从事政治工作的同志要认清,使士兵明白认识三民主义,打破一切旧的反革命的观念,"是最重要的责任"。"我们政治工作人员无论在如何困难的环

---

① 《恽代英文集》(下卷),人民出版社1984年版,第799页。

境中，必须要丝毫不妥协的将这种理论传达到士兵方面去……将党的真正主张，很正确的灌输到军队里去。"①今天看来，这些思想和观点，仍然对中国共产党和人民军队的宗旨、关系等方面的建设都产生着较大影响。

1927 年年初，为反对蒋介石的军事独裁，国民党二届三中全会决定中央执行委员会采取常务委员制，实行集体领导。国民党左派彭泽民在会上提出了军校改革提案。

国民党第二届中央执行委员会第三次全体会议成员，
三排右四为恽代英，二排右三为毛泽东

恽代英坚决支持。另外，恽代英在军校内实行改革，"裁减人员，节省经费，就是要各部分的工作做好一点"。"队上的区队附已经裁撤了，每队加设一指导员，选择政治观念较好一点的人来担任……指导员的责任，是代替政治部做工作，也就是使政治部与学生多发生关系，他的地位与区队长差不多，于必要时可代替区队长"。② 可见，这个"指导员"的设置，已经隐约可以看到后来人民军队"支部建在连上"的影子。

---

① 《恽代英文集》(下卷)，人民出版社 1984 年版，第 845、850 页。
② 《恽委员在校内务会议报告最近学校改革之意义》，《革命生活》1927 年 5 月 3 日。

4. 军队要谦虚谨慎,反对暮气和骄气

恽代英认为,谦虚谨慎是人民的军队必须具备的优良品德,为党和主义奋斗,要胜不骄、败不馁。他指出,在最近一年中,黄埔军校的师生是以能作战著名的,但是,我们不要只知以此自豪,"我们不应有一点矜夸骄傲之气,应当时时考查自己的缺点,谨防暮气深入我们的军队中间"。只有这样,才可以"常保作战之能力"。若恃胜而骄,不努力注意内部之振刷,将来或者亦可以有意外之失败。"所以,我们应当互相警惕,努力振奋,扑灭一切暮气,亦扑灭一切骄气"①。这些思想,今天对于人民军队的作风建设仍然有着重要的现实意义。

恽代英军队政治工作的理论,突出了军队要有严格的党纪与军纪,要服从党的领导,为"主义"奋斗,使武力与民众结合,使之成为人民的军队;还论述了从事军队思想政治工作的基本方法。他的这些认识和实践虽然是在大革命时期黄埔军校工作中发生的,但同时他作为军校中共特别委员会书记,因此,他的这些认识和实践不仅在当时对黄埔军校政治工作制度的建立、为培养一支为农工奋斗的军队发挥了重要作用,而且也为中国共产党独立领导军事斗争,开创人民军队的政治工作奠定了重要基础,更对今天人民军队的政治工作和全面建设有着积极的意义。

(三)领导武装斗争,是人民军队的缔造者之一

在大革命末期,恽代英逐渐直接参加军事指挥,取得不少战绩。1927 年年初,恽代英奉命到武汉中央军事政治学校工作。此时,蒋介石反共的面目进一步暴露。恽代英与毛泽东、董必武等一起,团结国民党左派宋庆龄、邓演达等与蒋介石进行了坚决斗争。在 3 月 10 日国民党中央在汉口南洋大楼举行的二届三中全会上,恽代英关于将蒋介石把持的军人部"裁撤"的提议获得通过,巩固了武汉当时在全国的革命中心地位。5 月 13 日,夏斗寅领衔发出反共"元电",并在四川军阀杨森的配合下开始向武汉进攻,17 日,逼近武昌附近

---

① 《恽代英文集》(下卷),人民出版社 1984 年版,第 800 页。

的纸坊镇。这时武汉国民政府的主力部队正在河南一带作战,武昌防备空虚,形势十分危殆。5 月 18 日,恽代英与师长侯连瀛紧密配合,亲率独立师随武昌卫戍司令叶挺指挥的 24 师 72 团和 25 师 75 团前往平叛。[①] "戴着眼镜,穿着布军装,打着绑腿"的恽代英"走在队伍前面。他的英姿多少年后还常常为人们所道及"[②]。经过激烈作战,平叛取得胜利,共缴获大炮 10 尊,步枪 900 余支,子弹无数,俘敌 1000 余名[③]。武汉局势转危为安。5 月 22 日,咸宁县召开了 5000 余人的军民祝捷大会。中央独立师党代表恽代英发表热情洋溢的讲话。他说:"我们后方兵力虽少,我们革命军是不跑的,叶师长是不怕死的,带领他们的两团人去拼命冲锋,卒把敌人打败,我们所以胜利,是因为不怕死,人人都有死的决心,而且我们每次打仗都得着工农的帮助。前天到金口,金口农民协会是很帮助我们。前几天又有许多农民来报告敌情,我们很自信为保护人民利益而战,一定是胜利的。哪一个要再来压迫人民,我们就要继续打倒他。"[④]恽代英这个简明扼要的讲话,道出了革命军打胜仗的根本原因:第一,因为有共产党人的领导,所以革命军勇敢,不怕死;第二,工农的支持;第三,为人民利益而战一定能胜利的坚定信念。这也正是人民军队与反动军队的本质区别之所在。

7 月 15 日,汪精卫"分共",轰轰烈烈的大革命归于失败。汪精卫视武汉中央军校为其反共的一大障碍,在加速"分共"的同时,紧紧地盯住该校。右派势力又在军校四处活动。中共中央军委十分重视武汉军校这支武装力量,军委书记周恩来、秘书聂荣臻经常到军校与恽代英一起商讨对策。鉴于国民革命军第 2 方面总指挥张发奎与第 4 集团军总指挥唐生智有矛盾,经时任国民革命军第 2 方面军第 4 军总参谋长叶剑英与第 2 方面军总指挥张发奎多次交涉,武汉中央军校被张发奎改编为第 2 方面军军官教导团。全团的教育和行政均由中国国民党党部领导,但这个党部实际上由中共地下党组织所掌握,

---

① 根据国民党中央十二次常委扩大会议速记录,恽代英被正式任命独立师党代表的时间是5 月 20 日。

② 沈葆英:《和代英共命运的岁月》,载《回忆恽代英》,人民出版社 2015 年版,第 42 页。

③ 参见《施存统报告打夏斗寅情况》,汉口《民国日报》1927 年 5 月 23 日。

④ 汉口《民国日报》1927 年 5 月 25 日。

团党部执行委员和各连(队)党部执行委员,多为中共地下党员,团内还有100多名没有暴露身份的中共党员。这就实际上为中共保存了一支武装力量。

7月23日凌晨,恽代英离开武汉,奔赴九江。此时,形势突变,张发奎在汪精卫的拉拢下决心"清共"。24日,在九江的李立三、恽代英、谭平山、邓中夏等迫于形势严峻,作出了准备武装起义的具体部署。临时中央常委会派周恩来赴南昌,并组成由周恩来为书记,李立三、恽代英、谭平山、彭湃为委员的前敌委员会,领导起义。为了做好起义的准备工作,恽代英还担任贺龙部第20军总参议。

正当起义各项准备工作紧张进行时,7月27日张国焘赶到九江,借传达共产国际7月26日给中共中央电报之机,企图阻止起义,遭到与会者的一致反对,恽代英气愤地说:"我们一切都准备好了,还有什么可讨论的,谁要阻止南昌暴动,我是誓死反对的!"[1]

这时形势进一步恶化,汪精卫、张发奎、唐生智、孙科、朱培德等在庐山召开会议,讨论加紧"清共"反共。30日清晨,恽代英与张国焘同车到达南昌召开紧急会议。张国焘在会上传达了共产国际来电的内容,声称起义若有成功把握,可以举行,否则不可动;如果要暴动,也要征得张发奎的同意,否则不可。周恩来、恽代英、李立三、谭平山、彭湃等同志一致反对张国焘的意见。恽代英坚决支持周恩来、李立三的意见。他严厉警告张国焘说:"如果你要继续动摇人心,我们就把你开除出去!"恽代英愤怒的发言,使张国焘为之变色。张国焘在其后来的《回忆录》中说,恽代英平时"是一个正直而有礼貌的人,对我一直很友善,对人没有私怨,没有与人竞争的野心,在共产党人中有'甘地'之称。我听了他这些话,当时百感交集。他坚持暴动,显然积压已久的愤恨到此时才坦白发泄出来。我也佩服他这种坚毅精神,自愧没有能够用他的蛮劲去对付罗明那滋(共产国际代表——笔者注)。我也感觉到,中共中央和我自己的领导威信,已经丧失了"[2]。张国焘的回忆,真实反映了恽代英当时对蒋介石屠杀政策的愤慨,对共产国际代表错误指导的不满,对中国革命前途的忧

---

① 张国焘:《我的回忆》(下册),东方出版社2004年版,第6页。
② 张国焘:《我的回忆》(下册),东方出版社2004年版,第6页。

虑,反映了恽代英对南昌起义决策的贡献。31日,前委再次开会,经数小时激烈辩论,最终决定8月1日凌晨起义。

8月1日,起义部队经过5个小时的激战,占领了南昌城。南昌起义打响了武装反抗国民党的第一枪,标志中国共产党独立领导武装斗争和武装夺取政权的开始,也是中国共产党领导的人民军队诞生的日子,这就是今天八一建军节的来源,而参与领导八一南昌起义的恽代英成为人民军队的缔造者之一。

8月3日,起义部队按照原定计划撤离南昌,千里转战,向广东进发。10月2日,起义部队在潮汕地区遭到国民党粤军伏击。周恩来抱病主持会议,决定尽可能收集整顿武装人员,向海陆丰转移,坚持武装斗争。干部向海口撤退,再分赴香港、上海,继续战斗。恽代英、李立三、叶挺、聂荣臻和汕头市委书记杨石魂安排护送周恩来撤离到安全地方后,才从海边甲子港乘船抵达香港。

1927年11月17日,粤桂战争爆发。当天,恽代英就在《红旗》第6期发表《冬防》,号召工农起来暴动。鉴于军阀混战,广州城内兵力空虚,张太雷11月26日主持召开中共广东省委常委会议并作出了立即发动广州起义的决定。随即,张太雷将会议情况写信报告留在香港主持常委工作的恽代英和张善鸣。恽代英随即转报中共中央。12月5日,中共中央复信广东省委:"关于广州暴动的计划,中央赞成。"①恽代英于12月初从香港回到广州,直接参与起义的组织发动工作,专门负责宣传、起草苏维埃政府各种文告。12月6日,张太雷、恽代英和杨殷、吴毅、周文雍、陈郁等召开省委常委紧急会议,决定了起义的军事行动、力量部署和日期,提出了起义后成立的广州苏维埃政府和各部门的人选问题,通过了由恽代英起草的《广州苏维埃政府告民众》《广州苏维埃宣言》等文件。

12月11日凌晨,部队举行起义誓师大会。张太雷总指挥首先作动员讲话。他简明扼要地讲了武装起义的正义性和必要性,并宣布:叶挺为起义红军总指挥,叶剑英为副总指挥,徐光英为参谋长。接着,由恽代英作动员。教导

---

① 《致广东省委信》(1927年12月5日),《中央政治通讯》第15期,1927年12月26日。

团指战员见到他们的老师,倍感亲切。恽代英动情地说:"我离开你们好几个月了,很想念你们,我知道你们每个人的胸中都埋藏着对国民党反动派的无穷怒火。在九江,在赣州,两次被国民党反动派解除武装。前天,你们的叶团长告诉我们,反动派又想要解决你们的武装。这回我们可不交枪了。今天我们要报仇,要暴动,要起义,要和反动派算账,要讨还血债,要夺取政权,建立自己的工农民主政府。你们要勇敢战斗,解除敌人武装,取得暴动的胜利。"①随后,起义开始,并进展顺利,敌人招架不住,全线崩溃。11日黎明,广州苏维埃政府成员和工农兵代表在公安局大楼会议室举行第一次会议,宣告广州苏维埃政府成立,主席苏兆征(张太雷代理),秘书长恽代英,土地委员彭湃,肃反委员杨殷,劳动委员周文雍,司法委员陈郁,经济委员何来,红军总司令叶挺,党代表恽代英,副总司令叶剑英,参谋长徐光英,总指挥张太雷。可见,恽代英是中国第一个苏维埃政权的创建者之一,地位是极其重要的。

广州起义震惊了帝国主义和国民党反动派。12日,它们联合起来向新生的红色政权疯狂反扑。午后2时许,张太雷遭敌人伏击,英勇牺牲。苏维埃政府工作的重担几乎全压在恽代英的肩上。他临危不惧,沉着镇静地指挥战斗。他对前来请示工作的警卫团陈同生说:"我们是乘敌人之空虚暴动起来的,现在敌人回过头来,我们要坚守广州,力量不够……我们在考虑新的部署,你们部队要作准备,郊区农民对我们已尽力支援,我看广州不能守,你们从北江转移到东江海陆丰,彭湃同志在那里,和他的农民自卫军配合起来,仍然可以造出一个新局面。"恽代英在部队遭到严重失败的情况下,审时度势,决定组织部队撤退,并于13日上午随最后撤退的起义部队撤出广州,充分显示了他的军事决策能力。起义失败了,恽代英的革命意志反而更加坚定,他认为:"失败是成功之母,我们一定要从其中学到东西……古话说'秀才造反三年不成',假如我们下决心造三十年反,决不会一事无成的"。他还鼓励陈同生说:"创业总是艰难的,敢于创业的人,便不应计较艰难。世界上没有一帆风顺的革命。"②

---

① 刘祖清:《广州起义中的教导团》,载《文史资料选辑》第59辑,1979年,第55页。
② 陈同生:《恽代英同志的教学毕生难忘》,载《回忆恽代英》,人民出版社2015年版,第217页。

广州起义失败后,恽代英根据党的指示,奔赴香港和上海,从事地下工作。其间,恽代英有两次担任军中要职的机会:第一次是 1929 年 3 月,中国工农革命军第 4 军在湘鄂西改编为红 4 军(后改为红 2 军),党中央任命贺龙为军长,恽代英为党代表。恽代英因上海工作繁忙,未能到任。第二次是 1929 年 4 月,党中央要毛泽东、朱德离开红 4 军。4 月 5 日,毛泽东代表红 4 军前委在致中央的信中说:"现在党的指挥机关是前委,毛泽东为书记,军事指挥机关是司令部,朱德为军长。中央若因别的需要朱、毛二人改换工作,望即派遣得力人来。我们的意见,刘伯承同志可以任军事,恽代英可以任党及政治,两人如能派得来,那是胜过我们的。"①这次调动因

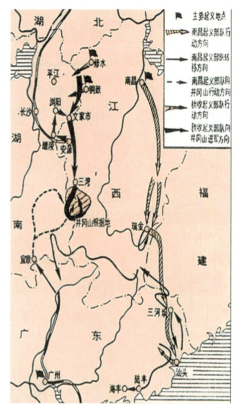

三大起义地点及起义后部队运动路线示意图

故也未执行。但这已说明,恽代英卓越的军事才能得到了当时的中共中央,以及毛泽东、朱德等人的高度认可,是当时公认的中共领导人中杰出的军事工作者。

综上所述,恽代英对中国共产党的军事工作的贡献是多方面的,像他那样较早就认识到军事斗争的重要性、重视军队的政治思想工作、反对蒋介石军事独裁、亲率军队赴前线作战、参与领导南昌起义和广州起义的领导人,在中共党内是屈指可数的。他不愧是中国共产党早期杰出的军事工作领导者。

(李良明、申富强)

---

① 《毛泽东文集》第一卷,人民出版社 1993 年版,第 57 页。

四、恽代英公民教育思想探析

恽代英是在中国近现代教育史上产生了重大影响的著名教育家。他一生的革命活动与教育活动紧密相连,他以"能欢迎新的,还应该欢迎更新的"①的睿智目光和宽广的襟怀,孜孜不倦地探索前进,构建了极具前瞻性的公民教育思想体系。但是,迄今为止,学术界既无一篇论文也无一本著作提出和论述恽代英的公民教育思想及其体系问题。近年里,笔者在协助李良明教授主编《恽代英年谱》和参加国家社会科学基金项目"恽代英思想研究"的研究过程中,研读了目前能搜集到的所有的恽代英著作(包括文章、书信、日记)和其主编的《光华学报》等,发现恽代英构建了一个具有他个人特色的"养成健全的公民"②的完整教育思想体系,"养成健全的公民"是恽代英教育思想的灵魂和核心、目标和归宿。我将这一"发现"写进了《恽代英思想研究》第八章"恽代英的教育思想"中,并特别说明,这是"恽代英教育思想在中国近现代教育史上具有重要影响,独具魅力,具有恒久的认识和借鉴价值之所在"。③ 从此,引发了一些学者对恽代英公民教育思想的关注,或赞同之或质疑之。这是本节继续深入研究这个问题的直接的学术动因。此其一;其二,笔者认为,研究恽代英以"养成健全的公民"为目标的公民教育思想,对推进我国公民教育的发展具有十分重要的现实意义。因为,在社会主义市场经济条件下,伴随着我国社会主义民主法治建设和我国构建社会主义和谐社会的进程,我国公民社会的形成和发展已成必然趋势,实施公民教育乃是题中应有之义。2007 年 10月,中共十七大报告《高举中国特色社会主义伟大旗帜 为夺取全面建设小康社会新胜利而奋斗》明确地提出了"加强公民意识教育,树立社会主义民主

---

① 《恽代英文集》(上卷),人民出版社 1984 年版,第 158—159 页。

② 恽代英在《八股?》中正式提出"养成健全的公民的教育"的概念,见《恽代英文集》(上卷),人民出版社 1984 年版,第 391 页。因论述问题的需要,文中多次出现的短语"养成健全的公民""养成健全的公民的教育"和"健全的公民"均来源于此,不再一一注明出处。同样,其他已注明出处的引文中的短语再次出现时,一般也不加注。

③ 李良明等:《恽代英思想研究》,人民出版社 2011 年版,第 474 页。

法治、自由平等、公平正义理念"①的重大任务。中共十八大阐述的全面建成小康社会的目标和举措也与公民教育问题息息相关。回望辛亥革命以来特别是中华人民共和国成立以来的历史,可以说,恽代英的公民教育思想对我国当今如何实施公民教育,具有重要的现实意义。

(一)恽代英教育实践与教育思想的发展轨迹

恽代英的教育思想是在时代的风雨和斗争的洗礼中发展的。纵观其历程,可以看出它发展的轨迹清晰地呈现出四个阶段,并最终形成了以"养成健全的公民"为目标和归宿的系统化的公民教育思想。

1. 萌发阶段:"养成学业一贯之人才"(1913 年夏至 1918 年 6 月)

恽代英出生于一个官宦世家,6 岁入家塾开始接受传统教育,深受儒家观念的熏陶。1913 年夏,恽代英以优异成绩考入武昌中华大学预科。在中华大学求学的五年里,他热衷于反帝反封建的政治活动,同时把满腔的爱国热情倾注在教育上,先后在刊物上发表了 20 多篇教育研究论文。应该说,这些文章不乏超前的现代教育理念和独特的见解。

1918 年 5 月 6 日,恽代英听了美国传教士艾迪(G.S.Eddy)博士的学术讲演,对艾迪关于"教育之为能力,可使国强,可使国亡"的论断极为赞同,②便在 5 月 27 日的日记中写道:"余尝思,果有机会可服务母校,当以养成学业一贯之人才为宗旨,将使此校为中国有名之大学,亦即因势成事之意也。"③恽代英这里所说的"学业"即"学问"与"职业","一贯"是指"学问"与"职业"二者互动互补,不可分割,而"因势成事",则是顺着这个趋势实现救国理想。形成培养学问职业互动互补的人才救国观念,是恽代英教育思想的萌发。

2. 实践阶段:"养成善势力"(1918 年 7 月至 1920 年 11 月)

1918 年 7 月 2 日,中华大学校长陈时聘任恽代英担任中华大学中学部主

---

① 《十七大以来重要文献选编》(上),中央文献出版社 2009 年版,第 23 页。
② 《恽代英日记》,中共中央党校出版社 1981 年版,第 366 页。
③ 《恽代英日记》,中共中央党校出版社 1981 年版,第 389 页。

任(即通常意义上的"校长")。他上任后,以"养成学业一贯之人才"为宗旨,确立了中华大学附中部训练的最高理想和教育的全部目的。他明确规定,训练之最高理想是"勤敬","勤敬"包括"活动"和"切实"两方面的内容,其中,"活动"的要求是:"活泼、劳动、向上、勇敢、博爱、知时","切实"的要求是:"守规、纯洁、诚实、精密、恒久、谦和"。恽代英规定教育的全部目的在于"四个养成",即"国民常识之养成""生活技能之养成""公民资格之养成""升学能力之养成",其中,"公民资格之养成"是最重要的,它包括"公民知识,公民道德,协同生活之训练,社会服务之提倡",①其他的三个"养成",在很大程度上是为之服务的。

恽代英在学校管理上十分严格,以"铁面孔"著称,但他认为"学校管理之严,乃教育之手段,非教育之目的。提掖学生之自动自治,乃其目的也",②主张改变由学监禁锢学生的被动的消极的管理为学生自主管理的主动的积极的管理。他要求教师爱护学生,主张师生平等,反对师道尊严。他反对中学分文科、实科(即理科),指出中学属基础教育,应该传授给学生全面的知识,为学生一生的发展打下坚实的基础。为此,他强力推行教材教法改革,废弃了充斥四书五经的旧国文教材,以自学辅导式和讨论式教学法取代从前的注入式教学法,鼓励学生积极思维,大胆提问。他在给友人王光祈的信中说:"我自信我的职业是最便于养成善势力的事业。"③不久,五四运动爆发,恽代英成为武汉地区公认的学生领袖。风潮过去,军阀王占元即勒令解聘恽代英,恽代英遂于1920年1月辞职离去。

这一时期,恽代英投身于中华大学中学部的教育实践和五四运动,发表了大量的教育研究论文,文章偏重于对以人为本与培养人的社会性相结合的教育理论与教育实践的论述。同时,由于他更广泛地研读马克思、恩格斯的著作,一些论述明显地受到了马克思主义的深刻影响,如《驳杨春效君"非儿童公育"》《再驳杨春效君"非儿童公育"》《大家为"儿童公育"努力》等文章,已经在运用恩格斯的《家庭、私有制和国家的起源》中的观点分析中国的社会、

① 《恽代英日记》,中共中央党校出版社1981年版,第461页。
② 李良明、钟德涛主编:《恽代英年谱》,华中师范大学出版社2006年版,第112页。
③ 《恽代英文集》(上卷),人民出版社1984年版,第108页。

教育、妇女等问题。他认为不良的教育、道德都是因经济压迫所致,"世界全部的改造","才是各种问题的根本解决"。① 由此可以看出,恽代英正在扬弃他先前所热衷的"教育救国论"。

3. 发展阶段:培养"对社会有益的人"(1920 年 11 月至 1923 年 7 月)

1920 年 11 月,恽代英应聘担任宣城安徽省立第四师范学校教务主任。他一到任,就着手健全学生自治会,建立学生的各种文艺会社和各班班会,指导学生订立班级自治规约;在学生中成立互助组,互助组在经济上互相帮助,重点支援贫寒学生,在学习上互相探讨;推介《新青年》《新潮》《少年中国》等进步书刊。1921 年 10 月,他就任川南师范学校教务主任,提出学校的教育目的是培养小学教师,但小学教师必须同时又是社会运动家。他尖锐地批评奴隶教育,鲜明地提出学生学习的目的是为了改造社会,主张培育学生具备刚健、刻苦、周密、恒久的品性,能服从真理,反对非理。他还倡导学校成立了教育研究会,扩充了夜课学校,引导学生从事社会实践服务活动,以锻炼学生的决策能力、计划能力、组织能力、协作能力。寒假期间,他率领由 6 名教员、24名学生组成的川南师范旅行讲演团,步行川南 9 个县,往返 1 个月,行程 2000余里,沿途边作社会调查边演讲。1922 年 4 月底,他接任川南师范学校校长,随即发起了学校公有运动,提出了 20 条大纲,交给教职员讨论,并在《中华教育界》发表《川南师范的学校公有运动》。

这一时期,恽代英从自己的教育实践中学习、理解马克思主义。1920 年秋,他受陈独秀的委托,翻译了考茨基的《阶级争斗》小册子。这本小册子阐述了马克思的阶级斗争学说,是对毛泽东影响最大的三本书之一。② 在翻译该书的过程中,恽代英接受了阶级斗争原理并运用这一理论分析中国教育问题。他在以往论述的基础上进一步提出:"我们要改造教育,必须同时改造社会。要改造社会,必须同时改造教育。"③而要使这两者同时改造的关键,就

---

① 李良明、钟德涛主编:《恽代英年谱》,华中师范大学出版社 2006 年版,第 170 页。
② [美]埃德加·斯诺:《西行漫记》,生活·读书·新知三联书店 1979 年版,第 13 页。
③ 《恽代英文集》(上卷),人民出版社 1984 年版,第 293 页。

"要使学生一个个为社会上有益的人"。① 培养学生成为社会上有益的人,必须使他们先做学校的主人,于是他写了《我对学生自治问题的意见》。在学校管理上,恽代英认为专有学生自治还是远远不够的,于是他又写了《川南师范的学校公有运动》,要求教职员和学生做学校的主人,提倡教职员和学生对学校实行民主管理。这些文章的观点表明,学校培养目标一定要从改造社会出发已经成为恽代英教育思想的出发点。恽代英提出培养"对社会有益的人",又在"养成善势力"的思想上前进了一大步。

4. 成熟阶段:"养成健全的公民"(1923 年 8 月至 1931 年 4 月)

1921 年恽代英加入中国共产党。1923 年 8 月,恽代英担任中国社会主义青年团中央委员时,在上海创办了团中央机关刊物《中国青年》,并担任主编。他经常为该刊写文章,使《中国青年》很快就成为当时青年学生的向导。从总体上看,这个时期的恽代英,善于站在革命的高度论述教育问题,他的教育论著可分为四类:第一类是深刻、鲜明地阐述教育与经济、革命的关系的,如《学术与救国》《读〈国家主义的教育〉》《革命运动中的教育问题》等;第二类是指导青年学生成长的,如《救自己》《怎样才是好人》《对于有志者的三个要求》等;第三类是明确表达自己教育思想的中心问题的,如《八股?》指出"中等教育应该是养成健全的公民的教育"②,《民治的教育》对"养成健全的公民"的内容作了具体的阐述,等等;第四类是反对帝国主义殖民教育的,如《我们为什么反对基督教》《反对帝国主义的文化侵略》等。

马克思恩格斯指出:"每个人的自由发展是一切人的自由发展的条件"。③"公民"这一概念的内涵,从实质上讲,就是指在社会中自觉地维护"一切人的自由发展"的每个自由发展的人。显然,"养成健全的公民"这个鲜明的划时代性的培养目标,是恽代英用马克思主义的世界观,对他日益丰富的以人为本与培养人的社会性相交融的教育思想进行的科学总结。由此纵观恽代英在教

---

① 《恽代英文集》(上卷),人民出版社 1984 年版,第 288 页。
② 《恽代英文集》(上卷),人民出版社 1984 年版,第 391 页。
③ 《马克思恩格斯选集》第 1 卷,人民出版社 1995 年版,第 294 页。

育领域里实行的一系列改造,不难发现,没有一项不是与"养成健全的公民"这一目标没有内在联系的,如:儿童教育必须为儿童成长奠定社会性根基;中学教育不应是大学的预科,而是养成健全的公民的教育;高等师范教育应该使学生独立自尊,使学生觉得自己是堂堂的一个人;学校要由教职员和学生民主管理;教材要便于学生自学,教法要改为辅导自学和讨论式;教师要彻底了解自由平等的真谛;职业教育要使学生具有事业高于职业的认识,不做职业的奴隶;等等。

综上所述,不难看出,恽代英由"教育救国"的爱国主义者转变成"改造社会"的民主主义者,最后又转变为从事革命的马克思主义者,他的教育目标也相应地由狭隘的"养成学业一贯之人才"转变为宽泛、抽象的"养成善势力",再由宽泛、抽象的"养成善势力"转变为融入社会的"培养对社会有益的人",最后转变为符合时代要求的"养成健全的公民"。恽代英在成为马克思主义者后提出"养成健全的公民"的教育目标并形成缜密的公民教育体系绝非偶然。公民教育最早产生于资本主义国家,恽代英说:"我们认定欧美文化是工业资本主义社会的文化,中国文化是农业封建社会的文化,欧美文化是比中国文化为进步的,这是因为欧美的经济状况是比中国的经济状况为进步的原故。"[1]而"我们要求与欧美争存,不能不采用欧美的生产方法,所以亦不能不酌量移植一些欧美的文化"[2]。作为共产党人的恽代英把西方的公民教育移植过来并加以改造,正是他以马克思主义教育家的睿智目光,认清了经济基础和上层建筑的关系的结果,这也是他在中国近现代教育史上有别于其他著名教育家的一个极其重要的标志。

(二)恽代英的公民教育思想体系

恽代英以改造教育与改造社会相统一为前提,提出了以"养成健全的公民"为目标的全方位的教育改革方案,从而形成了完整的公民教育思想体系。我们从这个体系中可以看出恽代英的公民教育思想有两个鲜明的特点:一是

---

[1] 《恽代英文集》(下卷),人民出版社1984年版,第826页。
[2] 《恽代英文集》(上卷),人民出版社1984年版,第400页。

把学校构建成一个民主社会,让学生在参与这个环境的种种活动中养成健全的公民;二是养成的素质针对民国初年国人由"臣民"转化为"公民"的急切需要。

1. "养成健全的公民的教育"的教育目标

第一,"养成健全的公民"是民主时代的要求。

1924年8月,恽代英在题为《民治的教育》的讲演中,首先论述了"养成健全的公民的教育"的时代背景。他说:"从前皇帝时代,皇帝就是一国的主人翁,所以那时的教育,只要使大家知道忠君报国,换句话说,就是只要使大家知道为皇帝服务,旁的像民众和社会的事情,可以完全不管;所以教育的要义,要叫大家明白君主有如何的威严,君主应如何的尊重,如何的敬仰,使大家对于君主,看得至尊无上,那才算尽教育的能事。"那种教育就是使受教育者"只知道忠君爱国,只知道有皇帝,不知道有自己,也不知道有民众",而"民国时代与此大不相同,主人翁就是民众,所以要大家明白自己的地位,知道自己的责任",做到"自主自治""为民众服务"。恽代英的这篇讲演揭示了"公民"的内涵。显然,恽代英是从时代的变迁的角度,提出了培养目标的变迁,提出了要实施"养成健全的公民的教育"的新课题。

第二,"健全的公民"必须具备的素质。

恽代英认为健全的公民必须具备五大素质,即:独立思想、独立行动、自尊、自信、适应团体生活。这就是要让每个青年学生都认识到自身的价值、义务和权利,获得个人感知世界的方式,进而获得个人自由选择的理性能力,并学会为个人选择承担责任,同时具有个人与他人相互协作的团队精神。

为要养成学生独立的思想、独立的行动,恽代英提倡对学生采取"放任而随时加以诱掖指导"的教育方法,主张学生思想不受压抑、行为不受阻止。他认为"教师的职务,是在帮忙儿童,指示儿童,使儿童不发生大谬,不走入歧路,决不是压抑的,阻止的,替儿童走路的。所以做教师的人,应该时常考查他们,遇他们有能力不足,就应该帮他们的忙;遇他们有谬误,就应指示他们的误,使他们不致畏难,不致有大谬,不致入歧路为止。此外,就不应该再事过问"。他认为旧教育,对学生一味地阻止,或一味地溺爱,不知循循善诱,使得儿童的本能不能得到充分的发展,所以一般人办事能力不高,遇事不能措置裕如。

为要使学生"自尊""自信",他认为首先要叫他(学生)"知道自己是个人","应该使他自知为中国的主人翁,并且还要叫他了解中国的事情"。他指出:"从前的教师,不明白这个道理,只教他尊敬圣贤、尊敬师长,并不教他尊敬自己,只教他信仰圣贤,信仰师长,并不教他信仰自己,所以一个儿童,一读了几年书,就忘了自己是个人。"他主张:"教师平日的陶冶,就要叫他自己做事情,不依靠人家,有时有了错误,也不要即加责备,应当缓言劝慰","有时他的错误,竟致没法可想的,也要推求他的原因,看他究竟是家庭的关系,或是其他环境的关系,寻到了他的原因,就从原因上设法补救,那末他的教育,容易有效果,学生就有自尊自信的习惯了。"反之,如果对学生动辄责骂,使学生见了老师如老鼠见猫,以致学生看待自己,并不是个主人翁而是个奴隶,这样造就出来的人才,就会只有奴性。

为要使学生"练习团体生活",他认为:"共和国家是多数人组成的,所以个个人是主人翁,个个人应当办事,既然个个人办事,就个个人应当说话,个个人应当负责,并且还要虚心下人,遇有相左,亦不应即生意见。这是因为从前的学校,学生没有自治的组织,一有问题,就完全取决于教师,以致造就的学生,既是没有办事的能力,更没有团体生活的习惯。将来出外应事,既不能应付裕如,并且意见横生,越弄越糟,这就是皇帝时代遗传下来的教育所造成的,因为这种学校的内部组织,既像专制时代的君主国家,那末教师、校长,就好像一个皇帝,学校中的一切事情,均由校长、教师专断,学生哪里再有办事的机会呢? 办事的机会既少,办事的能力既无从养成,并且同学接触机会一少,学生就在书本上做工夫,哪里再有练习团体生活的机会呢?"因此,他提出:"现在的学校组织,应该像一个共和国家有立法、司法、行政等机关,使学生在这小国家里练习各种团体生活养成各种办事能力,将来到社会上,才能够尽主人翁的责任,不然,怎样能恰像主人翁的身份呢?"显然,在这里他设想的是把整个学校办成"养成健全的公民的教育"的熔炉。①

---

① 《恽代英文集》(上卷),人民出版社1984年版,第575—578页。

第三,"健全的公民"应把"为民众服务"当成"应尽的义务"。

恽代英认为,为民众服务是"健全的公民"应尽的义务。他指出:"学生的本分,若在于造福社会,那便一种能够造福社会的本领,还须在能够造福社会的活动中训练出来。"①学校就要教育学生愿为民众的利益而努力。读书、学习,将来到社会上工作,其目的都是为民众。目光要放在全体民众身上。学生读书是为民众,教员教书也是为民众,反之,就是要克服为赚钱而学习、工作。对教育界来说,不能以谋生为职业。钱是要赚的,但要认识到这只是为民众的报酬。再则,要养成这样的观念:为民众做事,本来就是我们的义务,做事有毁誉两面,要养成誉我不足为荣,毁我更不应消极。倘使一经挫折,就消极不做,就是忘了自己的本分。

要为民众服务,就要教育学生尊敬民众,了解民众。恽代英认为,要尊敬民众,首先要克服等级观念。传统的错误观念,把士、农、工、商分成等级,士应受尊敬,农、工、商应受轻视。这是专制时代形成的观念,认为读书人是为皇帝做事的,所以"高贵"。现在是共和时代,主权在民众,所以现在大多数民众,就不应有贵贱尊卑之分。现在读书人所做的事情都应是为民众,而民众是一律平等的,哪里还可以自视尊贵呢!并且,读书人还受了民众的养护,自己又是民众的一个,那么,所做的事情就是应尽的义务,因此学生对于民众不仅不应再轻视,而且要相当尊敬。还要教育学生认识到只有了解工人、农民的现状,才可以为他们办事。即使是工、农出身的学生他们所知道的,也只限于他们个人的境遇,至于社会的状况,超出一般民众的直接经验、感受,如不施行特别的教育、训练,他们就不了解,也就无法为民众办事。恽代英所说的民众情况,是指民众所处的社会、国家和地方的环境,近代国势的衰替及其原因,外交的失败,内政的紊乱,上海的租界,等等,以及民众的现实状况。了解了这些,才能为民众办事,做事才能合乎民意。那种只读过去的老书,不知道今天工农的状况;只重古代,不知道近代、现代的教育,是不能够为民众办事的。②

---

① 《恽代英教育文选》,湖北教育出版社 1991 年版,第 215 页。
② 《恽代英文集》(上卷),人民出版社 1984 年版,第 578—580 页。

恽代英的教育思想后继有人

第四,"健全的公民"应有对国事的参与意识。

恽代英认为:"教育若不能影响到政治经济上面,那只是一句空话。"①他特别批评了旧教育认为学生不应该干涉政治、不应该为民众办事的论调,认为那样"造就出来的人才,都是'各人自扫门前雪,莫管他家瓦上霜',置国家政治于不闻不问,以致大权旁落,为督军省长辈所播弄,所压抑"②,指出"中国的事,只有靠我们,只有靠我们从社会活动方面努力"。③ 恽代英强调的是公民对国事的参与意识。

恽代英认为,学校必须培养学生的参与的技能,也就是提高学生群众生活的修养,他指出:"向来所说的道德与修养,最缺乏两个要素:一便是活动的修养,一便是合群的修养,合而言之,便是所说群众生活的修养了。活动的修养,是就做事的材(才)干说……合群的修养,是就与群众一同做事的材干说",④并且他认为这两方面的才干,只有在活动参与中,在人们的相互关系中培养。

---

① 《恽代英教育文选》,湖北教育出版社1991年版,第277页。
② 《恽代英文集》(上卷),人民出版社1984年版,第581页。
③ 《恽代英文集》(上卷),人民出版社1984年版,第179页。
④ 《恽代英文集》(上卷),人民出版社1984年版,第178页。

2. 以"养成健全的公民"为目标的教育改造的实施方案

恽代英以改造教育与改造社会相统一为他的教育思想的出发点,确定"养成健全的公民"为根本的目标。他认为,对每个人来说,应"要求他的身心各方面发展,可以有利益于他自身及他同时以及后代人类的生活"。① 教育要普及人的一生,从婴儿到老年,都要受教育的陶冶。他把培养目标的基点定在中等教育上,认为一个人受教育到了中学毕业,即受完了普通教育,即是在社会上负有法定责任和义务的一员,应该是一位健全的公民。从而认为儿童教育就要为健全的公民打下基础,高等师范教育是为中等教育培育师资的,就应该成为培育"养成健全的公民"的师资教育。

第一,儿童教育——为"健全的公民"打好基础。

恽代英对儿童教育的改造,体现在他积极地提倡儿童公育上。

他从人的本能和个人与社会的关系两个方面的结合点上来阐述儿童公育。在谈到儿童教育的重要性时,他说:"人类的本能,多在幼稚的时候逐渐发达。在这个时候,若无合当的指导,易因彼此仿效,发达于错误的方面。(这是取[沃尔特·史密斯]Walter Smith 的说法)这样,那些幼稚时候的教育,乃关于人的圆满发达最重要的事。儿童在他初出娘胎的时候,无所谓性善性恶。能善导他的本能,使他本能发达于个人及社会有益的方面,那便成为善。不善导他的本能,以致他本能发达于个人及社会有害的方面,那便成为恶。……所以谈改良人类改良社会,没有甚么比幼稚教育更要紧。"②于是,恽代英认为,要为人的一生打下有益于个人有益于社会的基础,五六岁开始受教育是于人类极不利的,应从婴儿时期就开始实现儿童公育。

恽代英对儿童公育的设想是:设置公育机构,聘任既具备教育能力又热心于教育事业的教育工作者,来对从襁褓中开始的儿童进行教育。他认为,之所以要实施儿童公育,是因为"家庭原不是儿童合宜的教育场所,夫妇亦原不是合宜的教育者"③,因此,"只有儿童公育,能集合许多夫妇所生育的儿童在一

---

① 《恽代英教育文选》,湖北教育出版社 1991 年版,第 156 页。
② 《恽代英教育文选》,湖北教育出版社 1991 年版,第 157 页。
③ 《恽代英教育文选》,湖北教育出版社 1991 年版,第 161 页。

处,从很小时让他习于相处之道。"①这样,让儿童从小生活在社会之中,在生活中逐渐懂得了个人和社会的关系,习惯于个人和社会相处,从而为成长为一个社会的人,一个健全的公民打下基础。他还打了一个生动的比喻:"这些儿童,从生下地便是在社会中生长的,不是在家庭中生长,像一个盆景花卉,长成了才移植于社会里面来的一样。这便我们自易知道公育的儿童,必能相适于社会生活。"②而"人类原无不可从小便在社会中生活,偏要先把他关在一个地方,然后移到一个地方……是何等无意义?"③因而要改造现在的世界,首先要实现儿童公育。

恽代英认为,对儿童公育的具体要求,需要从生物学、社会学、生理学、心理学的理论中找到一个正确的方案。人们说起教育,往往用读书来取代,其实这是一种误解,读书只不过是智育的一部分罢了。儿童教育不能像改良私塾那样,特别是婴儿阶段的教育,课本、黑板、粉笔几乎没有用处。需要靠各种刺激以引起恰当的反应,不是靠灌注以养成储积的知识。如:培养表达能力的教育,比只是容纳知识的教育更为重要;德育方面,要善导其本能朝着有益于个人及社会方面发展;要利用儿童游戏、猎奇、搜集、模仿诸种本能,引导他们获得正确的知识、正确的技能;体育、美育方面,要进行适当的培养、训练,使之强健与优美,避免荏弱冗杂的习气等。

总之,恽代英提倡的儿童公育,并不是作为解除成人特别是妇女后顾之忧的社会福利事业,也不仅仅是为了每个儿童的前途,而是要传播一种关于人的教育理念以改造社会,他说:"儿童公育有显然比家庭教育优长之点:便是靠这儿童教育才能求真正的社会化。"④由此看来,他是把儿童公育作为"养成健全的公民教育"起点的。

第二,中等教育——"养成健全的公民"。

恽代英从改造社会出发,认为首先要改造中等学校的办学宗旨。1920年,他指出:"就教育宗旨说,现在还有人相信,中学只是一个专门学校的预备

---

① 《恽代英教育文选》,湖北教育出版社1991年版,第164—165页。
② 《恽代英教育文选》,湖北教育出版社1991年版,第164—165页。
③ 《恽代英教育文选》,湖北教育出版社1991年版,第165页。
④ 《恽代英教育文选》,湖北教育出版社1991年版,第164页。

科;亦有人相信中学是给一般青年顾鼠五技的常识教育机关;亦有人相信中学
是培养奴隶他人,或为他人奴隶的军国民教育机关。就他所信不同,自然所谓
中学教育,亦使各不相同了。"接着他提出了自己的中等学校的办学宗旨和目
的:"不过我的意见,以为中学教育,是养成一般中等国民应有的品格、知识、
能力的教育。"①显然,恽代英在这里所说的"中等国民",不是指国民地位等
级,而是指"应有的品格、知识和能力"的程度,但这个办学宗旨和目的仍是一
个没有鲜明的时代性的模糊的概念。1923 年 12 月,作为马克思主义者、中国
社会主义青年团领导人的恽代英,经过进一步的实践探索和理论思考,明确提
出中等教育应该是"养成健全的公民的教育",从而使中等教育的培养目标既
确切又具有了鲜明的时代性。

其次,恽代英认为,学校管理的改造原则应该是自主自治。他在提出中等
教育应该是"养成健全的公民的教育"这一思想后不久,在《民治的教育》一文
中对之作了充分的阐述。为了使学校成为养成健全的公民的摇篮,恽代英强
调,要在学校实行让教职员和学生自主自治的民主管理。他的民主管理思想
分三个层次:一是使学校成为一个独立的办学实体,这是实行自主自治的民主
管理的先决条件。他认为:"靠已成的学校,完全实现新教育理想是不可能
的";"非先有教育理想一致而又肯向上负责的同志团体,不能望新教育的建
设成功";教职员和学生应"有全权处理一个学校"。② 二是在学校内部要实
现教职员和学生对学校的自主自治的民主管理。1922 年,恽代英曾在川南师
范学校发起了学校公有运动,他提出十二条大纲,大纲的核心是成立校务会
议,作为学校的最高权力机构。他写道:"校务会议,由全体教职员(事务员以
下不在内)与总共同数目的各级学生代表组织之""学校校务各方面的大计
划,以及校款支配的大计划,其拟定与修改,均由校务会议议决,全校必须遵
守""由校务会议互举七人(不拘学生或教职员)组织经济委员会,每日轮值查
核用款,遇发现有须商议事时,得自召集会议,召集校务会议商议之"。③ 这
样,教职员和学生就是学校的主人,学生"必须善于操使学校主权,然后将来

---

① 恽代英:《编辑中学教科书的先决问题》,《中华教育界》第 10 卷第 3 期,1920 年。
② 恽代英:《拟发起新教育建设社的意见书》,《中华教育界》第 11 卷第 4 期,1921 年。
③ 恽代英:《学校公有运动》,《中华教育界》第 11 卷第 11 期,1922 年。

进为公民,善于操使社会主权"①。三是恽代英在教育实践中,废除了陈腐的学监制度,建立了学生自治会。他认为管理人员应以亲厚的态度对待学生,注重人格感化,反对强迫的、拘禁的训练。他还在《致杨效春》的信中对不同意见作了解释,他认为学生自主自治是一个让学生"养成健全的公民"的锻炼,正因为中国长期以来实施的是奴化教育,学生在这个锻炼中一定会出现这样或那样的问题,这不足为怪,作为教职员要细心地热情地去辅导帮助他们,切不可站在一旁指手画脚妄加讥评。

再次,恽代英认为,教学内容与教材的改造必须注重培养学生独立解决问题的能力。随着对教育宗旨的改造,自然要对教学内容与教材作相应的改造。恽代英对教育内容的改造的构想是废止八股式的教育,从"养成健全的公民"的目的出发,来考虑课程的设置和各种课程的目的要求;对教材的改造的构想是便于辅导自学、便于启发式教学,为"养成健全的公民"培养独立思考、独立解决问题的能力。关于教育内容,他认为应该有爱国主义、改造社会的内容。他主张在中学"教有关人生的社会常识——历史、地理、社会学、政治、经济——宜较现制多加时间,看作主要的功课","以便学生明白社会形成之理",树立正确的人生观。② 同时,他以便于学生自学、便于启发式教学为方法,以切近现实、切合实用为内容提出了对中学教科书的改造意见:一是本着自学辅导主义的原则,做到:文字要浅俗,叙述要详明,要附有费考虑的问题,要附有可供参考的书名章节页数,使学生得一课本,便一目了然,并能引导学生去阅读书报。二是应该遵循从感性到理性的认识规律,用归纳法编辑教科书;编纂许多有关的事实,提出思考问题,让学生通过自学,自己得出结论。三是应注意各学科之间的相互联系。四是教科书要注意实效,要以学生为中心,要使学生能看得懂。③

最后,恽代英认为,教学方法的改造应该实行自学辅导主义和启发式。恽代英从"养成健全的公民"的目标出发,认为培养学生的自学能力是"唯一有

---

① 恽代英:《我对于学生自治问题的意见》,《中华教育界》第 11 卷第 10 期,1922 年。
② 恽代英:《来鸿去燕录》,北京出版社 1981 年版,第 141—142 页。
③ 恽代英:《编辑中学教科书的先决问题》,《中华教育界》第 10 卷第 3 期,1920 年。

效的教授方法"。因此,他反对传统的注入式的教学方法,极力提倡自学辅导主义和启发式教学。恽代英倡导的启发式和自学辅导主义教学,可以概括为:一是充分地调动学生的学习积极性,教给学生的学习方法,即:"教育是要使人自己知道好学,是要使人自己善于求学";二是进入教学过程中,即以学生为主体,即:"上课时,教师只任指定看书页数,答复疑难,考核成绩等事。教师只站在辅导地位,其余一切事让学生自己去做";①三是改造教科书,使便于教师讲授的教科书改变成便于学生自学的教科书;四是启发学生积极思考,独立解决问题,发挥自己的创造力;五是了解学生学习中的勤惰、优劣,以因材施教;六是在学生养成自学能力、自治能力的基础上,中学最后阶段实行分类(如志愿)分组学习,个人自学与集体讨论相结合。恽代英还认为考试不是为了争分数,不是靠死记书中的条文、语句,而是"测验教师教法之善否,以便决定改进的方法"和"帮助学生复习,并且帮他们用学过的材料,作出一种新的论著"。总之,考试应是帮助学生掌握"活用知识"的能力。②

第三,高等师范的教育改造——培育"养成健全的公民的教育"的师资。

恽代英认为,要改造中等教育,须正本清源,先改造为中等教育培育师资的高等师范的教育,即把高等师范教育改造成培育"养成健全的公民的教育"的师资教育。

恽代英在《敬告高等师范教职员及学生》一文里,一边列举当时高等师范教职员"不该的事",一边提出自己的改造意见:

"第一件不该的事:便是不该只将高等师范当一个寻常的学校办,完全不注意高等师范与中学教育的关系。"这样,高等师范造就出来的人,尽有好学生,却没有好教师。高等师范要明确它的目的是为中学培养好教师,课程就必须以教育为主体,不应该以分科的学科为主体。

"第二件不该的事:便是不该只知养成一般学生为适应眼前社会的人,不能养成改造成理想社会的人。"要把学生养成改造成理想社会的人,高等师范的训练就应该做到:使学生独立自尊,自己觉得是堂堂的一个人;应注意发展

---

① 恽代英:《编辑中学教科书的先决问题》,《中华教育界》第 10 卷第 3 期,1920 年。
② 恽代英:《考试问题》,《中国青年》1925 年第 80 期。

学生反抗精神,使学生只知服从理性,不知服从权力,而且,对于不正常的权力应该反抗;应该使学生知道他们是为人类服役的人,他们是负有教育年幼些的同胞的完全责任的人;应使学生知道教育是正在改进的途中的事业,没有至善至美的学说,亦没有至善至美的方法。

"第三件不该的事:便是不该只知注意学校的便利,不顾社会的利害。"要求高等师范的教职员,不要仅从自己学校的利益去安插毕业生,让学生结合成什么团体,成为一系,而应从社会的利害出发,培养有利于社会的人才。

恽代英还要求高等师范的学生,应该预备做改进中的教育家;应该多求普通些的知识;应该彻底了解自由平等的真谛,预备牺牲自己的便利,发展中学生应该发展的,无论便利教职员与否的精神。①

(三)恽代英公民教育思想的历史地位和当代价值

大致地说,恽代英是与蔡元培同处一个时期的教育家,蔡元培生于 1868 年,比恽代英早 27 年,卒于 1940 年,比恽代英晚 9 年。蔡元培作为职业教育家,被公认为是集改革封建教育、创资产阶级教育体制之大成的教育家。在教育思想方面,恽代英和蔡元培虽有很多相通之处,但也有一些原则上的不同。其中一个重大区别是,蔡元培认为中华民国成立,改革的目的已经达到,从此"欲副爱国之名称,其精神不在提倡革命,而在养成完全之人格"②,恽代英却认为"最综括最切要的办法,便是教育家必须把改造教育与改造社会打成一片"。③ 正因为强调改造教育与改造社会相统一的观点,恽代英公民教育思想才在实践中和理论探索中得以形成和发展。

应该说,在中国近现代教育史上,是蔡元培率先提出了"公民道德教育"这个现代教育的概念,不过,他提出的"公民道德教育"只是他军国民教育、实利主义教育、世界观教育、美感教育"五育并举"中的一育。他认为军国民教育、实利主义教育固然重要,能够富国强兵,但是,国富,"然或不免知欺愚,强

---

① 恽代英:《敬告高等师范教职员及学生》,《少年世界》第 1 卷第 4 期,1920 年。
② 《蔡元培全集》第 3 卷,中华书局 1984 年版,第 7—8 页。
③ 《恽代英教育文选》,湖北教育出版社 1991 年版,第 177 页。

欺弱";兵强,"然或溢而为私斗,为侵略",因而,还必须"教之以公民道德"①,"军国民教育及实利主义,则必以道德为根本"②。而他的这种"为根本"的"公民道德教育",就是以西方资产阶级的"自由、平等、博爱"作为内容的道德教育,他说:"何谓公民道德?曰法兰西之革命也,所标揭者,曰自由、平等、亲爱。道德之要旨,尽于是矣。"③这比传统的以三纲五常为内容的封建道德教育,在当时无疑是顺应时代潮流的。不仅如此,他还提出了以公民道德为中心的德智体美诸育和谐发展的教育思想。他的这种观点反映了辛亥革命后资产阶级要求改革封建教育的需要,是一个很大的历史进步,但是这条道路和资产阶级领导的民主革命一样,在中国是行不通的。而恽代英提出的"养成健全的公民的教育",是以改造教育与改造社会相统一为前提,把"健全的公民"作为培养的目标,并把"健全的公民"的内涵界定为独立思想、独立行动、自尊、自信、能和团体和谐相处、以为民众服务为应尽的义务、对国事有参与意识和参与技能。这就表明了他要培养的是富有个性、自主、自强、团结协作的未来新中国的主人,无论从角度上还是从内涵上都产生了质的飞跃。

　　培养什么人、如何培养人是教育的根本问题。恽代英的"养成健全的公民的教育"决不是简单地提倡开设几节公民教育课,而是他构建的整个教育体系的中心。在中国近现代教育史上这个教育体系的前瞻性更是不容忽视的。公民教育,实质上是个人与社会(包括自然)和谐相处、和谐发展的规范的教育。它既讲求张扬个性,保障个人权益,发展个人特长,尊重个人创造,又要求每个人都自觉地履行社会义务,遵守共同生活的道德规范、法律准则。恽代英创建了"养成健全的公民"的教育体系,这就标志着我国具有了由传统教育走向现代教育的系统的理论。恽代英在注重人的个性的同时还一贯讲求人的社会性,他以"养成健全的公民"为培养目标,决不是偶然的,是他把个人发展与改造社会两者完美地结合在一起的必然结果。马克思恩格斯曾在《共产

---

① 《蔡元培全集》第2卷,中华书局1984年版,第131页。
② 《蔡元培全集》第2卷,中华书局1984年版,第263页。
③ 《蔡元培全集》第2卷,中华书局1984年版,第131页。

党宣言》中预言："代替那存在着阶级对立的资产阶级旧社会的,将是这样一个联合体,在那里,每个人的自由发展是一切人的自由发展的条件。"①可以说,在中国近现代教育史上,恽代英的公民教育思想较早地充分地体现了马克思恩格斯这一科学论断的精神,从而奠定了中国现代教育的基础。从这个意义上讲,恽代英是中国现代教育体制的奠基人。

同时,我们也应该正视一个基本事实,这就是,长期以来包括改革开放以来,公民教育在我国未得到应有的发展,与恽代英倡导的理想中的教育相去甚远。何以如此呢? 笔者认为,根本原因有两条:一是因为公民教育最早诞生于西方资本主义国家,带着资产阶级的胎记,我国相当多的执掌教育的人士包括众多的社会民众容易习惯性地以为它是与我国主导的意识形态相对立的阶级的产物;二是我国有着 2000 多年封建社会的历史,民众根深蒂固的臣民意识不易在短时间里淡出历史舞台。恽代英早在 1919 年为中华大学中学部制定的"全部目的"中就有"公民资格养成"的条目,1923 年他已成为马克思主义者后,则明确提出了"中等教育应是养成健全的公民"的目标,并且逐步构建了"养成健全公民"的教育体系。他认为,要发展中国的经济,必须借鉴欧美的生产方法变革生产方式而建立新的生产关系,同时,采用现代教育体制"养成健全的公民"也是历史的必然。恽代英作为杰出的无产阶级革命家和教育家的高瞻远瞩,为我们树立了运用马克思主义的观点看待西方文化的典范,这足以为我们消除开展公民教育的思想障碍。

而且,公民教育在不同的国家和社会发展的不同阶段上,目标和内容侧重上是有所不同的,这种弹性和张力正是对社会和个体在不同发展背景上的要求的适应。恽代英的公民教育思想和他所创建的公民教育体系,虽然产生于 20 世纪 20 年代,但它所针对的是封建社会中形成的"权威崇拜""清官思想""与世无争"等思想意识,而这些思想意识至今仍深刻地影响着人们的观念和行为,因此,恽代英的公民教育思想和他所创建的公民教育体系尤其值得我们今天构建中国特色社会主义的公民教育体系借鉴。

笔者坚信,随着时间的流逝,恽代英公民教育思想的独特历史地位和弥

① 《马克思恩格斯选集》第 1 卷,人民出版社 1995 年版,第 294 页。

足珍贵的当代价值,将会日益凸显出来,并最终为广大教育工作者和社会民众所认识。

（钟德涛）

五、关于恽代英《中国可以不工业化乎》一文的考证及解读

恽代英是中国共产党早期著名的领导人和理论家之一。其生前遗著计约300万字,涵盖政治、经济、文化等各个领域。对恽代英遗著进行全面的收集、整理和研究,有助于更好地传承中国共产党的历史,也有助于进一步推进对中国共产党早期经济思想史的研究。

1984年,人民出版社出版了张注洪、任武雄等选编的《恽代英文集》(上、下卷),共收录恽代英著作195篇,约73万字,仅占恽代英全部遗著字数的约四分之一。2006年,华中师范大学出版社出版了李良明、钟德涛主编的《恽代英年谱》,详尽介绍或摘录了《恽代英文集》等未曾收录的一些恽代英遗著,其中甚至包括部分流失在海外的恽代英著作。[1] 2011年,人民出版社出版了李良明等著的《恽代英思想研究》[国家社科基金项目(05BDJ015)结项成果]。书后所附《恽代英著译目录》凡举恽代英著作573篇,涉及"天逸""代英""子毅""子怡""尹子怡""毅""但一""遽轩""FM""但""英""稚宜"等十余个恽代英笔名,[2]是目前国内最为齐全的恽代英遗著目录,为编纂《恽代英全集》和进一步开展相关的研究提供了较好的学术资源。然而,诚如长期从事恽代英遗著收集、整理和研究工作的李良明先生所言,"本课题的结项,不是恽代英思想和生平研究的终结,而是新的开始"[3]。

作为经济思想史专业的学人,笔者在阅读2006年由中国出版集团出版、程恩富主编的五卷本《马克思主义经济思想史》时,发现该著(中国卷)提到恽

---

① 例如恽代英:《愚蠢的提问》,《学生杂志》1915年第2卷(英文版),原刊保存于日本信州大学图书馆,参见李良明、钟德涛:《恽代英年谱》,华中师范大学出版社2006年版,第11—13页。

② 李良明等:《恽代英思想研究》,人民出版社2011年版,第478—509页。

③ 李良明等:《恽代英思想研究》前言,人民出版社2011年版,第6页。

代英 1923 年在《申报》发表了《中国可以不工业化乎》(以下简称《工业化》)一文。经李良明查阅《恽代英文集》《恽代英年谱》及《恽代英思想研究》所附《恽代英著译目录》,均未列出该文。而且截至目前,国内所有对恽代英生平和思想(包括对恽代英经济思想)进行专题研究的成果,都没有引用甚至没有提到该文。程恩富的著作是其主持的同名国家社科基金重点项目(02AJL007)的结项成果,其权威性自不待言。可惜该著对《工业化》几乎是一笔带过,而且看来该著(中国卷)作者并未查阅《申报》原文,因为书中参考文献注明是转引自 1945 年由南平国民出版社出版、周宪文编《新农本主义批判》一书。①

(一)《工业化》原文及其作者考证

通过逐日查阅《申报》,李良明找到了发表于 1923 年 10 月 30 日《申报》"时论"专栏上的《工业化》原文。该文署名"戴英",共计 1511 字(不含标点符号),全文如下(标点符号由李良明添加):

> 二十五日有董时进先生论中国不宜工业化一文。此问题殊有可研究之价值也。董先生以为当今之世,农国求过于供,工国供过于求。中国处此工国多余之时,不可以工业化。若董先生立论只系为全世界综合的求农国工国之供求平衡,而非为中国人切身利害计较,则此文似不与感贫乏之中国人有何关系。我意董先生之心当不如此。
>
> 董先生以为农业为独立稳定之生活,而工业常有生产过剩之危险,故曰农业国可以不需工业国而独立,工业国不能离农业国而存在。我于董先生所述工业国情形,认为信然。但彼所言农业国情形则殊未可信也。

---

① 例如,田子渝、任武雄、李良明:《恽代英传记》,湖北人民出版社 1984 年版;李良明、钟德涛:《恽代英年谱》,华中师范大学出版社 2006 年版;李良明:《恽代英思想研究》,人民出版社 2011 年版;田子渝:《浅析恽代英的经济思想》,《中共党史研究》1996 年第 3 期;张荆红:《试论恽代英对新民主主义经济理论形成的历史贡献》,《理论月刊》2006 年第 6 期;马德茂:《恽代英对新民主主义时期经济理论的探索》,《党的文献》2007 年第 6 期;张克敏:《恽代英经济思想刍议》,《党的文献》2007 年第 6 期;程恩富主编,马艳等:《马克思主义经济思想史》(中国卷),中国出版集团 2006 年版,第 16 页;等等。

农业国果可以不需工业国而独立乎？人非能餐稻麦，稻麦必须碾磨。碾磨乃工业之事而非农业也。人非能衣棉丝，棉丝必须纺织。纺织亦工业之事而非农业也。闭关之时，中国人以粗拙之工具附丽于农人。家庭以从事碾磨、纺织之事，诚无所仰给于外人。然此只中西未交通之时则然耳。及其既交通也，人有进步的机器、伟大的工厂，其所碾磨、纺织者，成本低、成品良，非我所能与之争竞。而衣食之所需，乃转而大宗须仰给于外国。去年米之输入将近二千万担，价将近八千万两；面粉之输入三百余万担，价一千六百余万两；棉布之输入更价值在二万万两左右。衣食之所需如此其不足以自给，而谓可以不需工业国而可以独立耶？

抑尤有可注意者，今日之事，非徒我不可以独立而已也。米之输入将近二千万担，则是吾国人食米有将近二千万担非中国所产，则是中国所产将近二千万担无人承购。使农人为势所迫，不能不少产将近二千万担之米。使将近二千万担产米之农人，只有失其本业也。准此以推，亦复有产生面粉三百余万担、产生棉布价值二万万两之工人失其本业。就去年海关报告册，入口超过出口将三万万元。则是总共有产生将三万万元之农人、工人，俱为外国工业所压迫而至于失业。亦何怪国内军队、土匪之充斥而尚许农业为独立稳定之生活耶？

董先生以为中国若行工业化，必不能免外资之纠葛。然外资之纠葛，初何必待中国将来之工业化。眼前逼近眉睫之事，实已不胜枚举矣。开平之煤、大冶之铁，此外铁路矿山，已为外人染指者，岂以中国不求工业化遂免于外资之纠葛乎？出口、入口之受外人操纵也；关税、盐税之受外人把持也。中国在先进工业国之下，已成为经济的隶属关系。至今日尚虑工业化之为外人染指，诚不知其何说也。

抑吾不知董先生以为今日之中国尚为农业国乎？抑已为工业国乎？若以为中国今日尚为农业国也，则董先生文中所称农业国之人民质直而好义，喜和平而不可侮，其生活单纯而不干燥，俭朴而饶生趣；农业国之社会安定太平，鲜受经济变迁之影响，无所谓失业亦无所谓罢工，凡此所言是何与吾中国今日之情实全不符合也。

若以为如章行严先生所言，此系农业国而强效工业国之过。不知吾辈今日撤毁吾国有之铁路,捣坏吾国之商船、工厂,以复反于农业,果能遂禁南满之行车、内地外轮之通航,以及海外巨舶之莅止、沪汉各外国工厂之开工乎? 果能遂禁洋纱、棉布、米粮、面粉之源源而输入乎? 果能遂禁外人之取我铁路、矿山而代为办理乎?

董先生知自中西接触而国人顿感贫弱。惜董先生不甚考国人贫弱之原因也。国人之生路俱为外国工业之所压迫而日趋逼狭,于是流为兵匪。在他一方面,既有赔款,复有外债,使国民所担任之日益增高,而上流、中流之阶级亦日呈中落之倾向。此非吾之工业有以与外国相抗衡,盖惟有万劫而不复。岂尚得谓中国不宜工业化乎?

董先生谓工业国不能离农业国而存在是也,彼恃农业国为之供给原料,为之销售成品,彼非有农业国不可以自存。然惟其如此,彼势必挟其工业之优势,以窥窃农业国之统治权。庶原料之供给、成品之销售,不虞其有变动或为敌国之所攫取。此所以英国再三致意于取得殖民地也。凡为殖民地者,永只得以原料供给其所谓母国而不能自己供给;永只得销售其所谓母国之成品而不得自己制造。结果既以母国之人经济上处处占取优势,而殖民地之土人必至劳苦而不能自给。工业国之不能离农业国而独立,岂农业国之幸也哉?

然则中国亦必化为工业国然后乃可以自存,吾以为殆无疑义。中国如何能与外人竞胜而化为工业国? 中国而化为工业国又何以免于生产过剩之患乎? 请俟他日另文论之。

通过对《工业化》原文进行仔细的研读和分析,并比对恽代英同时期的其他著作,同时结合自己对恽代英经济思想研究的体会,李良明可以断定该文作者"戴英"就是恽代英,其理由有以下几点。

首先,该文所引数据及其资料来源与1924年1月恽代英在《前锋》上发表的一篇经典论文完全相同,思想逻辑亦可相互印证。作为中共早期著名的理论家之一,恽代英对中国经济发展问题一直非常关注。恽代英经济思想散见于其多篇著作之中,思想逻辑向来清晰,其内核是如何从国情出发,谋求中国民族经济的振兴,摆脱帝国主义的经济侵略和压迫。1924年1月5日恽代英写于上海并在《前锋》第 3 期上发表的《革命政府与关税问题》（以下简称《关税问题》）可谓比较全面地反映其经济思想的经典论文。几乎所有对恽代英经济思想进行专题研究的成果，都会介绍该文。如果将《工业化》与《关税问题》这两篇发表时间仅相差两个多月的文章进行比较，会发现两文所引的一些数据及其资料来源几乎完全相同，思想逻辑亦可相互印证。例如，《工业化》提到了"去年海关报告册"并指出"去年米之输入……价将近八千万两；面粉之输入……价一千六百余万两；棉布之输入更价值在二万万两左右"。这与《关税问题》提到的"就民国十一年海关册报告，我们已经用了外国输入的棉货类共价二万一千八百余万两；米、谷七千九百余万两；杂粮粉一千六百余万两"①，无论在具体数据上，还是在资料来源（1922 年《海关报告册》）上，都是一致的。更重要的是，《工业化》一文的核心思想是反驳董时进、章士钊（章行严）等人"以农立国"的观点，明确指出"中国亦必化为工业国然后乃可以自存，吾以为殆无疑义"；而《关税问题》一文亦明确指出："中国除了机器生产化，没有法子抵抗人家，即没有法子免于经济破产的惨祸。居今日还有些人说中国要保存为一个农国，真要怪他太不长眼睛了。"②可见两文何其相似。这是笔者认定《工业化》作者就是恽代英的第一条理由。

其次，该文的一些观点在恽代英同时期的多篇著作中均有体现。不仅与《关税问题》在所引数据、资料来源和思想逻辑上可以相互印证，《工业化》当中的一些观点事实上在恽代英同时期的多篇著作中均有体现。例如，在 1923 年年底，恽代英曾在多篇论文中反复强调："因外国工业品的输入，逼到失其故业的农人、工人，为他们的生活去当兵当匪"③；"惟外资压迫，使人民失安居乐业的状态，所以他们有凭借以呼啸其徒党"④。这些观点与《工业化》一文指出的"国人之生路俱为外国工业之所压迫而日趋逼狭，于是流为兵匪"是完全一致的。再如在 1923 年年底到 1924 年年初，恽代英在多篇论文中指出："庚子赔款，以及利用我们历任卖国的政府，重利盘剥的借与我们九万九千多

---

① 恽代英：《革命政府与关税问题》，《前锋》第 3 期，1924 年 1 月。
② 恽代英：《革命政府与关税问题》，《前锋》第 3 期，1924 年 1 月。
③ 代英（恽代英）：《基督教与人格救国》，《中国青年》第 3 期，1923 年 11 月。
④ 恽代英：《少年中国学会苏州大会宣言》，《少年中国》第 4 卷第 8 期，1923 年 12 月。

万元的外债,以使我们负畸重的租税"①;"庚子赔款,最为非法的勒索……非法政府的借款,当然应与否认,以减轻国民的负担"②。这些观点与《工业化》一文指出的"既有赔款,复有外债,使国民所担任之日益增高"是完全一致的。同时期,恽代英在多篇论文中明确提出:"中国今日必须由小量生产进为大量生产,由手工生产进为机器生产,乃可以免于外国的经济侵略"③;"中国要求避免外国的经济侵略,而谋所以自己发达产业"④,这些观点与《工业化》一文的核心观点"中国亦必化为工业国然后乃可以自存"是完全一致的。这是笔者认定《工业化》作者就是恽代英的第二条理由。

再次,"戴英"的署名符合恽代英常用其名和字及其谐音做笔名的习惯。对现已发现的恽代英著作署名进行初步统计和分类,可以得到如下结果:以其全名"恽代英"署名的著作最多,共计237篇。⑤ 除此之外,其他336篇著作的署名可大致可为以下几类:①以其名"代英"及其谐音为笔名,包括"代英"231篇、"但一"46篇、"但"2篇、"英"6篇;②以其字"子毅"及其谐音为笔名,包括"子毅"5篇、"稚宜"9篇、"子怡"3篇、"尹子怡"1篇、"毅"2篇;③其他,包括"FM"18篇、"天逸"1篇、"邃轩"1篇;等等。可见,以"代英"及其谐音为笔名的情况最常见,约占恽代英以笔名发表的著作总数的85%。特别是,如果将统计的时间段界定在1923年10月和11月,我们会发现恽代英在这两个月期间以笔名发表的17篇著作(不算《工业化》一文)的署名全部是"代英"及其谐音("代英"8篇、"但一"9篇)。因此,作为1923年10月30日发表的《工业化》一文,其作者"戴英"的署名当属恽代英之名"代英"及其谐音类笔名。但是,与其他以"代英"为谐音的笔名(例如"但一""但""英"等)不同之处在于,截至目前的考证,恽代英署名"戴英"的著作仅此一篇;而且《工业化》也是目前发现的唯一发表于《申报》的恽代英著作。这大概也是长期以来,所有对恽代英生平和思想进行专门研究的学者没有注意到该文的原因之一。

---

① 代英(恽代英):《基督教与人格救国》,《中国青年》第3期,1923年11月。
② 但一(恽代英):《评国民党政纲》,《中国青年》第18期,1924年2月。
③ 代英(恽代英):《读〈国家主义的教育〉》,《中国青年》第11期,1923年12月。
④ 代英(恽代英):《中国的"五一"节》,《民国日报》"五一特刊",1924年5月1日。
⑤ 恽代英著作的署名情况由李良明根据《恽代英著译目录》统计分析得出,下同。

最后,《新农本主义批判》一书提供的旁证。如前所述,程恩富主编的《马克思主义经济思想史》(中国卷)提到《工业化》时,注明是转引自周宪文编《新农本主义批判》一书。经笔者查阅,该书作为周宪文编的一本论文集,1945 年在福建南平由国民出版社出版。在该书第 109—111 页,以"附录"的形式将《工业化》全文收录,并注明该文原发表于"民国十二年十月三十日申报",值得注意的是,该书将《工业化》的作者直接标注为"恽代英",而没有提到该文的实际署名"戴英"。① 换言之,该书作者认定"戴英"即为恽代英笔名。在《新农本主义批判》书后的"跋"中,周宪文提到,该论文集本来"系于民国二十九年年底,在重庆编竣",由中华书局香港印刷厂排印。"书甫印成,尚未发售,而太平洋战事发生,成书被毁,不及问世。犹幸厂中同仁曾寄余一册,得存此'孤本'……今承国民出版社诸君子见爱,愿为重刊……"②也就是说,该论文集早在 1940 年就已编好,1941 年就已出版(但尚未发售),因为战乱一直拖到 1945 年才重刊问世。1940 年相距《工业化》一文在《申报》发表不过 17 年,距恽代英牺牲仅 9 年。现有的文献无法证明周宪文与恽代英是否相识,也无从得知周宪文何以认定"戴英"即恽代英,但周宪文作为与恽代英同时代的人,③他编的《新农本主义批判》一书完全可以作为文本考证的一个旁证。

(二)恽代英《工业化》一文在经济思想史上的价值

从 20 世纪 20 年代到 40 年代,中国知识思想界针对中国经济发展的取向,围绕究竟应该以"农业立国"还是以"工业立国"的焦点问题,爆发过三次论争高潮。这场大论战实际上是以农为本的中国传统经济思想与现代经济发展理论之间的大碰撞。论争的最终结果是工业化道路得到较为普遍的认同。

20 世纪 20 年代是论战的开始阶段。从其背景来看,由于第一次世界大战(1914—1918 年)期间,西方资本主义列强自顾不暇,中国出现了兴办资本

---

① 周宪文:《新农本主义批判》,国民出版社 1945 年版,第 109—111 页。
② 周宪文:《新农本主义批判》,国民出版社 1945 年版,第 156 页。
③ 周宪文(1907—1989),字质彬,浙江台州人。1935 年任国立暨南大学经济学教授兼系主任,继任商学院院长。1941 年受暨大委派赴福建建阳筹设分校,任分校校务委员会主任。抗日战争胜利后,历任台湾省立法商学院院长、台湾大学教授、台大法学院院长、台湾银行金融研究室主任等职,1989 年病逝于台湾。

主义工业的高潮,成为中国民族工业发展的"黄金时代"。然而好景不长,随着一战的结束,列强卷土重来,中国经济迅速转向萧条。1920—1921年,大批民族工业企业面临倒闭的危机。此时,在知识思想界有人提出,中国并不需要任何制度性的根本改革,而应退回到"农本社会"。这其实是以农为本的中国传统经济思想在特定背景下的反弹。这种观点立即遭到了包括恽代英在内的先进知识分子的强烈反对,于是形成了20世纪以来中国经济思想史上第一次"以农立国"抑或"以工立国"的论争高潮。

1923年8月12日,章士钊在上海《新闻报》发表《业治与农(告中华农学会)》,提出"吾国当确定国是,以农立国,文化治制,一切使基于农"①,成为这场论战的开端。同年9月,孙倬章在《东方杂志》第20卷第17号撰文《农业与中国》,反驳章士钊的观点,认为中国不应该偏重于农业,而应该大力发展工业,以免受制于列强的经济控制。② 随后,以章士钊、董时进等为代表的"以农立国"派和以恽代英、孙倬章、杨杏佛等为代表的"以工立国"派相继在报刊上发表文章,对中国的经济发展方向和道路进行辩论,最终"以工立国"派占据了主流。

恽代英在这场中国经济思想史上著名的论战中发挥了重要的作用,《工业化》一文就是他为反驳1923年10月25日农业经济学家董时进发表在《申报》上的《论中国不宜工业化》一文而作。这标志着恽代英成为中共党内第一个明确指出中国必须走工业化道路的思想家。

恽代英在文中用实证的方法驳斥了董时进、章士钊等人所谓"农业国可以不需工业国而独立"的观点。他指出,在"中西未交通之时",闭关自守的中国尚可以传统的农业和手工业维持自给自足的自然经济状态,但是"及其既交通也",西方工业国家"有进步的机器、伟大的工厂",其各类产品成本低、质量好,大量涌入中国市场,已经导致中国传统农业和手工业的破产。他详细列举1922年中国《海关报告册》中的统计数据后指出:"衣食之所需如此其不足以自给,而谓可以不需工业国而可以独立耶?"恽代英认为,以工立国是关乎

---

① 章士钊:《业治与农(告中华农学会)》,《新闻报》1923年8月12日。
② 孙倬章:《农业与中国》,《东方杂志》第20卷第17号,1923年9月。

国家生死存亡之大事,中国要想改变沦为西方国家"原料供给地+产品销售地"的被动局面,要想摆脱殖民地的悲惨命运,必须大力发展工业。

早在 1848 年,马克思恩格斯就在《共产党宣言》中一针见血地指出:"资产阶级,由于开拓了世界市场,使一切国家的生产和消费都成为世界性的了……古老的民族工业被消灭了,并且每天都还在被消灭。它们被新的工业排挤掉了"。① 他们当然不是在赞扬帝国主义对落后国家的侵略,而是在其唯物史观的基础上说明工业化是一种在本质上超越国家或民族疆界的经济形式,以工业化为主导的市场经济在全世界范围内改变自然经济或半自然经济的传统农业国面貌具有客观必然性。因此,任何落后国家都根本不可能通过尽力维持自给自足的自然经济状态来保护本国的传统农业国地位。恽代英在《工业化》一文中明确指出,中国必须走工业化道路,成为工业化国家,这实际上是运用马克思主义经济学基本原理,对中国经济发展方向作出的科学分析,实践证明是完全正确的,也是经得起历史检验的。在 90 余年后的今天,恽代英提出的"中国亦必化为工业国然后乃可以自存"的观点对于全球化背景下中国民族工业的发展仍然具有振聋发聩的现实意义。

实际上,恽代英经济思想的内涵非常丰富。除了在中共党内第一个提出中国必须走工业化道路之外,恽代英还是第一个提出中国应该在经济建设中利用外资的中共理论家。1924 年 4 月 27 日,也就是在《工业化》一文发表半年之后,同样是为了反驳董时进有关"中国不宜以外资开发富源"的观点,恽代英在《民国日报》发表《如何方可利用外资》一文,明确指出,中国作为一个经济落后的国家,"欲开发富源,就事实言,终不能不借入外资"②。

事实证明,恽代英从列宁新经济政策中得到了启示。"以苏俄共产主义精神的租税制度,他们还是不能不利用外资,以助国内产业的发展。中国将来是应当仿效苏俄的。"③但是,中国引进外资并且利用好外资的前提是,"必须

① 《马克思恩格斯选集》第 1 卷,人民出版社 1995 年版,第 276 页。
② 但一(恽代英):《如何方可利用外资》,上海《民国日报》副刊《评论之评论》第 6 期,1924年 4 月 27 日。
③ 但一(恽代英):《如何方可利用外资》,上海《民国日报》副刊《评论之评论》第 6 期,1924年 4 月 27 日。

先有公忠而强固的国民政府,这种政府,监督一切公私团体,而这种政府与公私团体,又须受国民监督"①,只有这样,才能保证在利用外资的过程中使本国的政治经济利益得到充分的保护。恽代英的这些观点不仅是中国近代经济思想史上极具理论价值的思想资源,而且对于我们今天推进改革开放,发展中国特色社会主义经济仍然具有重要的现实指导意义。

通过对列宁新经济政策的研究,恽代英还对中国革命胜利后的经济发展模式进行了科学构想。他指出:"产业后进国家可以实现共产主义,但必须用新经济政策做他们中间一个长的阶梯。""共产党……必须酌量的重建资本主义,然而亦必须使资本主义的发展,只足以巩固无产阶级的政权,而不致于妨害他才好。"②这表明,早在 20 世纪 20 年代,恽代英就已经认识到,社会主义国家在革命胜利后,必须通过像新经济政策这样的经济手段,"酌量重建资本主义"。也就是说,既要利用市场价格机制和不同层次的生产资料所有制形式充分发展社会生产力"以巩固无产阶级的政权",又要在共产党的领导下充分发挥社会主义国家的政府职能,对国民经济进行科学管理和宏观调控,"使资本主义的发展"(即自由市场经济的发展)不致于改变社会主义国家的本质特征。

恽代英特别强调:"解决中国的问题,自然要根据中国的情形,以决定中国的办法;但是至少可以说,伟大的列宁,已经亲身给了我们许多好的暗示了"③。他实际上已经预见到,像中国这样比俄国更加落后的"产业后进国",在革命胜利后,必须从中国的实际国情出发,同时借鉴列宁在苏俄进行社会主义经济建设的经验,务实地施行类似新经济政策这样的发展战略发展经济,才能更快地提高社会生产力,这是最终实现共产主义宏伟目标的必由之路。可以说,恽代英经济思想为新民主主义经济理论的形成作出了开创性的贡献。

综上所述,恽代英经济思想,是马克思主义经济理论中国化的早期成果,代表了当时中国共产党人在经济思想领域的先进水平。这奠定了恽代英在中

---

① 但一(恽代英):《如何方可利用外资》,上海《民国日报》副刊《评论之评论》第 6 期,1924 年 4 月 27 日。

② 代英(恽代英):《列宁与新经济政策》,《上海追悼列宁大会特刊》1924 年 3 月 9 日。

③ 代英(恽代英):《列宁与新经济政策》,《上海追悼列宁大会特刊》1924 年 3 月 9 日。

国近代经济思想史上不可或缺的重要地位。

（李天华）

六、恽代英工业化思想的当代价值

所谓工业化,是指以大机器生产为主要特征的生产活动在国民经济中取得主导地位,从而推动传统农业社会向现代工业社会转变的发展过程。工业化是现代化的基础和核心。习近平总书记 2013 年 7 月在视察武汉重型机床集团有限公司时明确指出:"工业化很重要,我们这么一个大国要强大,要靠实体经济,不能泡沫化。"①恽代英是中国共产党早期领导人之一,早在 20 世纪 20 年代就对中国工业化问题进行过比较系统的论析。其工业化思想,不仅是中国近代经济思想史上极具理论价值的思想资源,而且对于当代我们推进改革开放事业,实现社会主义现代化仍然具有重要的指导意义。在当前全党和全国人民深入贯彻落实党的十八大和十八届三中、四中全会精神,积极探索中国特色新型工业化发展道路,为实现中华民族伟大复兴的中国梦而奋斗的背景下,进一步深化对恽代英工业化思想的研究,具有重要的时代价值。

（一）恽代英在中共党内第一个提出中国必须实现工业化

近代以来,如何追赶西方先进国家,实现工业化和现代化,一直是中国面临的基本问题之一。中国共产党作为中国工人阶级和中华民族的先锋队,自1921 年诞生之日起,始终代表中国先进生产力的发展方向,为中国的工业化和现代化进行了不懈的探索和奋斗。有些学者认为,中国共产党人"第一次提出工业化概念",源于 1944 年 5 月 22 日毛泽东在陕甘宁边区工厂厂长及职工代表会议招待会上发表的讲话《共产党是要努力于中国的工业化的》。② 但是实际上,早在 1923 年 10 月 30 日,作为中共早期杰出的理论家和宣传家之一,恽代英就在《申报》发表论文《中国可以不工业化乎》,明确提出"中国亦必

---

① 习近平:《国家要强大不能泡沫化　要靠实体经济》,《京华时报》2013 年 7 月 22 日。
② 毛传清、毛传阳:《论民主革命时期党的工业化理论的特色》,《理论月刊》2002 年第 1 期。

化为工业国然后乃可以自存,吾以为殆无疑义"。① 截至目前的考证,我们可以确定恽代英是最早提出中国必须实现工业化的共产党人。

恽代英发表这篇论文的背景是 20 世纪 20 年代在中国知识界爆发的关于中国经济发展方向的第一次大论战,其焦点问题即中国究竟应该以"农业立国"还是以"工业立国",其争论的实质则是以农为本的中国传统经济思想与现代经济发展理论的一次大碰撞。从 1923 年 8 月到 10 月,以章士钊、董时进等为代表的"以农立国"派和以恽代英、孙倬章、杨杏佛等为代表的"以工立国"派相继在报刊上发表文章,对中国的经济发展方向和道路进行辩论,最终"以工立国"派占据了主导地位。

恽代英在这场中国经济思想史上著名的论战中发挥了非常重要的作用。他在《中国可以不工业化乎》一文中运用马克思主义经济学基本原理,通过引用一系列实证数据,有力地驳斥了董时进、章士钊等人所谓"中国不宜工业化"的观点。恽代英认为,以工立国是关乎国家生死存亡之大事,中国要想改变沦为西方国家原料供给地和产品倾销地的被动局面,要想摆脱殖民地的悲惨命运,必须大力发展工业,成为工业化国家。恽代英的观点指明了中国经济发展的正确方向,是将马克思主义经济学基本原理与中国实际相结合的生动体现。

其后,中国共产党人对工业化问题的认识逐步深化。到 20 世纪 40 年代,中国必须实现工业化已成为中共领导人的共识。正如毛泽东所指出的:"要中国的民族独立有巩固的保障,就必需工业化。"②在中共七大上,他又进一步提出:"在新民主主义的政治条件获得之后,中国人民及其政府必须采取切实的步骤,在若干年内逐步地建立重工业和轻工业,使中国由农业国变为工业国。"③1956 年,中共八大明确提出了集中力量发展社会生产力,实现国家工业化的战略目标。④ 在中国共产党的领导下,中国人民进行了艰苦卓绝的工

① 《恽代英全集》第 5 卷,人民出版社 2014 年版,第 130 页。
② 《毛泽东文集》第三卷,人民出版社 1993 年版,第 146 页。
③ 《毛泽东选集》第三卷,人民出版社 1991 年版,第 1081 页。
④ 《中国共产党第八次全国代表大会关于政治报告的决议》,《人民日报》1956 年 9 月 28 日。

业化和现代化建设,不仅使许多重要工业产品的总产量在世界上名列前茅,而且在某些工业领域,例如核技术领域、航天技术领域等,已经达到国际领先水平。邓小平曾经说过:"如果六十年代以来中国没有原子弹、氢弹,没有发射卫星,中国就不能叫有重要影响的大国,就没有现在这样的国际地位。"①而新中国之所以能够制造原子弹、氢弹,成功发射卫星,从而在世界上拥有重要的影响力和话语权,归根结底,都是因为中国已经建立起独立的比较完整的工业体系。

改革开放以来,中国的工业化发展更是高歌猛进。截至 2014 年,中国全年工业增加值已达 227991 亿元,占 GDP 总量的 35.8%,远超同年度农业 9.2%的 GDP 占比。② 可以说,中国的工业化建设成就斐然,有目共睹。然而,根据发展经济学的相关理论,判断一个国家的工业化发展水平,不仅要考察产业结构水平,而且要综合考察人均 GDP 水平、就业结构、消费结构、外贸结构、城镇化率等多重要素。有学者认为,按照钱纳里的一般标准工业化模型,中国在 21 世纪初仅仅处于工业化初期阶段。③ 2015 年 6 月,中国科学院中国现代化研究中心发布的《中国现代化报告 2015》也显示,如果按工业劳动生产率、工业增加值比例和工业劳动力比例三个指标年代差的算术平均计算,2010 年中国工业经济水平仍然比德国、英国落后约 100 年,比日本落后约 60 年。④尽管有人质疑该报告的结论过于片面和极端,但公认的事实是,与世界先进水平相比,中国工业的确大而不强,许多方面差距明显,转型升级和跨越发展的任务紧迫而艰巨。这主要表现在以下方面:首先,以企业为主体的工业自主创新能力弱,关键核心技术与高端装备对外依存度高,导致工业产品档次不高,缺乏世界知名品牌;其次,中国高端装备制造业和生产性服务业发展滞后,信息化水平偏低,与工业化融合深度不够,导致中国工业国际化程度不高,企业全球化经营能力不足。简而言之,中国的工业化仍然任重道远。恽代英在将

---

① 《邓小平文选》第三卷,人民出版社 1993 年版,第 279 页。

② 中国国家统计局:《2014 年国民经济和社会发展统计公报》,《人民日报》2015 年 2 月 27 日。

③ 姜爱林:《中国工业化水平的综合考察》,《中州学刊》2004 年第 3 期。

④ 张艳:《为什么说中国工业比德国落后 100 年》,《企业观察报》2015 年 6 月 18 日。

近一个世纪前发出的"中国亦必化为工业国然后乃可以自存"的呐喊对于如今全球化格局下中国民族工业的发展仍然具有振聋发聩的现实意义。

因此,在当前新一轮科技革命和产业变革与我国加快转变经济发展方式形成历史性交汇的背景下,我们必须始终牢记恽代英关于"中国要自己救拔,只有发达机器生产"①的教诲,按照"四个全面"战略布局要求,坚定不移地走新型工业化道路,不断促进制造业转型升级,争取早日把我国建设成为引领世界工业发展的强国,为实现中华民族的伟大复兴打下坚实基础。

（二）恽代英认为要通过市场机制来实现工业化和现代化

像中国这样的落后国家究竟应该通过怎样的机制才能顺利地实现工业化？人类工业化的历史进程表明,工业化与市场化呈孪生状态,因为市场机制可以优化资源配置,提高工业效率。英美等西方国家是依靠市场机制推动工业化发展的典型。世界上第一个社会主义国家苏俄1917年建国后,曾一度实行高度集中且完全排斥市场机制的军事共产主义政策,但实践证明其效果并不理想。正如列宁所指出的:"我们计划（说我们计划欠周地设想也许较确切）用无产阶级国家直接下命令的办法在一个小农国家里按共产主义原则来调整国家的产品生产和分配。现实生活说明我们错了。"②从1921年开始,列宁在苏俄开始实行新经济政策,其政策实质就是利用市场机制和商品货币关系发展经济,促进工业化和现代化建设。恽代英对此进行了深入研究,并认为中国在革命胜利后也应像实行新经济政策的苏俄那样,通过市场机制来实现工业化和现代化。

列宁放弃军事共产主义政策,实行新经济政策给恽代英的重要启发就是"在产业后进的国家不经过相当的资本主义的发展,是不能进于最低度的共产主义的"。③ 恽代英意识到,像苏俄这样的产业后进国要建成工业化国家,不可能不利用包括商品竞争、货币交换等因素在内的市场机制。从表面上看,列宁是"在某种程度中重建资本主义",然而,这是生产力落后的社会主义国

---

① 《恽代英全集》第6卷,人民出版社2014年版,第4页。
② 《列宁全集》第42卷,人民出版社1987年版,第176页。
③ 《恽代英全集》第6卷,人民出版社2014年版,第154页。

家利用市场机制实现工业化和现代化的必然选择。

通过对列宁新经济政策的分析,恽代英指出:"产业后进国家可以实现共产主义,但必须用新经济政策做他们中间一个长的阶梯","共产党……必须酌量地重建资本主义,然而亦必须使资本主义的发展,只足以巩固无产阶级的政权,而不致于妨害他才好。"①这表明,早在 1924 年,恽代英就已经认识到,社会主义国家在革命胜利后,必须通过像新经济政策这样的发展方略,"酌量重建资本主义"。也就是说,要充分利用市场机制和不同层次的生产资料所有制形式大力推进工业化进程"以巩固无产阶级的政权",同时又要在共产党的领导下充分发挥社会主义国家的政府职能,对工业化进程进行科学管理和宏观调控,"使资本主义的发展"(即自由市场经济的发展)不致于改变社会主义国家的本质特征。

换言之,像中国这样比俄国更加落后的"产业后进国",在革命胜利后,必须实事求是地从中国的实际国情出发,同时借鉴列宁在苏俄进行社会主义工业化建设的经验,实行类似新经济政策这样的战略,利用市场机制来发展经济,才能更快地使国家实现工业化和现代化,这是最终实现共产主义宏伟目标的必由之路。

列宁的新经济政策使苏俄的经济得以恢复,社会主义工业化顺利展开。然而,随着列宁的逝世和斯大林的上台,新经济政策逐渐被废除。取而代之的是高度集中的计划经济体制,即所谓斯大林模式。它否定并排斥市场机制的作用,限制商品货币关系,用行政命令配置资源,把一切经济活动置于指令性计划之下。斯大林模式对包括新中国在内的社会主义国家产生了深刻影响。新中国改革开放之前的工业化建设,基本上都是遵循着斯大林模式。尽管在中国建成了门类比较齐全的工业体系,但是从根本上讲,计划经济这种资源配置方式缺乏效率,因为它容易造成资源的错误配置和生产的高投入低产出。计划经济条件下,中国工业规模的显著增长主要是通过资本积累的高额投入而不是生产率的有效提高来实现的。根据世界银行的衡量标准,到 20 世纪 70 年代后期,中国仍然是一个低收入国家,未能实现真正意义上的国家工业

① 《恽代英全集》第 6 卷,人民出版社 2014 年版,第 154 页。

化和经济现代化。其主要原因就在于计划经济体制本身的缺陷。

1978 年党的十一届三中全会开启了改革开放历史新时期。对于市场机制的认识,中国共产党经历了一个不断深化的过程。1982 年党的十二大提出,"发挥市场在资源配置中的辅助性作用"①。1992 年党的十四大提出,"要使市场在国家宏观调控下对资源配置起基础性作用"②。2012 年党的十八大提出,"要在更大程度、更广范围发挥市场在资源配置中的基础性作用"③。2013 年党的十八届三中全会审议通过的《中共中央关于全面深化改革若干重大问题的决定》则提出,"使市场在资源配置中起决定性作用"④。这是对市场机制作用认识的又一次深化和飞跃。30 多年来,正是在在市场机制的激励和引导下,中国的工业化加速推进,取得了举世瞩目的成就。但是,我们必须清醒地认识到,我国一些地区至今依然存在着一定程度的非市场化倾向。一些地方政府"自觉不自觉地沿用计划经济的思维方式和手段"⑤,试图用非市场化的方式推动工业化和现代化建设,政府职能"越位""错位"、过度干预市场运行等现象屡见不鲜,其结果只会适得其反。

恽代英在 90 多年前论述苏俄的新经济政策时曾强调指出:"解决中国的问题,自然要根据中国的情形,以决定中国的办法;但是至少可以说,伟大的列宁,已经亲身给了我们许多好的暗示了"⑥。在当前迈向新型工业化道路的进程中,恽代英的上述观点对我们最大的启示就是:一定要认真学习、继承和发扬马克思列宁主义实事求是的思想精髓,以全球化视野研究借鉴先进国家工业化的基本规律和实践经验,充分利用市场机制来引导和促进中国的工业化发展,走出一条既切合中国实际,又符合工业化发展客观规律的新路径。只有这样,才能真正有效地提升中国工业乃至整个国家的综合实力。

---

① 胡耀邦:《全面开创社会主义现代化建设的新局面》,《人民日报》1982 年 9 月 8 日。

② 江泽民:《加快改革开放和现代化建设步伐,夺取有中国特色社会主义事业的更大胜利》,《人民日报》1992 年 11 月 4 日。

③ 胡锦涛:《坚定不移沿着中国特色社会主义道路前进,为全面建成小康社会而奋斗》,《人民日报》2012 年 11 月 18 日。

④ 《中共中央关于全面深化改革若干重大问题的决定》,《人民日报》2013 年 11 月 16 日。

⑤ 周柯:《我国新型工业化中的非市场化倾向及其纠正》,《地域研究与开发》2006 年第 6 期。

⑥ 《恽代英全集》第 6 卷,人民出版社 2014 年版,第 155—156 页。

(三)恽代英很早就主张要引进外资、外智来推进工业化

制约欠发达国家工业化进程的一个重要因素就是资本稀缺。所谓资本，实际上包括物质资本(资金)和人力资本(人才)两个方面。[①] 第二次世界大战以后在国际上逐渐形成并兴盛起来的发展经济学理论认为,利用外资(包括外国资金、技术和人才)可以有效地助推落后国家的工业化进程。[②] 这个命题在今天已经不属于"学术前沿"观点,可是鲜为人知的是,远在发展经济学正式形成和兴起之前的 20 世纪 20 年代,恽代英就明确指出中国应该引进外资、外智来推进工业化。根据我们的考证,恽代英不仅是中共党内最早主张中国应该引进外资、外智的思想家,而且也是整个中国近代经济思想史上最早提出相关观点的思想家之一。[③]

1924 年 4 月 27 日,恽代英在上海《民国日报》发表论文《如何方可利用外资》,这是中共领导人论述引进外资的开篇之作。[④] 首先,他从供给和需求两方面进行了分析。从供给角度看,工业发达的西方列强有大量过剩的资金需要寻找出路;从需求角度看,贫穷落后的中国正好急需大量资金开发富源。其次,他认为在当时的封建军阀统治下,中国其实并不具备引进外资的基本条件;而在中国革命胜利之后,就应当效仿苏俄"建设一个公忠而强固的政府","用极严重的条件"[⑤](极严格的合同条款)广泛引进外资以促进工业化建设。

在主张引进外资的同时,恽代英还主张引进外国的技术人才(外智)为中国的工业化服务。他敏锐地观察到美国、日本等后起的发达国家在工业化进程中都曾大力地引进外智,"美国日本从前都向别国雇请技术家,所以有今天",因此"倘若中国的技术家不够用,尽可以请外国的技术家为我们服役","只要主权在我们,请外国的技术家,犹如外国人招华工一样"。[⑥]

即便用今天的眼光来审视当年恽代英的上述观点,我们也不能不叹服其

① 张培刚:《农业国工业化问题》,湖南出版社 1991 年版,第 200 页。

② 张培刚:《新发展经济学(增订版)》,河南人民出版社 1999 年版,第 425 页。

③ 民国时期经济学家关于引进外资的不同观点及争议,参见聂志红:《民国时期建设资本筹集的思想》,《福建论坛》2005 年第 1 期。

④ 田子渝:《浅析恽代英的经济思想》,《中共党史研究》1996 年第 3 期。

⑤ 《恽代英全集》第 6 卷,人民出版社 2014 年版,第 295 页。

⑥ 《恽代英全集》第 5 卷,人民出版社 2014 年版,第 221 页。

内涵的科学性和前瞻性。恽代英对中国引进外资和外智以推进工业化进程的可能性、必要性、前提条件和具体操作等问题，均进行了精辟的阐释，代表了当时中国共产党人在经济思想领域的先进水平。

在恽代英之后，由于种种复杂的主客观原因，中国共产党人对引进外资和外智的态度经历了一个曲折的演变过程。1936 年 7 月 15 日，毛泽东在延安接受美国记者斯诺采访时曾表示，"苏维埃政府欢迎外国资本的投资。"①他同时指出，只有等中国获得真正的独立和民主之后，才有可能把外资有效用于工业化建设；也只有自由的中国，才能够偿还外国投资的本金和利息。从这次谈话可以看出，此时毛泽东对引进外资的观点与 1924 年的恽代英几乎完全相同。1945 年 4 月，在党的七大上，毛泽东代表中共全党公开表达了欢迎外资的态度。② 新中国成立之初，以美国为首的西方国家实行对华封锁遏制政策，中国主要面向苏联引进外资和外智。通过中苏两国间的政府协定，在整个 20 世纪 50 年代，中国总共从苏联获得约 14.27 亿美元的贷款，引进了 156 项重点工程，同时聘请了大量苏联专家指导项目建设，为新中国的工业化奠定了良好的基础。③ 然而，由于后来中苏关系渐趋恶化，新中国利用外资和外智的实践在 20 世纪 60 年代不得不停止。1972 年，中国政府明确宣布："中华人民共和国不允许外国人在中国投资，中国也不向外国输出资本。"④邓小平后来在回顾这段历史时精辟地总结道："建国以后，人家封锁我们，在某种程度上我们也还是闭关自守，这给我们带来了一些困难。三十几年的经验教训告诉我们，关起门来搞建设是不行的，发展不起来。"⑤

改革开放以来，引进外资、外智工作作为中国对外开放政策的重要组成部分，终于成为党和国家长期坚持的战略方针，在促进中国工业化和现代化的进程中发挥了不可替代的重要作用。根据商务部的统计数据，2014 年中国实际

---

① 《毛泽东文集》第一卷，人民出版社 1993 年版，第 393 页。

② 段科锋：《毛泽东利用外资的思想》，《中国社会科学报》2011 年 7 月 19 日。

③ 孙国梁、孙玉霞：《"一五"期间苏联援建"156 项工程"探析》，《石家庄学院学报》2005 年第 5 期。

④ 黎青平：《对党和国家利用外资政策的历史考察》，《中共党史研究》1989 年第 2 期。

⑤ 《邓小平文选》第三卷，人民出版社 1993 年版，第 64 页。

使用外资金额达 1290 亿美元,同比增长 4%,首次位居全球第一。① 另据国家
外国专家局的统计数据,2013 年有超过 61 万人次的境外专家来华工作,为中
国经济社会发展作出了贡献。② 当然,在引进外资和外智的过程中,也不可避
免地存在一些问题。例如一些跨国公司往往通过非法手段转移巨额利润,使
我国税收严重流失;一些外商试图把高污染、高能耗的产业转移到中国,导致
生态环境破坏;一些单位引进的"海外专家"良莠不齐,甚至名不副实;一些地
方引进外智有可能冲击就业市场,造成本地人口失业率上升;等等。

恽代英早就告诫过国人,外国资本家"对于投资的地方,自然有时是不免
希望图谋分外的政治经济利益的;然而这只看那地方的政府是不是能防护自
国的利益"③。也就是说,在引进外资和外智的过程中,核心问题在于发展中国
家自身是否可以采取有效措施捍卫本国的合法权益,从而做到兴利除弊。而要
做到这一点,关键在于引进外资和外智的整个过程都必须"受国民的监督"④。

因此,我们当前决不能因为存在一些这样或那样的问题就动摇大力引进
外资和外智的基本方针,而是应该遵循恽代英当年所提示的思路,继续完善引
进外资和外智的体制机制,不断提高透明度,在切实保障国家和人民合法权益
的前提下,广泛利用国外优势资源,使外资和外智在中国的工业化进程中发挥
更加积极的作用。

中国的工业化是一个漫长的、动态的、持续的历史进程。90 多年来,包括
恽代英在内的无数中国共产党人为了实现中国工业化和现代化的宏伟蓝图,
前仆后继,不断探索,不断实践,给我们留下了宝贵的财富。前人的贡献正是
后人前进的阶梯。在充分学习前人思想和铭记前辈贡献的基础上,我们就一
定能够在中国特色新型工业化的道路上不断进取,坚定前行,攻坚克难,继往
开来。

(李天华、李良明)

---

① 徐惠喜:《中国投资魅力十足》,《经济日报》2015 年 6 月 25 日。
② 张建国:《学习习近平总书记关于引进国外人才和智力的重要论述》,《学习时报》2014 年
11 月 5 日。
③ 《恽代英全集》第 6 卷,人民出版社 2014 年版,第 293—294 页。
④ 《恽代英全集》第 6 卷,人民出版社 2014 年版,第 294 页。

七、恽代英与蔡和森关于"纸老虎"论述之比较

众所周知,1946 年 8 月 6 日,毛泽东在和美国记者安娜·路易斯·斯特朗就国内外形势进行谈话时,提出了"一切反动派都是纸老虎"的著名论断。他说:"看起来,反动派的样子是可怕的,但是实际上并没有什么了不起的力量。从长远的观点看问题,真正强大的力量不是属于反动派,而是属于人民。……蒋介石和他的支持者美国反动派也都是纸老虎。"这个论点,武装了中国人民的思想,鼓舞了中国人民同反动势力进行斗争的勇气,坚定了在中国共产党领导下夺取新民主主义革命胜利的信念。

事实上,毛泽东关于帝国主义和一切反动派都是纸老虎的科学论断,有一个历史的形成过程,包含了中国共产党人的集体智慧。在中共党内,将反动势力比喻为"纸老虎"可以一直追溯到 20 世纪 20 年代。同为杰出的中国共产党早期领导人,恽代英与蔡和森是中共党内最早将反动派比喻为纸老虎的著名理论家。

1922 年 9 月,恽代英在《东方杂志》第 19 卷第 18 号上所发表的《民治运动》一文指出,有些人总希望复古,像最有权势的慈禧太后、袁世凯、张勋等人都曾逆历史潮流而动,但他们都以失败而告终。接着,作者以讽刺的笔调写道:"纸老虎是不好戳穿的,一经戳穿了,还盼望用愚民政策,使他再信这个是真老虎,这简直是可笑的梦想。"恽代英在这篇论文中不仅将慈禧太后、袁世凯、张勋等中国近代史上的反动势力比喻为纸老虎,而且在使用"纸老虎"这个概念的同时,也使用了"真老虎"这个概念,以说明反动派虽有凶恶的一面,但其本质是虚弱的。这已经包含了二重性(即对立统一规律)的思想,对于中国共产党后来逐步形成成熟的"纸老虎"理论,作出了开创性的贡献。

距恽代英《民治运动》一文发表仅三个月,蔡和森于 1922 年 12 月在中共中央机关报《向导》周报第 13 期上发表《革命中的希腊》一文,对该国的资产阶级代表人物安图复辟给予了无情的揭露。然后他指出:"已戳穿了的纸老虎是吓不住民众势力之发展的"。这是中共理论家首次将国外的资产阶级反

动派比喻为纸老虎,扩大了纸老虎比喻的对象,拓宽了"纸老虎"概念的内涵。1924 年 10 月,蔡和森又在《向导》周报第 88 期上发表的《商团击败后广州政府的地位》一文中评论道,英国帝国主义支持的商团军是"反革命的纸老虎,经十五日那一日的恶战,便完全戳穿了!"这已经初步包含了帝国主义以及与其勾结的反动派都是纸老虎的思想,在当时极大地鼓舞了革命力量,推动了工农群众反帝爱国运动的进一步发展。

1924 年 11 月,恽代英在《中国青年》第 54 期发表《怎样进行革命运动》,比较具体地分析了帝国主义国家之间的矛盾、帝国主义与本国人民之间的矛盾以及帝国主义与中国人民之间的矛盾,并掷地有声地明确指出"帝国主义是一戳便穿的纸老虎",代表了当时中国共产党人对帝国主义本质的认识达到一个全新的高度。

依照恽代英的分析,首先,帝国主义国家之间存在着尖锐的矛盾。他们钩心斗角、互相倾轧,常常你争我夺、明争暗斗,这样中国的革命势力完全可以利用帝国主义国家之间的矛盾,集中自己的全部力量各个击破他们。其次,帝国主义与本国革命群众之间存在着尖锐的矛盾。这种矛盾主要表现为剥削与反剥削、控制与反控制,极大地牵制了帝国主义的对外侵略。最后,苏俄社会主义革命的胜利促使全世界反帝国主义运动蓬勃发展起来。被压迫的各国人民团结起来,将给帝国主义及其依附势力以致命打击。"所以中国的革命一定在世界革命中间完全可以成功。"

通过对恽代英与蔡和森在 20 世纪 20 年代对"纸老虎"相关论述的比较,我们可以得出以下结论:首先,恽代英、蔡和森两位理论家分别将各类反动势力比喻为纸老虎,其相关论文公开发表的时间相差无几。他们都属于最早在党内提出"纸老虎"概念的中共领导人,都为后来毛泽东"纸老虎"理论的形成作出了巨大的开创性贡献。其次,从比喻的对象看,恽代英最先将中国国内的反动势力比喻为纸老虎;而蔡和森则最早将国外的资产阶级反动派比喻为纸老虎;之后恽代英又从战略的高度明确指出"帝国主义是一戳便穿的纸老虎"。这表明中国共产党人在革命实践中对"纸老虎"概念内涵的认识在不断深化,对国内外一切反动派的本质看得越来越清楚。

实际上,早在 1919 年 11 月,列宁在《苏维埃政权成立两周年》一文中,就曾经通过将帝国主义比喻为"泥足的巨人",科学地分析了帝国主义的基本特征、内部矛盾和历史地位,指出了它外强中干的本质。恽代英、蔡和森对"纸老虎"的相关论述,在本质上与列宁关于帝国主义是"泥足巨人"的论述是一致的。从这个意义上讲,恽代英、蔡和森等中共早期理论家不仅继承了列宁的革命思想,而且在革命实践中将其中国化、大众化,从而创造性地发展了马克思列宁主义。

尽管以恽代英、蔡和森为代表的中共早期理论家在 20 世纪 20 年代对"纸老虎"的相关论述在理论上还存在着不够完善之处,但是显然为毛泽东在 20 世纪 40 年代全面系统地论析"帝国主义和一切反动派都是纸老虎"提供了初步的理论基础。这再次深刻地证明,毛泽东思想是包括恽代英、蔡和森等早期中共领导人在内的全党集体智慧的结晶。

(李天华)

八、毛泽东、恽代英致孙中山总理电

近期,李良明在台北市国民党党史馆查阅资料,意外发现毛泽东、恽代英等以国民党上海执行部名义致孙中山先生的一份电文,电文的标题是《呈报东日三四两区部开会情形》,发报时间是 1924 年 8 月 11 日。该件归在中国国民党汉口档案目下,编号为 9107。全文如下:

孙总理钧鉴(广州):

　　东日三四两区部曾贯五等,集少数党员秘密开会,强迫签字于致总理电文,黎磊被殴伤。更日,该两区部喻育之等二十余人拥入执行部,强迫楚伧盖印于致总理电文,邵力子被殴伤。党纪扫地,若无制裁,何以励众。再,楚伧主持不力,迹近纵容,并乞明察。

　　沪执行部 毛泽生 恽代英 施存统 邓中夏 沈泽民 韩觉民 王基永 杨之华 李成 刘伯伦叩蒸

8 月 13 日,大元帅批复:"汇交大会"。

电报的署名,毛泽东误写为毛泽生。这份重要的历史文献,真实记录了国民党右派反对第一次国共合作的情形以及毛泽东等人的应对,具有重要的历史价值。《毛泽东年谱》《毛泽东传》中都没有记载,实有补充之必要。

事件的原委是这样的:1924 年 1 月国民党"一大"召开,共产党员、青年团员以个人名义加入国民党,实现了国共两党的第一次合作,推进了中国革命的发展。随着革命形势的迅猛发展,国民党内的右派分子日益感受到革命的威胁,于是加紧反共分裂活动。6 月 18 日,国民党监察委员邓泽如、张继、谢持不仅上书孙中山,指控中国共产党,而且向国民党中央执行委员会提出"弹劾共产党案",诬控共产党"违反党义,破坏党德","希即从速严重处分"。"弹劾共产党案"提出后,北京、上海、广州等地的国民党右派分子跟着效仿,掀起了一股反共逆流。

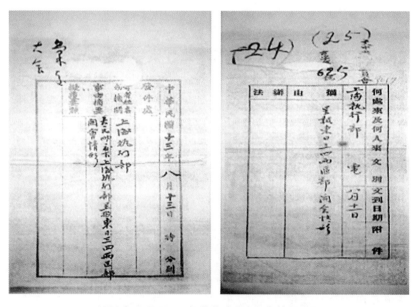

1924 年 8 月 11 日,恽代英致孙中山电档案编号

东日(即 8 月 1 日),国民党上海第三、四两区党部(非全体的)召集各区代表会议。国民党右派曾贯五、喻育之略为报告之后,"即向各同志分发彼等早已拟就致总理之电文并立刻提出向各代表签字"。这份电文要求"开除跨党分子",旨在破坏国共两党的合作。第五区党部的共产党员姚绍虞,会前接

到三、四两区部会议通知。他认为国共合作的目的都在于革命,何分彼此,何况国民党还要联合民众,增加革命战斗力,以达国民革命之速成。因此,只要遵守国民党宣言、总章,就不应该排挤共产党员以分散国民党的战斗力。姚绍虞再三考虑,若不出席这次会议,诚恐右派分子"捏造意见,欺骗总理及中央",遂决定代表第五区党部出席会议。共产党员顾修代表第二区党部也出席了这次会议。

当曾贯五、喻育之等右派分子强行要求各与会者签字时,姚绍虞、顾修等认为,该电文内容"实为违反本党纪律,不信任中央委员会之措词",便"不肯签字,请求退席"。不料,曾贯五、喻育之、何世桢、凌昌策等一拥而上,声色俱厉,拳脚交加,并扬言"不签字者即共产党,非打死不可"。他们一面将门户把守不许退席,一面大打出手,殴伤第五区党部常务委员、国民党左派黎磊。姚绍虞、顾修等在面临生命危险之际,欲退不行、欲进不能,"只可暂时屈服,以党员资格签字,以脱危险"。

第二天,在驻上海执行部国民党中执委叶楚伧的纵容下,喻育之等率三、四两区部二十余人,涌入上海执行部,强迫叶楚伧盖印,并打伤了时为共产党人的邵力子,反共气焰十分嚣张。

姚绍虞、顾修等脱险后,于3日通过《致总理暨中央执行委员会》快信,报告了上述三、四两区部会议经过情状,"除由第二五区党部名义电达外","再将泣告总理暨中央诸同志秉公处置,并声明此次签字作废,此等非法举动实系破坏本党纪律,请求依法惩戒,开除党籍"(以上引文均见顾修、姚绍虞、徐梅坤、倪志侠、孙良惠《致总理暨中央执行委员会》,8月3日,中国国民党环龙路档案9086.2)。这封快信信封上写着:广州惠州会馆汪精卫先生台启,落款为上海贵州路六号姚缄。还有批文:"此呈党内共产派问题应办"。

8月15日至9月10日,国民党第一届第二次中央执行委员会全体会议在广州召开,会议集中讨论"弹劾案"问题。原提案人张继、谢持列席会议。张继首先发言,他避而不谈右派的分裂破坏活动,却指责加入国民党的共产党员接受共产党的领导,保持自己的独立性,是在国民党内发挥一种秘密党团的作用,国民党内的种种纠纷即由此而来,"名义上跨党,徒滋纷扰"。为免除这种纷扰,只有"以分立为要"。公开揭起了分裂革命统一战线的旗号。

国民党右派的提案,在会上遭到共产党人和国民党左派的坚决反击。瞿秋白代表共产党人义正词严地指出,国民党既然允许共产党人跨党加入,那么共产党人保持自己的独立性,近似党团是无可非议的。问题在于他们的行动有无违反国民党的宣言和章程,"若其行动有违反宣言及章程之处,则彼辈既以个人资格加入本党,尽可视为本党党员,不论其属于共产派与否,概以本党之纪律绳之",否则,就没有分立的理由。"若不分立,则共产党的发展,即系国民党中一部分之发展,何用疑忌"。瞿秋白的答辩合理合法,一针见血,体现了共产党人坦荡的胸怀和英勇无畏的革命气概。国民党左派也指出,"救济党内纠纷方法,不必在分立论上讨论"。

在共产党人和国民党左派的联合反击下,"弹劾案"遭到否决。会后,国民党中央执行委员会发表了《有关容纳共党分子问题之训令》。该训令指出:"谓本党因有共产党员之加入,而本党主义遂以变更者,匪谬极戾,无待于辩。即谓本党因有共产党员之加入,而本党团体将以分裂者,亦有类于杞忧。证之本党改组以后发展情形,益可以无疑"。这就彻底粉碎了国民党右派反对共产党,妄图分裂革命统一战线的阴谋。随着国民党右派"弹劾共产党案"的被否决,上海执行部及其各区党部右派分子的反共活动也得到了遏制。

毛泽东、恽代英等致孙中山总理电,将国民党右派在上海的反共活动及时反映,既使孙中山和国民党中央能够迅速知晓下情,明察国民党右派的活动,又体现了共产党人拥护孙中山的三民主义,坚持国共合作、反对分裂革命统一战线的严正立场和光明磊落的情怀。

(李良明、彭卫)

九、恽代英为图书馆事业作出的重大贡献

笔者在研读《恽代英日记》《恽代英文集》和其他中国近现代历史文献时发现,在图书馆事业建设方面,恽代英不仅具有先进的图书馆理念,而且还具有丰富的实践经验,应当说,恽代英是屈指可数的为中国近代图书馆事业的发展作出了重大贡献的中共早期领导人,因此,中国图书馆发展史上应有他的重要的一席之地。

（一）

恽代英 1895 年出生在一个家庭藏书极其丰富的名门世家,从小受益于家庭藏书,幼时,其母凭借家庭藏书启蒙他读唐诗宋词。1908 年,恽代英以优异的成绩从武昌小学堂提前毕业,不久,即随父母在湖北省老河口家中自学,阅读了诸如《纲鉴易知录》《古文观止》《战国策》《饮冰室文集》等大量的家庭藏书。1913 年恽代英考入中华大学预科,1915 年进入文科哲学门学习。求学期间,恽代英受校长陈时委托,主编中华大学学报《光华学报》。与此同时,他将自己发表文章所得稿费全部用于购买和订阅进步书刊。1917 年暑假期间,在其四弟恽子强的协助下,他将自己的私人藏书进行整理,编制书目、粘贴书标、盖上印章、制定借阅章程等,正式成立智育社图书室并对外开放,恽代英称"此事终今夏一大成绩也"①。智育社图书室是恽代英精心打造的家庭图书室,它为次年启智图书室的成立打下了坚实基础。

以智育社图书室建立为标志,恽代英迷上了图书馆(室)建设。从此,他每到一地,必倾力于开办图书馆(室),投身革命以后,条件允许时,他也是乐此不疲。恽代英之所以如此,根源于他在实践认识中不断形成的关于图书馆的理念和思想。

学识不全出于学校而更出于图书馆,是恽代英的一个重要观点,他在日记中说:"吾国人留学外洋,学绩每每超越西人。然学问之成就,好学之声誉,终不能不让西人。"这是因为我们所谓的学问只限于在学校的功课,功课以外无学问,学校以外无学问,所以不能成为一个学者,故应"鼓励课外参考","鼓励学课以外之自由研究","广设图书馆",因为,学识不全出于学校,而亦出于图书馆,"自由研究可得实学,其效用较学课百倍也"。②

图书馆是传播文化的利器,是恽代英的又一个重要观点。恽代英认为:"图书室是传播文化的利器。因为图书室可以陈列关于各种启发知识、启发思想的书报,让阅者日浸月润,自然渐次改变。即如本校的文化启智图书室是

---

① 《恽代英日记》,中共中央党校出版社 1981 年版,第 114 页。
② 《恽代英日记》,中共中央党校出版社 1981 年版,第 393 页。

个很大的帮助,许多人都承认他。……这等图书室,得人去利用他,于文化的传播必有大益"①。

恽代英还主张将无用的会馆、公所改造成图书室。在他看来,"中国有许多无用的会馆、公所,他们的房子每每还都是宏敞整洁,不过他们只拿着敬神吃酒,这正可都改作此类的图书室。当真都改作了此类的图书室的时候,我们又岂不多了许多传播文化的机关了吗?"②他在其1919年6月起草的《武汉学生联合会提出对于全国学生联合会意见书》中明确提出"会所应设图书室"③。恽代英特别主张图书资源共享,他说:"设公共图书馆以交换所有书籍,并公之大众。"④个人的书要乐于借给他人阅读,"假如一本书可以借给五个人读,就可以发挥五本书的作用,这当然是件大好事"⑤。

恽代英关于图书馆的这些理念,在当时给人以醍醐灌顶之感,就是在今天看来也不但不落后而且还很先进。

(二)

恽代英不仅有先进的图书馆理念,更有丰富的图书馆实践。他的先进理念指导他创办、改良了众多图书馆(室),而他创办、改良图书馆(室)的实践又转过来丰富、提升和发展了他的图书馆理念。

1917年,效仿美国图书馆制度的"新图书馆运动"开始在中国兴起,中华大学一贯得风气之先,恽代英作为受这所名校校长器重的高才生,自然不可能置身事外。就在这一年,勤于学习、乐于思考的恽代英把目光投向了图书馆。10月,恽代英创办了武汉地区最早的进步社团互助社,希望"理想之互助社"宿舍中"设图书室,购置书报"⑥,通过开办通俗讲演团、通俗学校、通俗图书馆等,以"进民德,益民智,强民力"⑦,使互助社成为学习和宣传新思想的团体。

---

① 《恽代英日记》,中共中央党校出版社1981年版,第660页。
② 《恽代英日记》,中共中央党校出版社1981年版,第660页。
③ 《恽代英文集》(上卷),人民出版社1984年版,第95页。
④ 《恽代英日记》,中共中央党校出版社1981年版,第395页。
⑤ 《回忆恽代英》,人民出版社1982年版,第170页。
⑥ 《恽代英日记》,中共中央党校出版社1981年版,第310页。
⑦ 田子渝、李良明:《恽代英传记》,湖北人民出版社1984年版,第16页。

1918 年 5 月,他拟借鄂园作为小学生俱乐部,"以联络而辅助小学生及其教员",认为这是一件对教育极有益的事。他提出在小学生俱乐部内设图书室①。同年 6 月 6 日,恽代英联合互助社社员,在中华大学门口开办启智图书室。

启智图书室的成立,深受学生的欢迎,很多学生到图书室里学习、借阅宣传新思想的刊物。恽代英在当天日记中写道:"启智图书室成绩甚好。看书者多守秩序。……同人及其他友人多喜以此室为游息或阅书地,盖静而雅,固可爱也。余每觉寝室太喧嚣,若自习讲堂更无论矣。果皆陈列如此室,使学生皆悠然自适,于修学不有大益乎?"②随后,他又在此基础上组织书报代售部,向武汉地区广大青年推销《新青年》《新潮》等进步书刊,使启智图书室兼有了书店的功能。

启智图书室在武汉地区很好地发挥了示范作用。在它的带动和影响下,武昌的启黄中学的仁社社员办起了启黄图书馆,汉口的开明商人建立了书报阅览室。启智图书室的成功创办,不仅为在武汉地区传播新思想、新文化起了积极的推动作用,而且为恽代英大学毕业后继续兴办图书馆事业积累了丰富的经验。1918 年 7 月,恽代英受聘担任中华大学中学部主任(即校长)后,便对只有陈旧的经史子集线装书且无人阅览的校图书馆进行了大刀阔斧的改革。

1920 年年初,恽代英在武昌创立和领导了武汉地区进步社团的联合组织——利群书社。利群书社是五四时期武汉地区最大的一个进步社团。恽代英说,它不仅仅是销售书刊的"营业机构","不买的人,尽可以在营业的地方观览,算兼办了图书馆一样。"③他还在书社"将来的扩充计划"中指出:"进办他项有益社会事业,如设学校,通俗图书馆,办报等"④。在利群书社的影响下,1920 年 7 月,毛泽东在湖南长沙成立了文化书社,长沙的文化书社一直同利群书社保持着密切的联系。随后,南昌的文化书社、重庆的唯一书社、开封

---

① 《恽代英日记》,中共中央党校出版社 1981 年版,第 375 页。
② 《恽代英日记》,中共中央党校出版社 1981 年版,第 400 页。
③ 《恽代英日记》,中共中央党校出版社 1981 年版,第 678 页。
④ 《恽代英日记》,中共中央党校出版社 1981 年版,第 679 页。

的文化书社等也都相继成立。这些书社的活动扩大了马克思主义在中国的传播,推动了中国革命运动的发展。

1920 年 4 月,恽代英积极推动成立了湖北平民教育社。他起草的《平民教育社宣言书》,将成立"平民图书馆"和设立"平民阅报处"作为两项重要内容,称之为"本社应办之事务"①。恽代英设想以图书、报刊自由开放的形式,为广大普通民众提供读书的机会,从而提高他们的文化素质。

1921 年 5 月 1 日,恽代英与共进会成员在上海市天津路 44 号共同发起创办上海市第一个真正对外开放的公共图书馆——上海通信图书馆。作为会员,恽代英参与了图书馆和共进会的各项活动,还利用业余时间,义务担任图书馆的日常业务工作。10 月,恽代英前往位于泸州的川南师范学校任教务主任,在他主持下,学校对只有陈旧古书的闭关自守的图书馆进行了改良,图书馆新购进许多进步图书和报刊,还专为学生新辟图书阅览室,阅览室里常常座无虚席。广大师生在改良后的图书馆里开阔了视野,增长了学识。次年,恽代英升任校长,他与国文教员萧楚女共同创办了泸县图书馆(又名白塔寺图书馆),此图书馆成为川南地区历史上的第一座公共图书馆。

恽代英成为职业革命家后,依然对图书馆事业一往情深。1925 年,作为共青团中央的重要领导人,恽代英在其亲笔拟定的《预备一九二五年上期的工作计划》中提出:"必须预备做一番改良学校图书馆的运动"②,并从内容到形式提出了一系列的改革措施。恽代英希望通过改革,使学校图书馆真正成为适合师生需要的图书馆。这项工作计划在团中央机关刊物《中国青年》第 65 期上发表后产生了积极影响;国共合作期间的 1927 年,恽代英主持中央军事政治学校武汉分校的工作,任政治总教官,他邀请原互助社成员魏以新担任图书馆员(馆长),对学校图书馆的建立和建设起了很大的作用。图书馆建立后,门庭若市,恽代英自己常来读书,有时还陪学界名流和其他政治教官前来参观、考察,人们对图书馆拥有门类齐全的图书无不啧啧称赞。蒋介石叛变革命后,这批图书即移交给湖北省图书馆,让它们继续发挥传播文化知识的

---

① 《恽代英文集》(上卷),人民出版社 1984 年版,第 130 页。
② 《恽代英文集》(下卷),人民出版社 1984 年版,第 628 页。

功能。

恽代英将其先进的图书馆理念付之于实践中,不拘一格地尽力创办不同规模、类型的图书馆,并积极地改良旧图书馆,开了一代中国图书馆事业社会化的新风。在中国共产党的早期领导人之中,像恽代英这样钟情于图书馆事业并有如此重大建树者可以说是寥寥无几。

(三)

兴办和改良图书馆,是一个了不起的创举,但在恽代英看来,这不是问题的全部,更重要的问题是如何把图书馆的功能、作用发挥好、实现好,也就是如何把图书馆经营好。为此,恽代英进行了不懈的努力和探索,提出了一些重要论断,采取了很多具有前瞻性的举措。恽代英的探索及其主张对当今我国图书馆的建设仍然具有重要的借鉴作用。

第一,关注图书馆的藏书质量。恽代英认为,图书馆采购图书时须慎重选择,应购置"最新之杂志报纸""重要之参考图书""与学生界最有关系之新旧图书",以便让青年学生和读者了解"世界新知识与新潮流,使与 20 世纪新生活相适应",使他们将来能肩负起历史赋予的重任。对于报纸杂志,国内的"应完全备置(除淫猥琐屑者不计外)",国外出版的和其他新旧书报"则择其需要最急,可以提起为辅助研究之兴味者,择尤购置之"①。他对利群书社的规划,就是"做个文化传播的机关"②。恽代英在创立和参与建设的启智图书室、利群书社、泸县图书馆等所有图书馆(室)中,除了注重传统文化图书资料的保存外,还极为重视采购国内外的进步书刊,宣传新思想、新文化。《新青年》《少年中国》《新潮》《响导》《前锋》《中国青年》等革命进步书刊和《共产党宣言》《马克思(资本论)入门》《社会主义史》《共产主义 ABC》等马克思主义经典著作,都是上述图书馆(室)的必藏书。正是在这些必藏书的教育和影响下,一大批有志青年走上革命道路,进而成为优秀的共青团员和共产党员,为中国革命事业作出了重要贡献。

---

① 《恽代英文集》(上卷),人民出版社 1984 年版,第 95—96 页。
② 《恽代英日记》,中共中央党校出版社 1981 年版,第 678 页。

第二,注重图书馆藏书建设。为增加图书馆的藏书,恽代英除了尽力筹措经费,要求最大限度地使用经费购买书刊外,还鼓励捐赠图书,努力提高书刊的利用价值。恽代英起草的《武汉学生联合会提出对于全国学生联合会意见书》,发出"欢迎会内外人赠阅"①的呼吁,号召广大学生会会员踊跃捐赠图书,以充实图书馆藏书。恽代英在亲笔拟定的《预备一九二五年上期的工作计划》中也提出:除了学校要为学生购买书刊外,学生也要支持图书馆工作,可以把个人图书集中起来,相互借阅②。恽代英做到了以身作则。启智图书室成立后,他除了负责为图书室购买书刊外,还捐赠了他的大量藏书;上海通信图书馆创立后,他主动交纳会费,作为购书经费,广泛搜集、入藏和流通进步书刊,并参与接受各类进步团体或个人赠书;泸县图书馆成立后,他和萧楚女向各界人士宣传动员,募集了大批私人藏书,藏书很快就达到了 10 万多册。朱德的大批藏书,后来也捐赠给了这个图书馆;在泸州川南师范学校时,他争取到一千元拨款并利用假期,亲自专程携款赴上海购置图书;中央军事政治学校武汉分校建立图书馆后,他根据书店的书目开出购书目录,并拨了几千元的经费,请图书馆员魏以新到上海按图书目录采购,他在经办图书室的实践中熟悉采购业务,便特别向魏以新告知注意事项;他在计划拟借鄂园作为小学生俱乐部时,分别给中华书局、商务印书馆写信,咨询捐书或折价购书等事宜,以节省经费③。恽代英积极筹集经费,合理使用经费,亲自指导书刊的购买、捐赠等工作,诠释了他的资源共建共享的藏书建设理念。

第三,重视图书馆业务管理的规范化。恽代英的图书馆学和目录学知识是比较深厚的,他不仅懂得旧的经史子集四部分类法,而且对传入国内不久的新的图书分类法和管理方法也有深入了解,并善于加以利用。这从他把家庭藏书建成智育社图书室时的具体操作中就可以看出。他在整理家庭藏书时,在使用旧的四部分类法的基础上,还根据图书内容,按学科分类,分出了哲学、社会科学、自然科学和其他书刊,编制智育社图书室目录。他所拟的分类法与现在的图书分类办法大体一致,是比较科学的;编制书名目录(《书目备查》),

---

① 《恽代英文集》(上卷),人民出版社 1984 年版,第 96 页。
② 《恽代英文集》(下卷),人民出版社 1984 年版,第 628 页。
③ 《恽代英日记》,中共中央党校出版社 1981 年版,第 376—377 页。

采用汉字笔画字顺排列,在同类图书排列上,使用种次号(书次号)加以区分;编制书目提要,对每部书进行比较详细的著录,基本上揭示了一部书的面貌;给每册书"加号次,如第一类书从一号起,第二类书从一〇一号起,第三类书从二〇一号起,以此类推"①。在每册书的书背上粘贴书标,盖上"恽氏智育社图书室"的藏书章,并制定了借书的办法。恽代英毫无保留地将这些经验运用于随后创办和改良的图书馆中。他在酝酿启智图书室的过程中设想:"可在内观览,亦可借出(借出以一星期为限,不还者走取之)。……各人所有图书,宜各加特别图记,以便他日归还各人。为此事宜用三本子:一记各人所出图书。一为图书分类目录。一为借书存底并记录(……)。服务此室者,每日二人,轮班更换。"②启智图书室成立后,他积极参加管理工作,除为图书室购书刊外,还编制图书目录、制定章程、清理图书,以至录借书清单、值班、打扫室内卫生、增订书架等琐事都认真去做。他在 1918 年 6 月 5 日的日记中写道:"赴校编启智图书室分类目录至十二点。回,饭后又往编目录至五点半。回,偕聘三、养初、成章来取书。六点半又往编目录至十点回。"③可见其勤勉。恽代英在《预备一九二五年上期的工作计划》中提出:在图书管理方面,为便于保管和借阅,应编制目录;应制定图书馆"读书规约",规定开闭馆时间;成立读书会,制定购书、借书制度和规定;图书馆工作应定期开报告会④。恽代英为加强图书馆规范管理提出和实施的一些办法,在很多方面仍为我们现在所沿用。

第四,创新图书馆服务模式。恽代英主张藏书着眼于应用,变以"藏"为主为以"借阅"为主,变封闭式借阅为开架阅览、外借,实行对外开放、馆际互借或通信借书。这就大大提高了书刊的利用率。恽代英将家庭藏书建成智育社图书室后,拟定借书章程,复印散发给众多亲友和读者,供开放使用。他曾在日记中详细记录了借出书书名、期刊名、借书者、久借未还者等项目。启智图书室成立后,为充分发挥图书的作用,恽代英主张校内外师生都可借阅图

---

① 《恽代英日记》,中共中央党校出版社 1981 年版,第 63 页。
② 《恽代英日记》,中共中央党校出版社 1981 年版,第 395 页。
③ 《恽代英日记》,中共中央党校出版社 1981 年版,第 399 页。
④ 《恽代英文集》(下卷),人民出版社 1984 年版,第 628—629 页。

书,并特别提出:"外校可以轮回借书,如以新旧杂志若干合为一组借之,某校每星期一更换。"①恽代英 1919 年 7 月 25 日的日记记载有:借给校内图书 14 本,校外 18 本,共 32 本②。这在事实上成了馆际互借、资源共享的先声。利群书社一创立就实行开架阅览,无论有钱无钱,均可自由阅读。利群书社陈列的都是新书刊,既可售又可租,深受读者欢迎,书社一片兴旺景象,毛泽东、董必武、李汉俊、萧楚女等曾一一前来参观考察。上海通信图书馆成立后,在恽代英的倡导下,该馆首创了通信借书的方式,即收到邮资就寄出藏书。函索借书人数越来越多,据 1925 年 9 月 13 日和 1926 年 3 月 17 日的《申报》报道:读者人数 1924 年约 3000 人,1925 年达 5000 人左右,借阅范围从 20 个省区发展到日本、美国和法国③。恽代英在泸州川南师范学校主事时,彻底开放图书馆,实行开架阅览和图书外借。恽代英主持中央军事政治学校武汉分校工作时,更是要求图书馆对读者完全开放馆藏。所有这些,都给我们以深刻的启迪。

第五,重视对读者的宣传导读工作。恽代英学识渊博,在大学时就有读万卷书的笔记,对读书治学有自己独特的见解。他认为:学生"最好是读切实而具体的社会科学的材料,或者是读那些有益于了解现代中国或世界政治经济情形的材料";学生读书必须作读书笔记;对学生读书情况应定期开报告会④。他把自己的读书体会告诉读者,亲自给人以指导,讲解读书治学的门径,指导读者正确阅读,有效利用藏书,提高文献的利用价值。他经常关心家境贫寒学生的读书问题,鼓励他们充分利用图书馆的藏书,并告诉他们要爱惜书刊,阅读时不应在书中打圈点加批注,而应备一个抄本,将重要知识或资料"抄下来,再加述自己的意见"。为节省时间,凡可以不抄全文的,就不要抄全文;凡可以改一两个字,于原意没有多少出入的,越简短、越省时间越好,"尽可以在后面记明见原书第几面,以便将来翻阅原文。"⑤1920 年,恽代英开始翻译考茨基的《阶级争斗》(今译《爱尔福特纲领解说》)一书,他曾在读书会上介绍

---

① 《恽代英日记》,中共中央党校出版社 1981 年版,第 591 页。
② 《恽代英日记》,中共中央党校出版社 1981 年版,第 592 页。
③ 王西梅:《中国图书馆发展史》,吉林教育出版社 1991 年版,第 285 页。
④ 《恽代英文集》(下卷),人民出版社 1984 年版,第 629 页。
⑤ 恽代英:《来鸿去燕录》,北京出版社 1981 年版,第 138—139 页。

了该书的主要思想和论点。中译本出版后,在当时的青年中引起很大反响,毛泽东、周恩来等就受到了这本书的重大影响。在恽代英的倡导下,川南泸县图书馆内设立"通俗讲演所",由他和萧楚女面向读者定期举办专题讲演,影响很大,效果也很好。这些做法,今天已为越来越多的图书馆效仿。

综上所述,恽代英在其短暂而光辉的人生历程中,不断折射出图书馆学思想之光,掀起图书馆实践与发展之风,这是十分难能可贵的,恽代英这位中国共产党早期领导人为中国近代图书馆事业作出了重大贡献,具有不可磨灭的历史地位。

当代中国的图书馆作为公民终身学习的大课堂,担负着传承文明、服务社会的使命,在公共文化服务体系中处于越来越重要的地位,图书馆建设任重道远,我们应从恽代英图书馆建设思想和实践中获取深刻的启迪。

(宋姝月)

十、恽代英青年幸福思想探析

追求幸福,作为人的目的和权利,具有恒久而又常新的意义。凡属代表历史前进的一切社会变革活动,无不以人的幸福为宗旨,并把它载入活动的纲领。恽代英作为中国共产党早期著名的领导人,卓越的无产阶级革命家、思想理论家和青年运动领袖,将自己的一生毫无保留地奉献给了中国革命事业。他以《光华学报》和《中国青年》为主要阵地,发表了一批猛烈抨击帝国主义和封建主义的力作,形成了自己独特的思想体系,这在中国共产党早期领导人中是不多见的。他的思想不仅培养和影响了整整一代青年,而且也为中国新民主主义革命思想的形成,作出了巨大的理论贡献。从学生时代开始,恽代英就将"利社会、利国家、利天下"作为自己奋斗的人生目标,并以此为动力进行不懈的努力,将自己的"小我"幸福与广大人民的"大我"幸福紧密联系起来,为帮助青年走上革命道路、推动当时革命运动的发展发挥了重大的促进作用。如今,在全面建成小康社会、实现中华民族伟大复兴中国梦的时代背景下,对恽代英的相关幸福思想进行研究探讨,对于引导当代青年追求人生幸福之生活,探寻人生幸福之真谛,培育科学正确的幸福观,具有重大的历史价值和现实意义。

（一）青年认知幸福之起点：“不得无谓之虚荣”

幸福是个复杂而深刻的多元概念，不同的人有不同的理解。它来源于人们的日常生活之中，是人的迫切需要得以满足或部分满足时极度快乐的个体心理体验，属于主观意识范畴，具有高度的主观性。因此，只有正确地认识幸福，理解幸福人生的原理，才能真正感到幸福。在中国，封建统治阶级常常把幸福与人的寿、富、贵等因素联系起来，用封建的道德教条束缚人们的思想，完全剥夺了劳动人民享受幸福的权利，使人们认为幸福遥不可及。为了倡导青年正确认识幸福，恽代英对封建统治阶级的“君权神授”思想进行了无情的批判，指出：“彼既富且贵，夺天下人之脂膏以自享，虑天下人群起而诘之，则假宗教以立说。曰人生于天，各有其分，而分各不同，我生而富贵者也，汝等生而贫贱者也，生而富贵则不能为人夺，生而贫贱，则不能夺于人。不能夺而欲夺焉，则是逆天之命，所谓乱分也，所谓不安分也，所谓希冀非分也。”①在《论信仰》中，他坚决反对封建统治者将孔孟之道当作教义来愚弄人民，并从信、爱、智的角度，对中国封建社会树立了几千年的“圣贤”偶像提出了有力挑战。恽代英认为，盲目信仰“不过引导吾人于迷惑愚妄之境地。使吾人倒行逆施，自绝于进化之门，不为有益，但有害耳”②，他提倡青年要积极思考，“扬弃”地学习借鉴中国传统文化，“信圣人而不疑，即终不能知不能为”，这是“自阻进步之法”。③

20 世纪初，伴随着近代中国半殖民地半封建社会的发展，民族危难日趋深重，广大民众生活在水生火热之中，甚至连基本的物质生活都难以保障。面对民不聊生、动荡无序的社会境况，恽代英引导青年既要正确认识幸福，更要正确看待物质需要，不要铺张浪费。他指出：“今人有为不得无益之衣饰，不得无谓之虚荣，而感其苦者，此等之苦，皆求者之自取也”，“皆以求而不得之故，而所以求而不得者，则以所求过奢故也。”④恽代英大学毕业后，先后就任中华大学中学部主任、国民党中央执行委员、共青团中央宣传部长、中共中央

---

① 恽代英：《原分》，《光华学报》1916 年第 3 期。
② 《恽代英文集》（上卷），人民出版社 1984 年版，第 45 页。
③ 《恽代英文集》（上卷），人民出版社 1984 年版，第 15 页。
④ 李良明等：《恽代英思想研究》，人民出版社 2011 年版，第 87 页。

委员等职,无论职务或地位有什么变化,他始终保持着艰苦朴素的作风,将自己收入的大部分用来资助革命和帮助他人。他规定自己只用四元,夏天只有两套学生服,冬天一套青布学生制服和一条用过多年的绒毯,在生活上无所嗜好,不抽烟,不喝酒,也从不考虑任何物质享受,恽代英生活上这样严于律己,是由于他的经济困难吗? 当然不是。他常身兼多职,薪水不低,加之他辛勤写稿译文,所得稿费也不少。他经常说,我们吃的米,是农民种出来的。穿的衣服、住的房子、用的纸张是工人制出来的。我们得到别人的帮助,很多很大,怎么不去努力帮助别人呢? 这就是恽代英之所以有钱不图享受,专门助人为乐的原因。

为了帮助青年正确看待物质需要与幸福之间的关系,恽代英对产生不幸福的主客观原因进行了全面分析。他从人与衣食住行关系这一浅层次着手,指出:"大抵非极端明白,极端淡泊之人,于衣食住等有密切关系之事物中,不能不觉有所谓苦乐",并表示"诚不能期人人为以箪瓢屡空不改其乐之颜回,肘见踵决歌声如出金石之原宪,故于此等为生存关系而感觉苦乐之人,不能加以苛议。"①但现实中的多数人毕竟不是颜回与原宪,他们关心更多的仍然是生存的问题。恽代英认为,如果真是为生存关系而感觉痛苦和快乐,那么追求快乐和逃避痛苦的法则就更容易明白了,人们也就不会认为世事可厌了。既然世事不可厌,那么为什么天下许多人又以为人生多苦呢? 即是"吾意一方面扫除社会间一切不平均不合当之事,一方面打破个人一切过分之欲望,于是人间而天堂矣,何苦之有"②。恽代英在物质欲望上严格约束自己,同时也反复告诫青年,正确认识幸福的前提是要努力去实现或部分实现自身迫切而合理的需求,不断克制自己过分的欲望,应该克己自律,知足常乐,正确理解物质只是人生幸福的一部分,而不是全部,才能以苦为乐。

(二)青年体验幸福之源泉:"心灵的愉快"

物质需要是人的生存、生活所必需的,这种需要在得到实现或部分实现时

---

① 李良明等:《恽代英思想研究》,人民出版社 2011 年版,第 86 页。
② 恽代英:《我之人生观》,《光华学报》1917 年第 3 期。

所产生的物质幸福,对于人的生存而言具有迫切性和重大价值。但是,人的需要和幸福是全面的、多样的、复杂的、历史的,生存的需要满足了,发展的需要就摆在了第一位;物质的需要满足了,精神的需要就摆在了第一位。恽代英在探索中国革命道路的实践中,就较早地认识到不能简单地把幸福与物质幸福、物质享受等同起来,更不能把幸福仅仅归结为物质幸福。他指出:"所谓有幸福的生活,并不仅指衣、食、住的享受;比衣、食、住的享受更重要的,便是心灵的愉快。"①在物质幸福基本得到保障之后,青年应当积极追求高层次的精神幸福的实现。倘若缺乏高尚的精神追求,满足于低层次的物质幸福,缺乏高层次的精神幸福,就会造成精神空虚,丧失高尚的精神生活,甚至使人滑向堕落的道德深渊。

　　一方面,恽代英对知识的渴求就是一种充满文化快乐的幸福生活体验,一种追求知识的精神幸福。在少年时代,他就目睹了遍地狼烟、满目疮痍的祖国,为了寻求救国救民的道路,他广读各类书籍,每天都坚持写作、译文,以撰稿盈利维持日常用度,依靠自家父母良好家教及婚后靠岳父家的良好认知环境,吸取古今中外的一切知识、学说来武装自己。1913 年,他考入私立武昌中华大学预科一班,其后进入该校文科中国哲学专科学习。恽代英在中华大学五年求学期间,除按照哲学专业课程的要求,阅读了从《周易》到经书、子书、伦理、哲学史和印度哲学等书籍外,还把自己的宿舍取名为"读万卷书斋",无论古今中外的文、史、哲、教育、卫生,还是化学、无线电的书籍,佛教、基督教的经典,他都如饥似渴地阅读研究,用文字表达思想,用笔尖书写人生,并以此为乐。1914 年 10 月,年仅 19 岁的恽代英便在《东方杂志》第 11 卷第 4 号发表首篇学术论文《义务论》,这篇否定帝国主义、憎恨战争、向往大同世界的论文一发表,立即被南洋出版的《舆论》转载,引起国人瞩目,成为"投稿之一新纪元"②。据不完全统计,恽代英在中华大学读书和工作期间在《东方杂志》《新青年》等期刊上发表学术论文 80 多篇,他不把物质利益作为人幸福生活先决条件,而是把学习思考作为人生之乐趣,在研习写作中领略"此笔奇境""仿佛

---

① 《恽代英文集》(上卷),人民出版社 1984 年版,第 213 页。
② 田子渝、任武雄等:《恽代英传记》,湖北人民出版社 1984 年版,第 9 页。

若仙助者"的幸福体验。

另一方面,恽代英的幸福体验不仅仅停留在单纯的学术研究上,而是将读书学习赋予了爱国、救国、建国等新的时代内涵。1918 年 7 月,中华大学校长陈时正式聘任恽代英为中学部主任(即校长)。从此,恽代英开始为"养成学业一贯之人才"而奋斗。1919 年 1 月,他对中华大学中学部的教育教学进行全面改革,提出要培养为社会造福、为民众谋利、振兴国家的"刚锐"青年。他明确规定训练之最高理想是"勤敬",分"活动"(活泼、劳动、向上、勇敢、博爱、知时)和"切实"(守规、纯洁、诚实、精密、恒久、谦和)两项,以期帮助青年树立远大的理想和正确的人生观,形成"利导人类可陶冶的本能……使各种本能合当发达,社会由之改进"[1]。五四运动时期,恽代英在领导青年参与革命斗争的过程中,广泛号召青年"欲求实在有裨于国,只有各发天良用国货,注意国事,为国家做事"[2]。同时,他在参加少年中国学会期间,严厉批判了青年埋头读书、不问国事的错误主张,提出了青年的四个"合当的求学目标":"要先懂得社会与个体的真关系;要知道社会需要甚么及他需要的程度怎么样;要知道甚么学术可以为社会供给甚么需要,到甚么样的程度;要知道自身的心性、能力、地位、机会,最合宜为社会供给那一种的需要","求学而不顾社会需要,若非求学不成,便是成而无益于社会。否则亦是只在不急要不必要的方面,供给了社会,而社会上急需必要的需要,仍然得不着相当的供给"[3]。从这个角度而言,恽代英是把对幸福的体验建立在物质欲望满足之外的,特别强调青年对幸福的感受体现在内心需求和责任实现上,从而真正体验心灵愉悦之情,快乐幸福之感。

总之,重视精神幸福是恽代英青年幸福思想的显著特征和重要内容,他用自己一生的学习生活实践,证明了精神幸福是最高级、最高尚的幸福。只有不断地追求精神幸福,才能自觉地开创属于自己、属于人类的幸福生活。

---

① 《恽代英文集》(上卷),人民出版社 1984 年版,第 507 页。
② 《恽代英日记》,中共中央党校出版社 1981 年版,第 544 页。
③ 《恽代英文集》(上卷),人民出版社 1984 年版,第 199—201 页。

（三）青年创造幸福之路径："惟有力行"

劳动创造了人和人类社会,在创造性的劳动实践中,人的真性情得以舒展,人的本质力量得以释放,人的价值得以实现,人的情感得以愉悦,正是在满足人的物质需要与精神需要的劳动过程中,人们创造幸福。创造性的劳动不仅是人获得物质幸福的必由之路,也是人获得精神幸福的必然条件,是获得幸福的根本路径和首要方法。这样的富有创造力的劳动"就不再是奴役人的手段,而成了解放人的手段""从一种负担变成一种快乐"①,这种劳动本身就成为了一种幸福。一方面,通过劳动,人们不仅为自己的生存创造出美好环境,也在享用自己创造的物质成果的过程中,体验美好的生活。另一方面,通过劳动,人们不仅提高了自己创造幸福生活的能力,获得了稳定的价值属性,也得到了社会的充分肯定和高度评价,从而产生一种生理和精神上的满足感、幸福感。

第一,恽代英特别强调通过社会实践去改造自己,充实自己,在树立人生崇高信仰的过程中来创造人生幸福。特别是在从激进的民主主义者向马克思主义者的转变过程中,他十分注重理论与实践相结合,多次表示:"欲立人者,不可不先己立"②,要改造社会必须先要改造自身。他在中华大学读书期间,就反对坐而论道,倡导理论联系实际,坚决反对教条主义,认为只有将读书学习与社会实践相结合,才能了解到"近代社会的实际情形""革命的主义与政策之真正意义"③,才能找到自身与社会需要的差距,从而自我反省、自我教育、自我完善。在他的影响和带动下,一批批青年"脱下学生装,穿上粗布衣",深入社会,深入工农,走上了与工农相结合的道路,把青年运动发展成有工人、农民、商人、国会议员等参加的全社会的运动。恽代英不仅特别强调对社会进行考察,还身体力行。创书社、建工厂、主办平民教育社和乡村学校等,广泛和社会接触,与工人农民交朋友。最为可贵的是,恽代英敢于否定"旧我",对自己过去所受的错误思潮影响毫不讳忌,严于剖析,自我批判。他热烈追求各种新思想,但又不迷信、不盲从,全都要放在实践中检验,从而在取舍

---

① 《马克思恩格斯文集》第9卷,人民出版社2009年版,第311页。
② 《恽代英日记》,中共中央党校出版社1981年版,第23页。
③ 《恽代英文集》(上卷),人民出版社1984年版,第985页。

中,抛弃了无政府主义、新村主义等错误思潮的影响,最终选择了马克思主义,将其作为终生信仰的"光明之灯",也照亮了其人生的幸福道路。

第二,恽代英始终坚持以身作则,率先垂范,在不断探索爱国、救国的革命实践活动中去创造幸福。青年恽代英特别注重"行",反对空谈,反对无休止的争辩,提倡"力行"。在《力行救国论》一文中,他指出:"吾意今日欲救国家,惟有力行二字。力行者,切实而勇猛之实行是也","不力行,则能力不能切实而增长;不力行,不能有明确之责任心;不力行,不能有容异己者之量;不力行,不能感化他人而联络同志"①,青年要摒弃光说不做的恶习,要身体力行、用实际行动才能救国,否则就不能"为国家社会效丝毫之力"。在声援北京五四运动中,恽代英始终带领着广大青年斗争在革命的最前沿,高举"劳工神圣"的旗帜,成立武汉学生联合会,沿街发传单、作演讲,开展抵制日货运动,用自己英勇果敢的爱国行动探索着改造社会的真理,发挥着先锋桥梁作用,把马列主义传播到工人阶级和人民群众中去,使青年看到了实现幸福生活的方法和途径。同时,恽代英也是最早重视农民运动的党的早期领导人之一。在中国共产党成立前,恽代英与林育南等便在黄冈初步尝试宣传发动农民,认为他们是革命的重要力量。党的一大后不久,恽代英就给毛泽东写信提出"可以学习陶行知到乡村里搞一搞"②。"二七"惨案后,恽代英逐渐将注意力转移到农村,组织青年"以调查农民生活状况,唤醒农民自觉养成反抗地主、军阀、官僚、乡绅之勇气,并训练其团结为宗旨"③的暑假农民运动委员会,与青年一道深入农民之中,宣传革命思想,使广大农民逐渐接受了党的革命主张,认识到创造幸福生活的正确方向,阶级觉悟逐步提高,为农民运动的兴起奠定了坚实基础。

第三,恽代英十分理解青年、关心青年、热爱青年,用实际行动去影响青年投身到创造幸福的革命实践活动中去。1917年,恽代英创办了武汉第一个进步团体——互助社,该社也是全国最早的进步社团之一。他经常利用假期带

① 《恽代英文集》(上卷),人民出版社1984年版,第70—74页。
② 《周恩来选集》(上卷),人民出版社1980年版,第333页。
③ 中央档案馆、湖北省档案馆:《湖北革命历史文件汇集(1922—1924)》(内部资料),1983年,第74页。

领社友登蛇山、游黄鹤楼,历青山、谌家矶等地。或步行,或登山,或荡舟,"茗谈"国事,抒发振兴中华的豪情壮志,讨论改良社会和为社会服务等问题,引导青年为国家和社会做些力所能及的事情。作为中国社会主义青年团的主要领导人之一,恽代英和邓中夏等一起创办了《中国青年》并主持该刊的编辑工作,他发表论文与通讯 200 余篇,指导全国革命青年,认清中国社会性质和现状,指明中国革命的动力、对象和前途,引导他们投身革命洪流,成为中国青年的良师益友。恽代英并非用空泛的说教,而是将革命道理用青年喜闻乐见的语言表达出来,他告诉青年"与其从理论的书籍入手,不如从具体的事实入手",对有志青年提出三项要求:"一是每星期至少牺牲六小时作有益于社会改造的事业;二是每星期至少牺牲六小时参与社会改造理论与办法的研究;三是有收入时至少捐出十分之一作有益于社会改造的事。"①对青年密切关心的学习、工作、爱情、婚姻、生活等问题,恽代英都热情回复,答疑解惑,想方设法解决青年的实际困难。当时,恽代英在青年中极具号召力和影响力,正如郭沫若所言:"在大革命前后的青年学生们,凡是稍微有些进步思想的,不知道恽代英,没有受过他影响的人,可以说没有。"②

(四)青年传递幸福之基石:"牺牲小幸福以求大幸福"

任何人在追求幸福的过程中,都必然要与他人和社会发生各种各样的联系,个人的幸福并不能独存,人的本质属性就在于其社会性,是社会关系的总和。所以,幸福并不完全是个人的事情,而是包含个人幸福和社会幸福两个方面。马克思主义认为,个人幸福与社会幸福是对立统一的,"应当避免重新把'社会'当作抽象的东西同个人对立起来"③,"个人的幸福和大家的幸福是不可分割的"④。恽代英在拟"人生目的"的纲目时曾表示,"人畏死而求生,则必须牺牲小幸福以求大幸福,即为自利而利社会,利国家,利天下"⑤。

---

① 代英:《对有志者的三个要求》,《中国青年》第 1 期,1923 年 10 月 20 日。
② 田子渝、任武雄等:《恽代英传记》,湖北人民出版社 1984 年版,第 79 页。
③ 《马克思恩格斯全集》第 42 卷,人民出版社 1979 年版,第 122 页。
④ 《马克思恩格斯全集》第 42 卷,人民出版社 1979 年版,第 374 页。
⑤ 《恽代英日记》,中共中央党校出版社 1981 年版,第 8 页。

第一,实现社会"大幸福",个人必须加强道德修养。思想道德是人的立世之本,也是正确幸福观的人性根基。追求幸福最为重要的就是立德做人。恽代英认为国家要强盛就必须振兴中国社会事业,必须加强全社会各个阶层的社会性修养。只有每一个人在从事社会事业中从"公德""公心""诚心""谦虚""礼貌"等八个方面修身养性、陶冶品行和涵养道德,才能改变社会风俗,增强中国国力,培育社会善势力,这是"救国之唯一方法"。① 在互助社成立之初,恽代英就特别强调个人道德品格修养的重要性。他认为,与学识相比,品德是排在第一位的。只有学识没有品德,那些学识反而成了作恶的工具,对社会没有一点好处。在互助社内部,恽代英曾目睹一些青年沉湎于吃喝嫖赌的腐朽生活,就倍感郁结和愤怒。他提出"夫智仁勇三者,一贯之德也,研究以广其智,实行以增其勇,于以求仁"的道德标准,要求青年做到"仁爱、恕、忍、互助"②,通过"兴办通俗讲演团、通俗学校、通俗图书馆、公共游戏场"和"兴办公共卫生、修筑道路桥梁、贫民乞丐处理、赈济事业"③等,帮助青年在服务社会中不断加强自身品德修养,博得全国广大追求真理的热血青年积极响应,许多青年纷纷慕名前来参观学习。

第二,要注重培育"善势力",倡导与人为善的社会风貌。自古以来,乐善好施、与人为善是中华民族的传统美德,"善"是中华传统文化中最重要的特质和核心价值。以行善为美,以行善为乐既是个人追求幸福的目标,更是青年实现人生幸福的应有之义。恽代英指出:"凡为自身谋幸福者,自然趋而为善",即"人类为自身之幸福而为善",可以通过培养"善势力"来"使天下为善之人多,而为恶之人少"。④ 他认为人们善的观念的由来不外乎两种原因:一是反复经验的结果;二是心理同情的作用。简单来说就是:"吾人善之观念,乃由吾人祖先之遗传,社会之习惯,自身之经验,与心理同情之作用相混合而产生之物也。"⑤可见,"善"的价值取向就是自身幸福。在这个意义上而言,

---

① 恽代英:《一国善势力之养成》,《青年进步》1918 年第 16 期。
② 《恽代英日记》,中共中央党校出版社 1981 年版,第 36 页。
③ 田子渝、任武雄等:《恽代英传记》,湖北人民出版社 1984 年版,第 16 页。
④ 恽代英:《我之人生观》,《光华学报》1917 年第 2 期。
⑤ 恽代英:《我之人生观》,《光华学报》1917 年第 2 期。

恽代英认为："所谓善者，即吾人幸福，即吾人最大幸福之所托。"①正是在这种高尚道德情操的指引下，他坚持不懈地自助助人，每天粗茶淡饭，只求果腹，省下的薪金用于缴纳党费或是投入到他创办的书社，因此，许多朋友都称赞他像墨子"摩顶放踵"而利天下。恽代英在草拟的《互励文》中就指出："我们不应该懒惰，不应该虚假，不应该不培养自己的人格，不应该不帮助我们的朋友，不应该忘记伺候国家、伺候社会"②，提出了"利于国者爱之，害于国者恶之"的是非标准，希望引导青年通过改造社会、自律助人来不断培养"善势力"，增强"善观念"。通过上述分析，笔者认为，恽代英坚持从历史唯物主义角度出发，认为"善"是人生最大幸福的依托，人们在寻求自身幸福的过程中自然就会行善。所以，通过培养"善势力"来"使天下为善之人多，而为恶之人少，则道德进化之处多，退化之处少"③，从而营造社会善良的幸福氛围，是大有所为、大可作为的。

第三，要有"牺牲小我幸福"的奉献精神。恽代英始终认为"杀身成仁"是青年的权利不是责任，从自利出发最终达到为国家社会牺牲的大利，实际要表达的是从个人幸福出发最终达到为国家、为社会牺牲的社会幸福的统一。他还认为"爱国总要克己，人须舍得牺牲个人利益才能救国"。1919年5月19日，就在五四运动爆发后不久，他在文字中抒发"救国须力行"的感慨："国不可不救。他人不肯救，则惟靠我自己。他人不能救，则惟靠我自己。他人不下真心救，则惟靠我自己。"④在豪情壮志的激励下，恽代英迅速成长，在1921年年底加入中国共产党，继续从事青年工作，将毕生精力和生命全部献给了党和壮丽而伟大的共产主义事业。1931年4月29日，恽代英在南京慷慨就义，时年36岁。在狱中，他留下一首气壮山河的七绝来表达自己不畏牺牲的心境："浪迹江湖忆旧游，古人生死各千秋。已摈忧患寻常事，留得豪情作楚囚。"⑤

---

① 恽代英：《我之人生观》，《光华学报》1917年第2期。

② 张允侯、殷叙彝等：《五四时期的社团（一）》，生活·读书·新知三联书店1979年版，第123页。

③ 李良明等：《恽代英思想研究》，人民出版社2011年版，第121页。

④ 《恽代英日记》，中共中央党校出版社1981年版，第545页。

⑤ 《恽代英文集》（下卷），人民出版社1984年版，第1075页。

这充分表现恽代英为实现人类"大幸福"而英勇献身的豪情壮志。

综上所述,尽管恽代英并没有对幸福问题进行专门的论述,其幸福思想散见于他大量的论文著作和革命实践中,但是他把对幸福的追求体现在正确认知幸福、充分体验幸福、努力创造幸福和自觉传递幸福四个方面中。这四个方面既相互影响又相互促进,形成了独具个人特色、蕴含人生哲理的幸福思想。青年是民族的未来与希望,肩负着世界和平与中国特色社会主义建设的重任。随着市场经济的发展、社会生活的急剧变化、大众传媒的日益发达和信息流量的膨胀,青年的思想日益向多元化方向发展,价值取向正在由社会本位向个体本位偏移、由绝对单一向相对多元偏移、由理想向功利偏移,在个人主义、拜金主义、享乐主义的诱惑前,迷失了人生的方向。恽代英青年幸福思想,体现了他追求幸福生活、积极向上的昂扬精神和为国牺牲的崇高境界,宛如浩瀚大海中的一盏航灯,对当代青年树立科学正确的幸福观,激励青年投身于实现中华民族伟大复兴的幸福事业之中,具有重要的启示:

第一,坚定理想信念是青年认知幸福的基本前提。恽代英为中华民族独立富强,为共产主义英勇奋斗一生的理想信念决定了他的幸福追求,是他坚持革命斗争的原动力。"功崇惟志,业广惟勤",理想指引人生方向,信念决定事业成败。没有理想信念,就会导致精神上"缺钙"。广大青年要坚定信仰马克思主义不动摇,坚定社会主义理想信念不动摇,牢固树立马克思主义幸福观,不断增强改革开放和现代化建设的信心、不断增强对党和政府的信任,弘扬中华民族的精神力量,共同建设中华民族的精神家园。要更加主动地加强马列主义中国化最新理论成果的学习,大力宣传普及中国特色社会主义理论体系,将历史优秀传统融入时代发展精神,立足中国特色社会主义建设的坚实土壤正确认识历史规律、准确把握基本国情、系统运用科学理论,在努力成长为坚定的青年马克思主义者的幸福道路上,不断加强对中国特色社会主义的道路自信、理论自信和制度自信。

第二,培养爱国情怀是青年体验幸福的不竭动力。从响应五四运动到二七大罢工,再到五卅运动,恽代英在探索救亡图存、强国富民为最终目标的革命道路中,始终坚信马克思主义,对中国革命的性质、革命动力、革命对象和任务,都作了深入科学的分析,从而成为一名坚定的马克思主义者和卓越的无产阶级革命家,这一切最基础的原动力就是爱国主义。爱国是一种感情,更是一种责任。广大青年要始终不渝地坚持爱国主义与爱社会主义的统一,把我国历史的血脉源流融入到改革开放的现实国情中,进一步增强民族自尊心、自信心和自豪感。要构建爱国主义新平台,开拓爱国主义新空间,充分利用微信、微博等新媒体,让爱国理念入眼、入耳、入心,潜移默化地强化青年对中国特色社会主义的理论认同、政治认同、情感认同,积极投身于推动国家富强、民族振兴、人民幸福的时代洪流中,用团结一心的精神纽带和自强不息的精神动力汇聚成实现中国梦的强大青春正能量。

第三,勤于社会实践是青年创造幸福的重要途径。恽代英参与领导五四运动,为知识青年开创了结合社会、结合工农的好传统,正是在与工农相结合的实践中,恽代英不断书写着追求幸福人生的光辉篇章。当代青年要一如既往地坚持到工农群众中去、到火热的实践中去、到祖国和人民最需要的地方去,深入田间地头、基层一线,受教育、得锻炼、长才干,从人民群众中汲取智慧和力量。要时刻牢记尊重群众,深入群众,依靠群众,坚决抵制形式主义、官僚主义、享乐主义和奢靡之风,永远与人民群众同呼吸共命运。要树立为民服务的"大气魄",拥有爱岗敬业的"高姿态",练就干事创业的"真功夫",注重从人民群众的创造实践中不断掌握新知识、积累新经验、增长新本领,为全面建成小康社会、全面深化改革贡献青春力量。

第四,锤炼道德品质是青年传递幸福的根本保障。国无德不立,人无德不信。恽代英作为当代青年道德学习的楷模和典范,通过自己的人格魅力将争取民族独立富强、追求自由民主进步的幸福思想传递给广大青年,彰显中国共产党的早期领导人全心全意为人民服务的先进本质,具有丰富的内涵和深刻的意蕴。广大青年要始终保持积极的人生态度、良好的道德品质、健康的生活情趣,自觉将个人梦想融入国家梦,将个人的幸福融入人民的幸福,尽情迸发青春的活力、尽情挥洒青春的智慧、尽情展示青春的价值。要把社会主义核心价值观内化为精神追求,外化为自觉行动,大力弘扬中华民族的优秀文化传统,牢固树立崇尚劳动、崇尚奋斗、崇尚奉献的人生观和追求真、善、美的幸福观,在服务人民、造福社会的大熔炉中开辟事业发展的新天地,实现人生幸福的大梦想。

(王美君、黄飞)

十一、恽代英刻苦自学的精神和科学的学习方法

恽代英在武昌中华大学读书期间(1913—1918),就是一位具有远大理想、学习刻苦、品学兼优的高才生。从 1914 年开始,他先后在《东方杂志》《新青年》《妇女杂志》和《光华学报》等杂志上发表学术论文 80 余篇,成为中国思想理论界的一颗耀眼新星。这些成绩,得益于他刻苦自学的精神和科学的学习方法。

(一)

恽代英刻苦自学,贯穿其一生。他悟性强,头脑灵活,在读高等小学时,文才便开始逐渐显露出来,作文常被老师整句、整段连圈朱批,并得了一个“奇男儿”的雅名。他说:“吾文十三岁时即为师长赞美……吾为文皆不预布局面,见题即直抒己意。亦不好矫作古语奇语。但偶一为之以为笑耳。吾作文振笔直书,新颖之思想自然由笔尖写出,此思想之由心至手、至笔、至纸,顷刻之间耳。于顷刻之前,吾固无此思想也。此等奇境,吾每作文即遇之,仿佛若仙助者。言谈之间亦然,每有隽语冲口而出,自讶其奇,确非所料也。”①但这并不是说恽代英是天才。他之所以文思泉涌,有如此的写作佳境,与他从小养成的刻苦自学精神是分不开的。

检阅恽代英的学习经历发现,他正规的在校学习时间,只有 1905 年(10岁)—1908 年(13 岁)的小学和 1913 年(18 岁)—1918 年(23 岁)的大学两个阶段。幼时和中学阶段的教育,都是在家自学。

恽代英在启蒙和小学阶段,就养成了良好的自学习惯。他有一位优秀的启蒙老师。这就是他的母亲。恽代英的母亲陈葆云,湖南长沙人,出生于一个仕宦之家,颇有旧学根底,常教幼年的恽代英背诵唐诗宋词,极大地促进了恽代英的早期智力开发。

1901 年,恽代英 6 岁,入家塾。塾师是从故乡武进请来的一位本家老者。

---

① 《恽代英日记》,中共中央党校出版社 1981 年版,第 3—4 页。

他先后教恽代英读《百家姓》《三字经》《弟子规》《千字文》《论语》《孟子》《大学》《中庸》《幼学琼林》《诗经》《礼记》《易经》《左传》《春秋》等书。他不满足一般的识字和背诵,而是要弄明白书中所讲的道理。因此,恽代英经常向塾师提出一些"稀里古怪"的问题,常常使塾师尴尬不已。他从塾师那里得不到答案,便自己阅读家中其他藏书,自寻真知。他还阅读了家中藏书《水浒传》《三国演义》等小说,经常向他的兄弟和堂兄弟们讲水浒和三国的故事。1908年,恽代英高等小学毕业。恰好父亲恽宗培被派往湖北老河口(现光化县)任盐税局长。母亲带着恽代英兄弟四人,随父去了老河口。老河口是鄂西北重镇,位于鄂、豫、川、陕四省交界处,为江汉流域货物集散地,商船荟萃,商贸发达。但文化教育落后,竟然没有一所中学。

恽代英兄弟只好在母亲的辅导下,自学家中藏书。他先后读完《纲鉴易知录》《古文观止》《战国策》等,特别酷爱读梁启超的《饮冰室文集》。恽代英的父亲又请老河口邮政局长罗衡甫辅导恽代英兄弟学习英语。经过四年的刻苦自学,恽代英不仅打下了坚实的国学基础,而且能熟练地与罗先生用英语对话,并能够阅读原版英文书籍。他从罗局长那里看到上海商务印书馆和中华书局等书店的新书征订目录,如获至宝,将母亲给他的零花钱全部用来购买杂志和新书。从他的日记可见,他订阅的杂志和新书有《小说月报》《东方杂志》《妇女杂志》《教育杂志》以及《饮冰室丛著》《塞瓦斯托波尔》(托尔斯泰)、《笑面人》(雨果)、《乌托邦》(莫尔)、《需要情报》(马克·吐温)。还选购了一些欧洲社会科学著作,如卢梭、孟德斯鸠、达尔文等人的作品,这就极大地开阔了他的阅读视野。他的学习也更加刻苦了,真是废寝忘食,成了名副其实的"书痴"。

1913年,恽代英的父亲失业,全家迁回武昌。这年初夏,武昌中华大学秋季招生开始报名。恽代英决定报考。父亲感到很诧异,心想:"还没有上过中学呢,能考得上吗?"母亲了解儿子的功底,支持他报考。恽代英果然身手不凡,中华大学新生录取的大红榜贴出来了,他名列预科前三名。这充分检验了恽代英刻苦自学的成效。

在中华大学,恽代英更是发挥擅长自学的优点,学习更是主动。为了研究日本、德国现代化的历史与现状,在熟练掌握英语后,又自学日语和德语,成为中国共产党早期领导人中少有的懂得英、日、德三种语言的难得人才。他除自学日语、德语外，又结合自己所学的哲学专业，还自学了康德、黑格尔等人的大量哲学原著。他有广泛的学习兴趣，从他的日记可见，仅 1917 年，他阅读过的图书就有《十九世纪史》(英文版)、《人生二百年》《精神卫生论》《读书法》、原版麦费生(又译罕迭生)《化学》《新大陆考察教育日记》《英华合解辞典》、饮冰室丛著《德育鉴》《墨学微》、节本《明儒学案》《万病自然疗法》《化学工艺宝鉴》《化学语汇》《物理学语汇》《昆虫采集制作法》《矿物采集鉴宝法》《德育鉴》《俄国寓言》上下、《公民鉴》等中外书籍和各种杂志近百种。①

由上可见，恽代英的知识，除从学校课堂教育获得外，主要靠自学。因此，他在主持中华大学中学部教务时，极力提倡引导学生自学。他认为，辅导学生自学有四大好处："(一)可以增加学生注意力。(二)引起其疑问之习惯。(三)养成无师自习之习惯。(四)便于个别指导。"②这是恽代英对坚持自学的深刻体认，无论是过去，抑或现在和将来，都具有恒久的指导价值。

(二)

恽代英不仅擅长自学，而且具有自己独到的科学的学习方法，既爱学习，又会学习。他的科学学习方法主要体现在：

第一，学贵知疑。在恽代英看来，知识是从经验中得来的，不是直接从经验中来，就是间接从经验中来，"学问者，反复经验所得较正确的知识之传授也。"③正因如此，单纯的经验每不正确，"最正确之学问，即最正确之经验，即最正确之知识"。④ 随着社会的进步，科技的发展，人类在新的实践中，必然会有许多新的发现和发明，原来学问中正确的或比较正确的知识，就会彰显出不完美或不正确。所以，对已有书本知识，不可不信，也不可全信，都要存一个怀疑的态度。他说，世界各方面的进化，都起源于怀疑。我们要养成一种性质，对于任何事理，"不轻可决，不轻否决。无论什么天经地义的律令训条，无论

① 《恽代英日记》，中共中央党校出版社 1981 年版，第 213—216 页。
② 《恽代英日记》，中共中央党校出版社 1981 年版，第 531 页。
③ 《恽代英文集》(上卷)，人民出版社 1984 年版，第 50—51 页。
④ 《恽代英文集》(上卷)，人民出版社 1984 年版，第 53 页。

什么反经悖常的学说主张,我们总是一律看待。这便是怀疑。世界将来若有进化,这便是促进世界进化的惟一工具"。① 他还说,如果我们居于某境而不疑,"则终身常识限于此一境,稍进一步而不疑,则终身进步限于一步,使吾人疑而无止者,其进步亦无止也。"因此,他认为中国明代思想家陈献章所言学贵知疑,大疑则大进,小疑则小进,"为知言矣"。② 这就是说,读书要有高屋建瓴、势如破竹的气概,敢于解放思想,破除对圣人、对书本的迷信,"信圣人而不疑,即终不能知不能为"。③

作为哲学专业的一名本科生,恽代英上述思想显然是受到了怀疑论思想的影响。怀疑论是一种哲学上的态度,属认识论的范畴,认识论上的怀疑论,是指人们可否完全地、充分可靠地认识事物。在西方哲学中,怀疑论的每一次挑战都引起了解决难题的新尝试,"在历史上起着能动的作用"④。

恽代英一方面对怀疑论的主要代表人物辟罗(又译皮浪)对一切事理都持一个怀疑的态度"很是赞同",但却对他所说真事理不能研求出来的话,"根本上很反对"⑤。恽代英认为,人智是一天天进化的,人智范围一定会随时代发展以扩张的,人类只要肯前进,是有希望得到他所求的真理的。这反映了恽代英与时俱进、与实践俱进的思辨品质。正是这种优秀品质,促使他去学习、去思考,不断发现新问题、研究新问题、解决新问题,站在理论的高点上。

第二,学贵知问。学问学问,又学又问。就是说,读书要不耻下问,对自己不理解的问题,要敢于提出来,请教老师,请教长辈。1915 年 2 月,刚刚从大学预科考入哲学专业本科的恽代英,应武昌青年会的邀请,作了一场题为《愚蠢的提问》的讲演。

首先,恽代英指出,愚蠢的提问其实是整个世界发展的源泉,"也就是说,是世界上所有精妙绝伦的发明的第一步。他有助于推动世界进步,提高国家文明水平和促进人类智慧的发展"。他举例说,当我们站在一棵苹果树下,看

---

① 《恽代英文集》(上卷),人民出版社 1984 年版,第 158 页。
② 恽代英:《怀疑论》,《光华学报》第 1 年第 2 期,1916 年 1 月。
③ 但一:《怎样使学问与口才双方进步》,《中国青年》第 72 期,1925 年 3 月 28 日。
④ 《恽代英文集》(上卷),人民出版社 1984 年版,第 150 页。
⑤ 《恽代英文集》(上卷),人民出版社 1984 年版,第 15 页。

见一个成熟的苹果从枝上掉下来时,都以为司空见惯,从来没有想过这里面还有什么道理。但是伊萨克·牛顿却想:真奇妙呵! 是什么使苹果掉下来呢? 为什么苹果向地下掉而不向其他方向掉呢? 你会说,如果没有东西支撑一个物体,它肯定会掉到地上。但是为什么所有的物体都有重量? 为什么有的物体比别的物体重? 这些问题促使牛顿去思索、去研究,终于发现万有引力定律。由于这个发现,牛顿成名了。假如这个问题由一个不知名的学生提出来,或者牛顿并不有名,你一定会说这不过是些愚蠢的提问罢了。而我们知道,物理学上最伟大的发现正是源于这个愚蠢的提问。同样,詹姆斯·瓦特发明蒸汽机,也是他看见炉子上烧着的茶壶,由于水的沸腾使壶盖咯咯作响地跳动着。于是瓦特认为,这里面一定有很深的奥秘:是什么使壶盖跳动? 如果这么一点水产生的蒸汽就有如此大的力量,那么大量的水产生的蒸汽其力量不是更大吗? 为什么不利用它举起更大的重量呢? 为什么不利用它去推动车轮呢? 这些都是瓦特的提问。如果瓦特没有成功,也许我们都要嘲笑这些愚蠢的问题了。可见,牛顿和瓦特提出的问题都不是傻问题,正好反映了他俩勤于钻研问题的优秀品质。

其次,恽代英强调,要敢于提出傻问题。他说,为什么我们不能成为像牛顿或者瓦特那样的发明家呢? 我的回答是:因为我们没有像他们那样提出这么多傻问题。"使人聪明的唯一方法是提出傻问题来。我们都是学生并都希望成为聪明的人,所以我希望每个人都能提出一些傻问题。"恽代英还说,当我们脑海中闪现出许多傻问题时,绝不能轻易放过,要将这些问题提出来,向老师、父亲、长辈或大学者请教,还要时常问问自己。在他看来,智者常常能够解答我们的提问。但恽代英同时也指出,智者也是凡人,他们的智慧也不是无限的。任何人,即使是像牛顿、瓦特这样的智者,也不能知道世界上所有的奥秘。牛顿和瓦特在他们当时那个年代,提出了一些并非所有的长辈、智者都能够解答的傻问题。但他们没有气馁,自己问自己并反复思考,最终弄清了这些问题。因此,恽代英说,如果我们想成为像牛顿、瓦特他们那样的智者,"我们首先得靠我们自己"。因为"世界上仍有许多奥秘没有被牛顿、瓦特以及所有其他各个时代的发明家所发现。也许这会被我们发现,如果我们愿意的话,我们该怎么办? 这就是一种愚蠢的提问。但正是这个提问将使我们获益"。

最后,恽代英鼓励青年朋友,不要怕被人嘲笑自己提出的问题是傻问题。他说,即使对于一件微不足道的小事,我们也要问一问"为什么",开始常常会被告知:"它就是这样,没有什么道理可讲"。恽代英指出,我们不应该相信这些遁词。如果我们继续思考,这里面肯定有深刻的道理和奥秘。可以肯定"我们找到答案之日,就是我们变得越来越聪明之时。如果我们能经常提出一些傻问题,那么我们就是伟大的发明家"。所以,不要怕别人嘲笑自己提出的问题是傻问题。恽代英坚定地说:"那些认为这类提问'愚蠢'的人才是非常愚蠢的,那些提不出这类'傻问题'的人才是非常愚蠢的,那些对这类提问进行嘲笑的人才是非常愚蠢的!我希望大家永远不要做那样的蠢才"。①

这篇生动的讲演,正是恽代英对自己学习方法的深刻体认。他就是一个肯动脑筋、敢于提问的研究型学习人才。从《恽代英日记》可以看到,为了探讨哲学的基本问题即世界是物质的还是精神的?是先有物质还是先有精神?他在1917年4月至10月,写了10封信,与刘子通教授展开讨论。他坚信"物质必为实在","以太为一种物质而已,不得谓以太为力,亦不得谓以太为非质非力也"②,并最终认识到世界源于物质又统一于物质,从而奠定了他唯物主义的世界观。

第三,以我为主。恽代英认为,学问要自己求,境遇要自己处。凡是你不懂的,你便应当处心去学习;而且要自信,"不要菲薄自己"③。要懂得,越是肯切实、肯研究、肯想更好的读书方法,就一定能够学有所成。

恽代英以我为主的读书方法是:

首先,要会择书。恽代英指出,所读之书,必择其为富有思想之著述,重思想,不重文辞,"以了解其思想之究竟为要。凡无益之文辞,虽高丽乎,非所应留意也"④。他尤其认为,"择小说当如择友",读小说时,"无异以精神与书中人相接触,即交友之损益,不过因以精神相接触故也……果有好小说读之,有

---

① 恽代英:《愚蠢的提问》,《学生杂志》英文版,第2卷第2期,1915年2月。
② 《恽代英日记》,中共中央党校出版社1981年版,第274页。
③ 恽代英:《致夏敬隆》,《少年中国》第1卷第12期,1920年4月。
④ 恽代英:《思考力之修养方法》,《光华学报》第2年第2期,1917年3月7日。

时较交友大有益","良小说之价值至少与良友等","若恶劣小说,其效正与上反"①。"看小说,最好是看水浒或有理想的小说"。他特别强调,有志于革命的青年,要多看社会科学方面的书,多看中外历史上伟人的传记,最好是注意革命的伟人,"我们可以受那些伟人的感动,使我们更勉励向上。再则从这些传记中,我们亦可以知道许多历史的事情"。此外,"有余暇的时间,不妨看几本历史札记书"②。

其次,不要把读书看得太重。恽代英认为,青年一定要读书,不读书学习,就掌握不了科学知识,将来就没有为社会服务的本领。但真有志气的青年,"你不要把读书太看重了"③。"读书一因求真,一因求有用"④。因此青年最急要的是了解现在的世界,了解社会。你读的书,最重要的是能帮助你奋斗,倘若连现在的世界和社会你都不了解,你学的书本知识,"那一切都只是说梦话"。所以,青年一定不要忘了社会的实际生活,社会的实际改造运动。只有这样,对于改造中国才会有切实的效益,不至于是无目的的书痴。尤其是学习社会科学的青年,与其从理论的书籍下手,不如从具体的事实下手:"(一)研究社会的构造与各种势力的关系,(二)研究社会进化的原理,(三)研究各国与中国的财政与社会政策,(四)研究各国与中国农工商业的发达与衰败的原因及现状"⑤。只有这样,才能达到做人的目的,真正成为对社会有益的人。

再次,读书须用思想读之。恽代英深有体会地说,这是我"独出心裁的记忆法"。这种读书法,"即易记忆"。如何做到用思想读之。"(一)用心理联合法取相类似或相违反之各学说联合记录之。(二)于一事一理或于上述记录之事理,以自己之意思批评之"⑥。而且,读书应该精神集中,精神集中包括在潜、在显两个方面。"如在显之精神集中矣,在潜之精神不集中,犹无益也"⑦。读书用思想读之,还要在看书的时候下一番综合整理的功夫,要使书

---

① 《恽代英日记》,中共中央党校出版社1981年版,第131页。
② 《恽代英文集》(上卷),人民出版社1984年版,第438页。
③ 《恽代英文集》(上卷),人民出版社1984年版,第343页。
④ 《恽代英日记》,中共中央党校出版社1981年版,第209页。
⑤ 恽代英:《怎样研究中国社会科学》,《中国青年》第23期,1924年3月23日。
⑥ 《恽代英日记》,中共中央党校出版社1981年版,第182—183页。
⑦ 《恽代英日记》,中共中央党校出版社1981年版,第203—204页。

中所说的能成为我的学问,只有我能采用书中的材料,以自己创造对于某一问题的整个的观念才会使书中所说的成为我的学问的一部分。怎样取书中材料以造成我的整个观念呢?"最好是每看一部书或一章书以后,要用很少的文字或言语把它的内容概括地记下来,或者是就几部书或许多报章杂志中,搜集其讨论某一问题的材料,自己下一番整理功夫,简单地有条理地叙述出来。只有经过这,才能使书中各种材料,在我脑筋中间,留一种比较深刻的印象"。①

最后,书要反复读之。恽代英又认为,读书非求其熟,即已读之文,仍不妨反复读之。尤其是传统经典之作,"必多读多味,使古人之精神与吾之精神相融合,自然浸润而不觉矣。"②他强调指出,青年们读书要能得益最要紧,书买来是为读的,是要供我们用的。有的青年,买了一本书要包扎得很讲究,不肯写一个字在书里头。这种爱清洁,这种小心有恒,自然值得夸赞,但这不是读书的好法子。古人说:"读书破万卷,下笔如有神"。古人要将书读破,并不是以万卷如新的一样为高。既要从书中得益,便会不能保书像新的一样,也没有关系。他特别强调:"我主张读书的时候,若有什么觉得要反驳或补充的意见,应即刻批注在书本上面空白的地方。这亦是为将来便于翻阅参考"。有些老先生反对这样做,认为年轻人,有什么好意见,敢于批评人家的著作。恽代英认为,这是没有道理的。他说,年轻人批评人家的著作,"愚者千虑,亦未必便没有对的地方"。即使批评得一句亦不对,自己买了书,自己写在买的书内,有什么不可以呢?因此,恽代英提倡,在读书的时候,"要不惜将毛笔或铅笔在书中各种重要地方作种种记号,而且随时在书头上记下自己种种意见"③。这样,既可以免于走马看花之读,又可以练笔,使自己的文笔流畅,所学知识把握更牢。

综上所述,恽代英刻苦自学的精神和科学的学习方法,弥足珍贵,具有深远的理论意义和实践价值。不仅在历史上启迪了广大革命青年,在建设学习型政党和学习型社会的今天,仍具有很强的指导作用。

(李天华)

---

① 但一:《怎样使学问与口才双方进步》,《中国青年》第72期,1925年3月28日。
② 《恽代英日记》,中共中央党校出版社1981年版,第61页。
③ 但一:《读什么样的书与怎样读书》,《中国青年》第8期,1923年12月8日。

十二、恽代英的理想与追求

中国青年的领袖和导师恽代英,在武昌中华大学读书时,就志向高远,追求崇高的理想。他认为,有志中国青年,不可以没有理想,不可以没有信仰。1917 年,他在《论信仰》中写道:"信仰之引人向上,固不可诬之事。且其功用能使怯者勇,弱者强,散漫者精进,躁乱者恬静,历史所载,其伟大之成绩,不可偻数,令人震眩之以为不可抛弃,盖亦非偶然也。惟信仰固有如此之功用,而除信仰外,尚不乏有此同一之功用者。"①

第一,恽代英的理想与信仰是与时俱进的。其时,辛亥革命失败,中国又重新回到了半殖民半封建社会,国家坏到了极处,人民苦到了极处。恽代英从中国传统文化的善恶观中汲取营养,将进步民主势力称之为"善势力",将西方列强和北洋军阀、政客等诉之为"恶势力",决心从公德、公心、诚心、谨慎、谦虚、服从、礼貌、利他八个方面加强修养。他这时的理想,是希望自己成为改造国家与社会的"善势力"的一分子。正如他自己所说:"我以往、现在、将来,便都是以养成一种善势力为目的"②,并希冀依靠"善势力",去扑灭"恶势力"。五四运动后,包括马克思主义在内的各种社会思潮在中国广泛传播。恽代英曾细心地研究过无政府主义和新村主义,思想曾一度受到影响,并且还作了一篇《未来之梦》,企图在中国"利用经济学的原理,建设一个为社会服务的大资本,一方用实力压服资本家,一方用互助共存的道理,启示一般阶级。而且靠这种共同生活的扩张,把全世界变为社会主义的天国"③。与此同时,他也刻苦学习马克思主义,经过反复实践和比较,最终认识到无政府主义是"割肉饲虎的左道,从井救人的诬说","个人主义的新村是错了",中国旧社会的罪恶,"全是不良的经济制度所构成。舍改造经济制度,无由改造社会"④。于是,他的世界观发生了根本转变。他这时的理想是要彻底推翻帝国主义、封

---

① 《恽代英文集》(上卷),人民出版社 1984 年版,第 44 页。
② 《恽代英日记》,中共中央党校出版社 1981 年版,第 622 页。
③ 《恽代英文集》(上卷),人民出版社 1984 年版,第 244 页。
④ 《恽代英文集》(上卷),人民出版社 1984 年版,第 326 页。

建主义的压迫,改造中国经济制度,实现中华民族独立、人民解放,在中国建立没有剥削、没有压迫的共产主义社会。1921 年 7 月中旬,恽代英与林育南召集受利群书社影响的 24 位进步青年在湖北黄冈开会,宣布成立具有共产主义性质的革命团体共存社,其宗旨是"企求阶级斗争、劳农政治的实现,以达到圆满的人类共存为目的"①。从此,他坚定地选择了信仰马克思主义,同年年底,加入中国共产党,全身心地投入到为实现中华民族独立、人民解放的斗争中。

第二,恽代英将理想比作"光明之灯",教育青年,要"一心一意向着灯光走上去"。1923 年,恽代英任团中央宣传部长,创办并主编《中国青年》。1926 年,在国民党二大当选为中央执行委员,同年 3 月,任黄埔军校政治总教官。1927 年在党的五大和 1929 年在党的六届二中全会上当选为中共中央委员。恽代英一生主要战斗在党的思想理论战线上。他在主编《中国青年》期间,一直用远大理想教育青年,热情宣传马克思主义和党的新民主主义革命基本思想。当时学术救国、教育救国、科学救国思想对青年影响很大,恽代英循循善诱,深刻指出,在中国不打倒军阀统治,不打倒帝国主义的侵略势力,纵有几千几万技术家,也不能救国,只有改变了国家的政治制度,才能谈得上学术、教育、科学。因此,他希望青年多研究救国的学术——社会科学。他把理想比作"光明之灯",认为"有希望之人,如黑地有灯,则自增其勇往之气……无希望如无灯,则举足略有崎岖即生畏缩之心","希望愈大如灯光愈大,则风不能息,如挫折不能使吾人失望"。②他对青年朋友说:"你若能研究得到一种信念,知道国家社会一定是可以改造的,那譬如你在黑暗中见了灯光,你的胆气自然更要大了"③。他又说,一个青年要找一条正确的路不是简单的事,既然找到了一条光明的道路,就要"坚定信念,毫不动摇地走下去"④。他还说:"主义真是一个有力量的东西。人每每因为

---

①　恽代英:《浚新大会纪略》,《我们的》第 7 期,1921 年 8 月 10 日。

②　《恽代英日记》,中共中央党校出版社 1981 年版,第 342 页。

③　恽代英:《答淮阴儿:怎样打破灰色的人生》,《中国青年》第 79 期,1925 年 5 月 9 日。

④　阳翰笙:《照耀我革命征途的第一盏明灯》,载《回忆恽代英》,人民出版社 2015 年版,第 13 页。

一种革命的主义能够解决自己与社会的痛苦,不惜牺牲一切为主义奋斗。多少被压迫者集合在这种主义的旗帜下,多少革命志士为了主义流血啊!"①恽代英特别强调,我们最重要的是要能为主义去奋斗,即便是说实行为民众谋利益的实际工作。"我们要在实际上,表现出我们的主义是为民众利益的;要使民众在我们行动上来认识我们的主义。那便无论反动的人如何造谣曲解,大家自然都知道我们的主义是个什么东西了。"②他的思想教育和影响了大革命时期整整一代中国青年。郭沫若曾指出:"在大革命前后的青年们,凡是稍微有些进步思想的,不知道恽代英,没有受过他影响的人,可以说没有。"③

恽代英之子恽希仲(右三)、夫人刘树芬(右四)及
恽甫铭、恽铭庆等亲属瞻仰南京雨花台恽代英铜像

---

① 《恽代英文集》(下卷),人民出版社1984年版,第839页。
② 《恽代英文集》(下卷),人民出版社1984年版,第812页。
③ 郭沫若:《纪念人民英雄恽代英》,载《回忆恽代英》,人民出版社1982年版,第199页。

第三,恽代英毕生为实现远大理想而奋斗,不惜牺牲自己的一切。1927年,蒋介石发动"四一二"反革命政变后,恽代英与毛泽东等联合宋庆龄、邓演达等40名国民党中央执行委员、候补委员发出《中央委员联名讨蒋》通电,痛诉蒋介石是"总理之叛徒,本党之败类,民众之蟊贼"①。马日事变后,恽代英亲率由武汉中央军校学生编成的独立师,随武昌卫戍司令叶挺的两个团奔赴前线平叛,暂时保卫了武汉的安全。汪精卫"七一五""分共"后,他鼓励没有暴露共产党员身份的军校干部战士说:"中国革命旧的联合战线破裂了,只要我们意志坚定,主义明确,真正能团结群众,新的联合战线不久会建立起来的。丧失了的阵地会逐渐恢复起来。"随后,他参与领导了南昌起义和广州起义。广州起义失败后,恽代英的革命意志更加坚定,坚信革命的失败只是暂时的挫折。他说:"挫折是不可避免的,要经得起挫折,不承认失败的人,才有再战的勇气。失败是成功之母,我们一定要从其中学到东西……古话说'秀才造反,三年不成',假如我们下决心造三十年反,决不会一事无成。年轻人!要有决心干三十年革命,那你还不过五十岁。接着再搞三十建设,你不过八十岁。我们的希望,我们的理想社会主义、共产主义恐怕也实现了。那时世界多么美妙!也许那时年轻人,会不相信我们曾被又残暴又愚蠢的两脚动物统治过多少年代,也不易领会我们走过的令人难以设想的崎岖道路,我们吃尽苦中苦,而我们的后代则可享到福中福。为了我们崇高的理想,我们是舍得付出代价的。"②1928年至1930年,恽代英先后在香港、上海秘密从事党的地下工作。在生活极为艰难,随时都会被捕牺牲的情况下,他却十分乐观,对妻子沈葆英说:"我们是贫贱夫妻,我们看王侯如粪土,视富贵如浮云,我们不怕穷,不怕苦。我们要安贫乐道。这个'道'就是革命的理想。为了实现它而斗争,就是最大的快乐。我们在物质上虽然贫穷,但精神上却十分富有。这种思想、情操、乐趣,是那些把占有当幸福,把肉麻当有趣的人所无法理解的。"③他在牺牲前还写下了气壮山河的《狱中诗》:"浪迹江湖忆旧游,故人生死各千秋。已

---

① 《中央委员联名讨蒋》,武汉《民国时报》1927年4月22日。
② 陈同生:《代英同志的教导毕生难忘》,载《回忆恽代英》,人民出版社2015年版,第218页。
③ 李朗明:《访问沈葆英记录》,1983年8月13日。

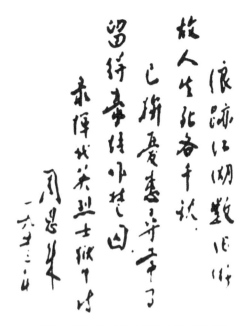

周恩来在 1953 年手录的恽代英烈士狱中诗

捱忧患寻常事,留得豪情作楚囚"①。充分体现了其伟大的人格和对革命的前途和共产主义远大理想充满了必胜的坚定信念。

(李良明)

十三、恽代英思想体系及其历史价值

恽代英在中华大学(华中师范大学前身之一)学习期间便脱颖而出,他的思想在当时青年中很有影响。郭沫若曾指出:"在大革命前后的青年学生们,凡是稍微有些进步思想的,不知道恽代英,没有受到他影响的人,可以说没有。"在 36 年的短暂人生中,恽代英留下了近 300 万字的遗著,包含着丰富的哲学、政治、经济、军事、文化、教育等内容,具有重要的历史价值。

哲学思想。恽代英承认世界是物质的,并从各个方面反复论证了物质必

---

① 《恽代英文集》(下卷),人民出版社 1984 年版,第 1075 页。

为实在,世界统一于"以太"——物质。恽代英坚持唯物主义的反映论,认为人的认识先有经验,后有智识,随着经验的不断丰富,人的智识也不断发展,因此,世界是可以认识的;他的历史观包括无神论、人民群众是历史的创造者、社会历史发展是一个自然的过程等。

政治思想。五四运动后,恽代英认识到在中国只有"企求阶级斗争","劳农政治"才能实现。恽代英对中国社会及革命的性质、动力、对象、任务、前途的认识极其深刻。在资产阶级民主革命中,产业无产阶级最富于革命性,要做其他阶级的"中心与领导人";农民是工人阶级的同盟军,"农民哪一天觉醒,改造的事业便是哪一天成功。"他将中国的资产阶级分为"大商买办阶级"和"幼稚工业资本家",前者"依赖外国资本主义……是反革命的";后者则具有两面性,与他们合作必须保持警惕,而不能牺牲自己的利益;中国小资产阶级虽有其革命的一面,但"是怯懦而自私的"。中共三大期间,他特别强调要在统一战线中坚持无产阶级领导权,"为无产阶级专政树立确实根基如俄国前例。"可见,其革命思想是符合中国历史发展实际情况的。

经济思想。恽代英明确主张"中国亦必化为工业国然后乃可以自存"。他强调经济因素具有基础性和根本性作用,帝国主义对中国的经济侵略是中国贫穷落后的根源,国内封建军阀是帝国主义利益的代理人。他认为中国比俄国更落后,革命胜利后,只有务实地施行类似列宁的新经济政策,"酌量重建资本主义",充分发展社会生产力,才能"以巩固无产阶级的政权"。同时要充分发挥社会主义国家的职能,使资本主义的发展"不至于妨害"社会主义本身。他说:中国要解决贫困问题,前提条件是要通过革命建设一个像苏俄一样的"公众而强固的政府",才能真正"利用外资"开发富源,为人民服务。这足见其前瞻性。

军事思想。恽代英参与领导了南昌起义和广州起义,是中共党内最早认识到武装斗争重要性的杰出领导人和人民军队及政治工作的奠基者之一。早在1922年9月,他就提出了"我们要赶快组织作战的军队";1923年6月,他又提出"民主革命仍必假军队与群众之力以成功"。他在黄埔军校工作期间,又提出:"在党军中间,党高于一切。""党军是要'为主义''作战'的,不'为主义',或者是不能'作战',都同样是有负党军责任,都同样是有负于党、有负于全国瞩望我们的被压迫的劳苦工农。"他强调军队政治思想教育的目的是要"努力使他做成人民的军队"。他要求每个学员区队中加设一个指导员，"代替政治部做工作"，这实际上都为中共"党指挥枪""支部建在连上""军事只是完成政治任务的工具"等原则奠定了基础。朱德曾指出：研究党的军史时，应当从黄埔军校这个老根上开始。毛泽东在延安时期也曾高度评价说，黄埔军校"设立了党代表和政治部，这种制度是中国历史上没有的，靠了这种制度使军队一新其耳目。一九二七年以后的红军以至今日的八路军，是继承了这种制度而加以发展的"。

文化思想。在五四时期，恽代英就揭示了新闻的定义，即"记事"，用"简明之笔，将已发生而社会应知晓的事实，条述之"，这与1943年陆定一给新闻下的定义"新闻就是新近发生

恽代英致胡适信信封

恽代英任中华大学中学部主任（校长）时推荐萧鸿举致胡适的信手迹

的事实的报道"有同工异曲之妙。土地革命战争时期,恽代英主编广东省委机关刊物《红旗》和中共中央机关报《红旗日报》,他认为,革命报刊是无产阶级的宣传工具和战斗武器,具有指导、宣传和组织革命群众的巨大作用;新闻必须真实且具有可读性;必须坚持依靠群众办报办刊。在文学思想方面,恽代英积极倡导无产阶级革命文学,坚决反对洋八股,号召青年作家从"象牙之塔"和"亭子间"走向社会生活,投入到伟大的革命斗争实践中去,创造出革命的文学,达到宣传人民、教育人民、鼓励人民为民族解放和自己解放而斗争,这些思想今天仍然有着巨大的价值。

恽代英在中华大学任教时,还与胡适通信,讨论教育问题

教育思想。恽代英一生的革命生涯与教育活动紧密相连。恽代英论及教育的遗著有近百篇,从幼儿教育到高等教育,从平民教育到职业教育等,形成了比较完整的教育思想体系。恽代英认为:儿童教育应为"健全的公民"打好基础;中等教育应是"养成健全的公民的教育";高等师范教育必须是"养成健全的公民的教育"的师资教育。他的"养成健全的公民教育"的系统理念包括:"事业与职业统一"的职业教育观,德育、智育、体育全面发展的教育观,

"以生为本"的教师观以及对教学内容、方法的改革,等等,对当前教育的发展仍然有着重要的借鉴价值。

综上所述,恽代英自觉运用马克思主义武装自己的头脑,并同自己的革命实践紧密结合,为后人留下了博大宏富的思想著述。这是我们党早期斗争史上的重要成果和理论总结,是全党集体智慧的结晶——毛泽东思想的组成部分,具有极其重要的历史价值。

(申富强)

第 三 章

《恽代英全集》的出版及评介

一、《中国共产党先驱领袖文库》
出版座谈会在人民大会堂举行

出席《中国共产党先驱领袖文库》出版座谈会各级领导、先驱领袖亲属及专家合影

人民出版社社长黄书元在《中国共产党先驱领袖文库》出版座谈会上致辞

　　为纪念新中国成立六十周年,人民出版社决定,启动《中国共产党先驱领袖文库》编辑出版工程,《文库》所称先驱领袖,是指在新中国成立前就义或逝世的无产阶级革命家。他们均为中国共产党早期革命运动领袖,或为党的创始人,或为工人、农民、青年、妇女等运动的杰出领导人。他们与毛泽东、周恩来、刘少奇、朱德等一道组成了我党早期领袖群体,为党的发展壮大,为民族的解放,为新中国的诞生作出了不可磨灭的贡献。

　　在新中国成立六十周年之际,人民出版社组织出版《中国共产党先驱领袖文库》,将共和国成立前辞世的无产阶级革命家的著作集中整理并系统出版,这是新中国成立以来的第一次,是新中国成立前辞世的无产阶级革命家著作的首次全面集成。《文库》的编辑工作历时近 5 年,共包括 20 种图书,46卷,约 1700 万字,分为文集和全集两种。其中大约一半内容为首次公开出版,已经出版过的著作也新发现和考证了一些珍贵的史料,进行了增补和修订。2014 年 9 月 29 日,《中国共产党先驱领袖文库》出版座谈会在人民大会堂举行。各级领导、知名专家以及先驱领袖亲属代表参加会议。会议由人民出版社总编辑辛广伟主持。人民出版社常务副社长任超首先传达了中央领导同志刘云山、刘奇葆的重要批示。刘云山指出:"《文库》集中展现了我们党早期领导人的革命实践和理论探索,反映了中国共产党人为理想奋斗、为真理献身的崇高品格,蕴含着丰富的思想精神养料,是新形势下进行理想信念

人民出版社总编辑辛广伟主持《中国共产党先驱领袖文库》出版座谈会

教育的好教材。希望认真做好《文库》的学习使用工作,充分发挥其教育功能,引导人们继承革命先辈的光荣传统,增强中国特色社会主义道路自信、理论自信、制度自信,为实现中华民族伟大复兴的中国梦而不懈奋斗。"刘奇葆对《文库》的出版表示热烈祝贺。他认为:"《文库》集中收录了我党早期领导人的著作文献,展现了中国共产党人为实现民族艰辛探索、坚定信念和忠诚奉献。要充分发挥《文库》作用,让更多的人了解中华民族抗争与求索的苦难辉煌,了解我们党领导人民进行革命建设的伟大历程,增强对中国特色社会主义的信心。"国家新闻出版广电总局副局长吴尚之出席座谈会并讲话。他说:"《文库》的出版是中国共产党施展理论精神的一件大事,也是出版界的一件大事……丰富了我党历史文献与思想理论宝库,对于推进马克思主义中国化、时代化、大众化,丰富和发展中国特色社会主义理论具有重要意义。"人民出版社社长黄书元就《文库》的出版作了详细说明,他指出:"《文库》有三个显著特点:一是系统性。《文库》的内容囊括了我党早期革命事业的各个领域;二是权威性。《文库》的编纂都是由相关党史研究室专门完成的,中央党史研究室认真审定了全部书稿,对《文库》内容提出了许多重要修改意见,确保了《文库》的权威。三是完整性。《文库》的文稿包括报告、讲话、文章、书信等各类作品,以求全面客观反映先驱领袖的思想"。他还指出,《恽代英全集》(九卷)是《中国共产党先驱领袖文库》的重要组成部分,《恽代英全集》的大部分内容为首次公开出版。在《文库》座谈会上,恽代英亲属代表恽铭庆和恽代英研究专家李良明分别作了发言。

为中华民族的伟大复兴贡献自己的微薄之力

在国家烈士纪念日前夕,人民出版社隆重召开《中国共产党先驱领袖文库》座谈会,我的心情格外激动,党的十八大以来,以习近平同志为总书记的党中央强调中共党史是必修课。他说:"历史是最好的教科书。学习党史国史,是坚持和发展中国特色社会主义、把党和国家各项事业继续推向前进的必修课。这门功课不仅必修,而且必须修好。"因此我们认为,经中宣部和广电总局批准,人民出版社出版的《中国共产党先驱领袖文库》不仅具有重要的历史意义,而且具有重大的现实意义,是贯彻落实党的十七大报告提出的推动社会主义文化大发展大繁荣的战略任务和党的十七届六中全会通过的《关于深化文化体制改革,推动社会主义文化大发展大繁荣若干问题的决定》,尤其是贯彻落实习近平总书记系列重要讲话的实际举措。

恽铭庆在《中国共产党先驱领袖文库》出版座谈会上发言

《中国共产党先驱领袖文库》是包括祖父恽代英在内的老一辈无产阶级革命家,将马克思主义与中国实践相结合的产物,是党的集体智慧的结晶,是毛泽东思想的重要组成部分,也是党的历史文献的重要组成部分,填补和极大地丰富了中共党史的内容,是中国革命的传世之宝,是生动教材,对于社会主义文化大发展和大繁荣必将起到极大的推动作用。

瞿独伊、李晓云、冯海龙、恽铭庆出席《中国共产党先驱领袖文库》出版座谈会

作为恽代英烈士的亲属和后代,我们一定要继承这份宝贵的精神遗产,将认真学习马列主义、毛泽东思想与学习《先驱领袖文库》结合起来,像老一辈革命家那样,树立崇高的远大革命理想。现在全党和全国各族人民正在以习近平同志为总书记的党中央领导下,为实现中华民族伟大复兴的中国梦而奋斗。中国梦是近代以来无数仁人志士的理想,正如习近平总书记所说,中国特色社会主义道路来之不易,"它是在改革开放30多年的伟大实践中走出来的,是在中华人民共和国成立60多年的持续探索中走出来的,是在对近代以来170多年中华民族发展历程的深刻总结中走出来的"。历史证明,李大钊、陈独秀、恽代英等老一辈无产阶级革命家都为实现中华民族伟大复兴的中国梦作出了不可磨灭的贡献。

恽代英在南京雨花台逝世以后,恽家的后代,即使在"文化大革命"前和

"文化大革命"中遭受到不公正的待遇,但也严于律己,忠诚无私,数十年如一日,在自己的平凡工作岗位上为党和国家贡献了自己的微薄之力。我们也将在为实现中华民族伟大复兴的中国梦中继续贡献自己的一份力量。

最后衷心感谢为《中国共产党先驱领袖文库》出版作出贡献的各级领导,以及人民出版社各位领导和全体工作人员。同时,诚挚的感谢华中师范大学各级领导,以及以李良明为首席专家的课题组成员。因为在三十年前,奶奶沈葆英在出席华中师范大学纪念恽代英诞辰 90 周年的学术讨论会中,提出了希望出版《恽代英全集》的愿望,得到了中央领导的关心和支持,华中师范大学领导和李良明教授记住这一嘱托,直至今日圆满完成,得以告慰先烈、国家和世人。再次祝贺《中国共产党先驱领袖文库》取得更大的成就,谢谢。

(恽铭庆)

功在当代利在千秋的事业

感谢人民出版社邀请我参加今天的座谈会,并安排我发言。我认为人民出版社策划和出版的这套《中国共产党先驱领袖文库》,是功在当代、利在千秋的事业,丰富了中共党史的文献和内容,具有重大的历史意义;为当今实现

李良明在《中国共产党先驱领袖文库》出版座谈会上发言

中华民族伟大复兴的中国梦提供了强大的精神动力,具有重大的现实意义。因此包括李大钊、陈独秀、瞿秋白、张太雷等在内的这套《文库》的出版,必将在海内外产生深远的影响,激励全党和全国人民,坚定理想信念,牢记历史使命,弘扬光荣革命传统,继往开来,为实现中华民族伟大复兴的中国梦而努力奋斗。

恽代英是中国共产党早期领导人之一,是中共早期著名的思想家、理论家。他的人格魅力和思想深深地感动了我。恽代英是一个赤诚的爱国主义者,从小就立志救国,在茫茫的黑夜中探索救国的道路。马克思主义尚未传到中国前,他从优秀的中国传统文化中吸收营养,强调青年学生必须从公德、公心、诚心、谨慎、谦虚、服从、礼貌、利他八个方面加强修养,并认为这是救国的唯一方法。五四运动后,他刻苦学习、研究马克思主义和各种社会新学说,通过反复实践、比较,最终确立了对马克思主义的坚定信仰,成为一个坚定的马克思主义者。他生活简朴,一心为党,被好友萧楚女誉为中国"当代的墨子"。他主编《中国青年》,影响了大革命时期整整一代青年。正如郭沫若所说:"在大革命前后的青年学生们,凡是稍微有些进步思想的,不知道恽代英,没有受过他影响的人,可以说没有。"因此,从党的十一届三中全会以后,我便开始研究他的生平史事与思想,注意收集他的遗著。恽代英生于《马关条约》签订的1895 年,牺牲于日本军国主义者大举侵占中国东北前夜,真是生于忧患,死于忧患。他不满 36 年的短促一生,留下了 290 多万字遗著,内容丰富,思想深邃,涵盖了哲学、军事、经济、教育等各个领域,形成了自己独特的思想理论体系,是全党集体智慧结晶的毛泽东思想的重要组成部分,而且他的思想具有全面性、深刻性、前瞻性的特点,具有很强的指导性和生命力,是党的理论宝库中一颗璀璨的明珠。我在收集、整理与研究恽代英遗著的过程中,虽然比较艰辛,但更多的是收获了快乐。最后我要特别说明的是,《恽代英全集》是在前人研究的基础上继续推进的。我们课题组的成员,还有恽代英的亲属,也为《恽代英全集》的出版作出了贡献。2014 年 1 月 27 日,国家社科办将我们的中期检查报告发表在规划办的网站上,给了我们极大的鼓励。在此,我要一并表示衷心感谢。

(李良明)

二、《恽代英全集》出版座谈会在北京华侨大厦举行

由人民出版社出版的国家出版基金项目《中国共产党先驱领袖文库》的重要成果《恽代英全集》(1—9卷,290余万字),首发出版座谈会于11月25日上午在北京华侨大厦举行。人民出版社副总编辑于青主持,座谈会由人民出版社社长黄书元就《恽代英全集》的出版情况作了详细说明。并作了大会重要发言,中组部、中宣部、中央党史研究室、中央文献研究室、解放军军事科学院等有关专家领导和恽代英亲属与老一辈党和国家领导人亲属代表120余人出席出版座谈会并发言。

《恽代英全集》出版座谈会与会领导专家学者及革命前辈亲属合影

《恽代英全集》是中国共产党的宝贵精神财富,是马克思主义中国化的理论成果,也是中国共产党集体智慧结晶的毛泽东思想的重要组成部分,思想深邃,内容丰富,涵盖哲学、政治、经济、军事、文化、教育等各个领域,极大丰富了中共党史研究的内容。

座谈会上,全国人大常委、中共中央党史研究室原主任,中国共产党党史学会会长、中国中共党史人物研究会会长欧阳淞发表讲话。他讴歌了恽代英的光辉革命生涯和不朽功勋,号召全国人民特别是广大青年学习、继承、弘扬

人民出版社副总编辑于青主持《恽代英全集》出版座谈会

出席《恽代英全集》出版座谈会的部分领导和专家

恽代英的高尚品格和革命精神。

中共中央党史研究室原副主任、北京大学教授沙健孙在发言中指出,恽代英为了寻找挽救祖国危亡的正确道路,进行过长时间的艰苦探索,为中国革命作出了特殊贡献。中共中央党校副校长徐伟新、国家新闻出版广电总局出版管理司司长张福海、人民出版社社长黄书元、华中师范大学副校长蔡红生、黄埔军校同学会秘书长杭元祥、《恽代英全集》的编者李良明、恽代英烈士亲属代表恽希良等先后发言,深切表达对老一辈无产阶级先驱领袖的缅怀和敬仰之情。

出席《恽代英全集》出版座谈会的老一辈革命家亲属代表

座谈会由人民出版社、华中师范大学、黄埔军校同学会联合举办;中宣部、中组部、国家新闻出版广电总局、有关党政军专家学者代表金冲及、朱佳木、张星星等,以及恽代英同志亲属代表恽铭庆、恽梅和老一代党和国家领导人的亲属代表瞿独伊、周秉德、陈知建、叶向真、罗丹、叶正光、冯海龙等约80人出席座谈会。

(申富强、张浩)

出席《恽代英全集》出版座谈会的部分与会专家

三、纪念恽代英　深化党史人物研究

　　恽代英是中国共产党创建时期的早期领导人、著名的青年运动领袖。他1920 年创办利群书社，1921 年加入中国共产党。他创办并主编的《中国青年》"培养和影响了整整一代青年"。

　　历史证明，恽代英是在艰苦卓绝的革命斗争中成长起来的伟大的共产主义战士、杰出的无产阶级革命家。他在"打倒列强，除军阀"的大革命洪流中投身革命，加入了中国共产党；在探索革命道路的艰难岁月里同毛泽东、周恩来等结下了深厚的革命情谊。恽代英为新民主主义革命的胜利建立了不朽功勋，表现出了崇高品质和革命精神，对马克思主义的中国化作出了不可磨灭的贡献，是值得我们永远纪念的革命先驱！

　　恽代英的思想理论是从中国的实际出发的，其生命力穿透时空。比如：1922 年，他提出了"纸老虎"和"真老虎"的概念；1923 年，他提出了"为无产阶级专政树立确实根基如俄国前例"；1924 年，他又指出，中国民主革命胜利后的前途是社会主义，并特别强调在产业落后的中国，建设社会主义必须改革开放，"开发富源""利用外资"。在黄埔军校工作期间，他还要求每个学员区队中"每队加设一指导员""代替政治部做工作","于必要时可代替区队长"。这些思想，为后来中国共产党确立"党指挥枪""支部建在连上"等建军原则积累了经验。

我们党历来高度重视党的历史，重视对党的历史的研究，重视对党史人物的研究。党的十八大号召全党学习党的历史，深刻认识党的两个历史问题决议总结的经验教训。在中国共产党成立92周年前夕，习近平总书记在主持中央政治局第七次集体学习时，更是强调指出："历史是最好的教科书。""学习党史、国史，是坚持和发展中国特色社会主义、把党和国家各项事业继续推向前进的必修课"，并要求"这门功课不仅必修，而且必须修好"。

《恽代英全集》的出版，在中共党史研究与文献出版方面具有重要意义，是党史资政育人的重要材料。它不仅填补了党的文献研究领域中的诸多空白，极大地丰富了中国共产党的精神宝库，而且对于深入推进马克思主义中国化、时代化、大众化，培育和践行社会主义核心价值观，都具有十分重要的意义。它的出版，必将为深化党史研究、加强党史人物纪念，提供新的平台和抓手！

欧阳淞(右一)和金冲及(右二)出席
《恽代英全集》出版座谈会

（欧阳淞）

四、恽代英留下的红色文化遗产

恽代英是中国共产主义运动的先驱者之一。为了寻找挽救祖国危亡的正确道路,他进行过长时间的艰苦探索。经过对各种主义的比较、推求,在十月革命和五四运动的影响下,他毅然站到了马克思主义的旗帜之下,并且认定要求得中国的独立和富强,必须建立一个马克思主义的革命政党。廖焕星在1953年所写的《武昌利群书社始末》一文中说:1921年夏,恽代英召集利群书社的成员在湖北黄冈开会,表示"赞成组织新式的党——波(布)尔什维克式的党,并提议把要组织的团体叫做'波社'"。当得知中国共产党成立的消息后,恽代英"立即号召加入,结束利群书社"。

黄冈会议的召开,与中国共产党第一次全国代表大会的召开,几乎是同一个时间。恽代英等在与中国共产党的上海发起组没有联系的情况下,独立从事建党的工作,这说明,建立工人阶级政党来领导中国革命,确实是中国革命发展的客观要求和中国先进分子共同的历史性选择。

沙健孙(左)与朱佳木(右)出席《恽代英全集》出版座谈会

恽代英是一个善于从实际出发、从理论上思考中国问题的、具有创造精神的革命家。在中国共产党形成马克思主义中国化的革命理论的过程中,他作出过自己的独特贡献。这里举两个例子。

一个是关于农民的问题。

周恩来在《学习毛泽东》一文中讲道:"'五四'以后,毛主席参加了革命运动,就先在城市专心致志地搞工人运动。那时陶行知先生提倡乡村运动。恽代英同志给毛主席写信说,可以学习陶行知到乡村里搞一搞。"这是一个鲜为人知的事实,有着重要的意义。随后,恽代英进一步指出,广大农民"最应当渴望革命","农民哪一天觉醒,改造的事业便是哪一天成功"。所以,革命青年到农村去,"这是中国革命最重要而且必要的预备"。

农民是中国革命的主力军,农民问题是中国民主革命的基本问题。当全党集中力量专注于工人运动的时候,恽代英就开始关注农民问题,实属难能可贵! 这显示了他的思想的敏锐和对中国实际的重视。

再一个是关于帝国主义的问题。

1924 年 11 月 22 日,恽代英在《怎样进行革命运动》一文中,明确提出了"帝国主义是一戳便穿的纸老虎"的论点。他认为,外国势力并非不可战胜。只要坚决地依靠人民群众,并积极争取世界人民的支持,注意利用帝国主义国家间的矛盾,中国的反帝斗争就能够赢得胜利。"中国的革命一定在世界革命中间完全可以成功"(《中国青年》第 54 期)。

推翻帝国主义的压迫是中国革命的两大主题之一。与近代以来积贫积弱的半殖民地中国相比,帝国主义列强在经济、军事等方面都拥有极大的优势,而帝国主义者也总喜欢以自己的强大来吓唬人。被压迫人民如果真的被吓住了,也就在精神上被征服了。所以,揭示帝国主义的"纸老虎"的本质,具有极其重大的意义。这是中国人站立起来、去为自己的权利进行战斗的重要的精神条件。

恽代英提出"帝国主义是一戳就穿的纸老虎"这个论点,是在毛泽东同斯特朗谈话中提出"一切反动派都是纸老虎"这个论点的二十二年之前。这是很了不起的。尽管比起毛泽东来,恽代英对这个问题的论证还不够充分,但他们的基本看法是完全一致的。这也说明,毛泽东阐明的这个观点,绝不是他个人的奇想异说,而是概括了革命的先驱者和广大的革命战士对帝国主义的认识,总结了中国人民反帝斗争的历史经验。

恽代英短暂的一生留下了丰富的著述,《恽代英全集》于 2014 年 10 月由人民出版社出版。该书收录了恽代英 1914 年到 1930 年期间所写的近 300 万字的文章,其中包含着许多珍贵文稿。这是一份厚重的红色文化遗产,它为中国共产党人和人民群众提供了丰富的精神营养,为中国近现代史、中共党史的研究者提供了珍贵的文献资料。我们应当认真地进行开掘和有效地加以利用。1933 年,鲁迅在《"守常全集"题记》中说过,"他的理论,在现在看来,当然未必精当的","虽然如此,他的遗文却将永住,因为这是先驱者的遗产,革命史上的丰碑"。我想,用这些话来评价《恽代英全集》,应该也是恰当的。

（沙健孙）

五、思想前行　时代楷模

恽代英是中国共产党早期著名的领导人,卓越的无产阶级革命家、思想理论家和青年运动领袖。他不满 36 岁就牺牲了,然而就是这样年轻的生命,却为后人留下了彪炳史册的光辉业绩,博大宏富的思想遗产,流芳万古的宝贵精神。他的一生是短暂的,更是壮丽而辉煌的。

徐伟新（右）与孟文慧（左）出席《恽代英全集》出版座谈会

作为杰出的革命领袖,恽代英把握中国发展的历史规律,把中华民族的深沉愿望融汇于改造中国的历史创造活动。他深受传统文化滋养,在对以救亡图存、强国富民为最终目标的社会发展道路的不断探索和追求中,接受并坚信马克思主义,批判了唯心主义,将马克思主义基本原理与中国革命的具体实际结合起来,对中国革命的性质、革命动力、革命对象和任务,都作了深入科学的分析,从而成为一个坚定的马克思主义者和卓越的无产阶级革命家,为中国新民主主义革命思想的形成,作出了巨大的理论贡献。他以极大的创造力将马克思主义应用于中国国情,坚持理论联系实际,坚决反对教条主义,明确指出中国革命是反帝反封建的国民革命,反复强调各革命阶级联合起来共同进行反帝反封建的国民革命的必要性和重要性;指出开展武装斗争是国民革命斗争的主要方式,必须有一支与人民群众联合的军队来担负起革命的主要担子;指出中国的产业无产阶级是最富有革命性的阶级,是革命的领导阶级,坚信只有用阶级斗争彻底摧毁旧的经济制度和政治制度,才能达到社会主义,并且根据帝国主义间的矛盾预见“中国的革命一定在世界中间完全可以成功”。这种坚定的革命信念、炽热的革命热情、磊落的革命情怀、高尚的道德情操是何等令人动容!

作为思想理论家,恽代英为后人留下了博大宏富的思想著述,他的理论研究涵盖了哲学、政治、经济、军事、文化、教育等多个领域,并且形成了自己独立的思想体系,这在我们党发展的早期实属难能可贵,在早期中国共产党人中也不多见。他的思想理论是党的一笔宝贵思想财富,具有极高的理论价值和实践指导意义。最近十年来,学术界关于恽代英思想的研究取得了丰硕的成果,但与他作为党内早期杰出政治家、理论家、青年运动领袖的身份还很不相称。要进一步发掘恽代英思想研究的新资料,在已有成果的基础上继续深化和拓展研究。

作为青年运动领袖,恽代英的思想和著作对当时的革命青年影响很大,他不仅以崇高的理想信念激发自己奋勇向前,广泛开展革命斗争,而且带领广大青年创办进步团体和进步刊物,发起多种形式的爱国学生运动,一生演讲无数,以实际行动学习和传播马克思主义,为拯救灾难深重的祖国毕生奉献。恽代英重视并善于组织青年人,他在日记中写道,我们人人都应该做太阳系,教他周围的人做行星,教行星周围的人做他的卫星。卫星进而为行星,行星进而为太阳系,如此轮回,便是改造中国的方法。他教育青年人要正确认清形势,站在斗争的前线,摈弃只说不做的恶习,舍得牺牲个人利益,为实现革命的理想,尤其要本着共产主义精神,到被压迫的群众中去,为他们的利益而斗争。他的教育鼓舞和带动了当时的青年人。正如周恩来同志评价的那样,恽代英永远是中国青年的楷模。他的精神永远不会过时。

在当今时代,恽代英精神仍然是我们实现中华民族伟大复兴中国梦的强大精神动力。应该在今天的青年人中大力弘扬恽代英精神,宣传恽代英事迹,教育引导青年人学习恽代英的爱国主义精神,全心全意为人民服务的精神和追求理想、崇尚真理的伟大品格,让恽代英精神在 21 世纪的青年人中发扬光大,散发出更加夺目的时代光辉。

（徐伟新）

六、恽代英是中国革命早期先驱领袖群体革命精神风貌的集中体现

在当前全国人民奔赴全面小康社会的日子里,我们尤其不能忘记没有见到新中国的先驱领袖们,我们向恽代英等无产阶级革命家表示敬意!《恽代英全集》是国家出版基金项目《中共先驱领袖文库》之一,《文库》于 2009年立项,历时 5 年,于今年全部出版完毕,文库共包括 20 种图书,40 卷,约1700 万字,其中《恽代英全集》共 9 卷,290 多万字,全集收录恽代英 1914年至 1936 年所写的论著、日记、通信、报告、演说共 600 余篇,其中三分之二是新中国成立后第一次出版发行。恽代英与毛泽东、瞿秋白等共同组成了我党早期领袖群体,为党的发展壮大、为新中国的诞生作出了不可磨灭的贡献。这些遗著是我党宝贵的精神财富,相关单位曾出版过类似著作,但由于各种原因,全集一直未能出版,在各方积极协作下,《恽代英全集》终于在先驱领袖诞辰 90 周年之际顺利完成,在此我要对相关单位和部门表示衷心的感谢。

在此我要对所有参加收集整理工作的专家学者,尤其是李良明教授等表示由衷的敬意。我们在编辑出版过程中有两个重要体会:第一,全集闪耀着马克思主义中国化的伟大光芒,作为我国老一辈无产阶级革命家,恽代英在其短

黄书元（左）向恽代英母校华中师范大学赠送《恽代英全集》

暂而又辉煌的革命一生中留下了近 300 万字的论著，全集反映了恽代英在早期革命、政治、经济、军事、外交、文化、教育等各方面的思想，形成了自己独立的思想体系，彰显恽代英不愧为无产阶级革命家、思想家、理论家、宣传家、教育家。

第二，恽代英是中国革命早期先驱领袖群体革命精神风貌的集中体现，在全集浩如烟海的论著、日记、通信、报告、演说中凸显恽代英时刻都在思考国家民族问题，尤其是其革命生涯中的言和行以小时或者分钟为计算单位，这些所思所想，所作所为，都体现了革命志士的伟大情怀，体现了革命志士坚定的马克思主义信仰，体现了革命志士不怕牺牲的高尚革命情操。我们人民出版社为组织策划出版这套《恽代英全集》感到光荣和自豪，我们将继续做好全集的宣传工作，大量弘扬先驱领袖恽代英的伟大思想和精神，为进一步丰富马克思主义中国化、为进一步培育和健全社会主义核心价值观作出我们的贡献。这也是我们对全体先驱领袖最好的纪念。

（黄书元）

七、我校杰出的前辈校友

中国共产党早期领导人恽代英是我校杰出的前辈校友,1913 年秋,他以优异的成绩考入华中师范大学的前身之一中华大学,本科毕业之后留校任中学部主任。1920 年,为寻求革命真理,探求救国良策,他在武汉创办利群书社,把马克思主义作为自己的终身信仰。1921 年 7 月 15 日到 21 日,在中国共产党第一次全国代表大会召开前夕,他在湖北黄冈召集受书社影响的 23 位先进青年,成立了具有中国共产党组织性质的共存社。我校历届党委都重视宣传恽代英的光辉事迹,先后举办了恽代英诞辰 90 周年、100 周年、110 周年三次学会研讨会,在学校的中心区,2003 年修建了恽代英广场,如今这里已成为校园一道亮丽的风景线,海内外到我们这里访问的学者,都会到这里来参观。我校充分利用恽代英这张红色名片,做好红色文化传承大文章,不仅成立了恽代英班,还创办了恽代英党校,永远纪念和传承恽代英精神,受到教育部的高度重视、评价和肯定,恽代英精神极大地鼓励了我校师生。

《恽代英全集》是华中师范大学李良明教授等人收集整理的,也是我们学校取得的最重要的成果之一,我们向出版《恽代英全集》的人民出版社表示感谢,对李良明教授表示敬意。《恽代英全集》收录了恽代英 1914—1931 年所写的论著、通信、日记、演讲等,是马克思主义中国化的理论成果,是毛泽东思想的重要组成部分,不仅丰富了党的理论宝库和党史研究内容,也为我们提供了前进动力。《恽代英全集》真实记录了他从中国优秀的传统文化中吸取营养,树立高尚品德情操,从爱国主义走向马克思主义,为当代大学生树立了光辉榜样,我们为有这样杰出的前辈校友感到无比骄傲和自豪!

(蔡红生)

八、庆幸自己赶上了美好的历史时代

我一直与改革开放同行,庆幸自己赶上了美好的历史时代。1978 年,党的十一届三中全会迎来了科学的春天。1979 年是五四运动 60 周年。我在研究"五四运动在武汉"课题时,被恽代英的人格魅力深深感动。三十年来,我一直坚持恽代英的研究,并得到党中央领导同志及湖北省委和华中师范大学党委以及恽代英亲属的支持。我永远难忘的是,1985 年举办恽代英诞辰 90周年学会研讨会的时候,邓颖超委托恽代英夫人沈葆英参会并代表她向全体与会代表问好,陆定一为华中师范大学恢复的利群书社题写了匾额。许德珩为恽代英题词:"青年模范　学习楷模"。1995 年、2005 年召开的恽代英诞辰100 周年、110 周年两次学术研讨会,也同样得到中央领导同志、湖北省委及华中师范大学党委的大力支持。2005 年我申报了国家社科基金项目"恽代英思想研究",2011 年我又申报了国家社科基金重大招标项目"中国共产党早期领导人遗著的收集、整理与研究",当时"进京赶考"的情景记忆犹新,各位评委都认为这个项目很好,很有必要,带有抢救性,应该支持这个项目,将钱投在这个项目上值。因此,没有党和国家的支持,要完成《恽代英全集》的编辑出版是不可能的。我特别要感谢人民出版社将《恽代英全集》列入《中国共产党先驱领袖文库》,在合作过程当中,他们的敬业精神使我特别感动。我最后要特别说明的是,《恽代英全集》吸收了《恽代英文集》《恽代英日记》等前人成果,我的好朋友田子渝教授以及课题组的成员,还有恽代英的亲属恽梅等人,也为《恽代英全集》的出版作出了重大的贡献,令我感动。我深深地知道收集先驱们的遗著是十分繁难的,《全集》编辑不当之处敬请各位批评指正。谢谢大家!

(李良明)

九、继续发扬黄埔精神

今年是黄埔军校建校 90 周年,恰逢《恽代英全集》出版,我谨代表黄埔军校同学会表示热烈的祝贺! 90 年前,一批批热血青年怀着振兴中华的理想,从五湖四海云集黄埔军校,肩负起救国济民的历史责任。1926 年 5 月,恽代英受党的指令到黄埔军校担任政治部主任教官,1927 年担任武汉分校政治总教官,实际主持中央武汉军校的工作。

在恽代英眼中,黄埔军校的地位是极其崇高的。当时,黄埔军校开政治教育之先河,教学内容充满了革命气息,呼应了时代脉搏。1926年10月他起草了修整中央政治教育大纲草案,制定了目标、课程等,还讲授社会科学概论等课程。《恽代英全集》第八卷刊载的《国民革命》《世界革命与中国革命》都是他在黄埔军校的重要著作,有人说恽代英以他敏锐的思想、流畅的文章、热情洋溢的演说赢得了学子的热爱,那时候几乎每天都可以听到他的讲演。斯人已逝,思想永存。今

杭元祥发言

天,我们比历史上任何时期都更接近中华民族伟大复兴的目标,在国家统一和长远发展的重大问题上,我们旗帜鲜明,立场坚定,不会有任何妥协,黄埔军校同学会将继续发扬黄埔精神,促进祖国统一,为早日实现国家统一和中华民族伟大复兴的中国梦作出应有的贡献,这是对恽代英等黄埔前辈的最好纪念。谢谢大家!

（杭元祥）

十、我的伯父恽代英

恽代英是我的伯父,今天我来参加《恽代英全集》首发出版座谈会,要感谢人民出版社、华中师范大学、黄埔军校同学会的邀请,还要感谢人民出版社于1984年出版《恽代英文集》后又出版《恽代英全集》,要感谢编辑《恽代英全集》的以李良明为首的专家组的细心努力。我今年85岁了,当年伯父被捕的时候,我那时候才一岁,所以我也不知道我伯父见过我没有,伯父有一个儿子,他当时也比我大两三个月,他也是一岁多或者两岁,对伯父呢,据他讲也没有印象。另外当时上海的环境很恶劣的,我父亲从来没给我讲过伯父的事情,我对他是毫无所知。我13岁到苏北新四军以后,才知道伯父是革命烈士,所以

恽代英烈士后人在龙华烈士陵园：右二为恽希良，右一为恽铭庆，
左三为刘树芬，左一、左二为恽清、恽梅

对他十分敬仰。后来一些年，我读到过一些涉及伯父的回忆文章，伯父自己的文章我是1983年才开始接触的，那一年江西人民出版社准备出版三卷本的《恽代英选集》，派编辑来找到我，邀请我参加选编工作，结果参加了一段，当时人民出版社的《恽代英文集》出版发行了，所以后来江西那个出版计划很快就撤销了。

　　通过阅读伯父的一些文章，我对他的思想和经历，有了更多的了解和认识，我感触比较深的是这样几点：第一，就是他在学习期间，大学学习期间就培养了严谨的学风，写出了一批有科学水平的哲学论文，他可以说是中国最早宣传唯物论和利他论的先驱之一，他自己也在这些观念的基础上，为确立正确的人生观做了理论准备。第二，就是他在大学毕业以后，用四年时间，通过认真思考，反复推敲，同人切磋，以及社会实践活动来摸索改造社会的途径，从修身做学的互助社,到传播新文化的利群书社又到救国的共存社,以独特的方式走上了为共产主义奋斗的道路。第三,就是他入党以后,做过多种工作,写过许多文章,逐渐从一个为人师表的教师转变为职业革命家,他的文章内容也随之改变,紧贴实政,他的文章观点鲜明,具有饱满革命热情的特色,因此有较大的社会影响,引导了许多热血青年走上革命的道路。同时,他的文章涉及的领域很宽泛,政治、教育、军事、中外关系等等,各方面的问题都被关注,尤其是对中国革命过程的一些重大现实问题有所剖析。比如说在同国民党合作期间,与国民党右派的斗争,在黄埔军校期间注意军队的政治工作,在蒋介石叛变革命以后,积极参加南昌起义和广州起义以外,也抽空写文章,为起义做准备,等等。

总之,阅读伯父的文章可以看清楚他的成长的历程和思想变迁,也可以大致了解中国当时的许多问题,尽管他的文章是八九十年前的作品,但仍如《恽代英全集》出版说明所讲,《全集》对党史研究和推进马克思主义的中国化是有益的。谢谢。

(恽希良)

十一、继承这份宝贵的精神遗产

《恽代英全集》(以下简称《全集》)的编撰出版,源于30年前。恽代英诞辰90周年之际,奶奶沈葆英在出席纪念恽代英诞辰90周年学术讨论会时,表达了希望编纂《恽代英全集》的愿望。华中师范大学李良明教授牢记这一嘱托,今天终于大功告成,并告慰先烈、国家和后人。

《全集》共9卷近300万字,涵盖了哲学、政治、经济、军事、文化、教育等各领域,内容极其丰富,历史价值和理论价值非同一般。它是中国共产党领导的新民主主义革命经验的探索的真实记录,是毛泽东思想的重要组成部分,填补并极大地丰富了中共党史的内容,是中国革命的传家之宝,是"以史鉴今,资政育人"的生动教材。

恽代英生于忧患长于忧患,他短暂的一生都在为中华民族的伟大复兴进行不懈的探索和奋斗。他从一个有志少年到一个坚定的无产阶级革命家的成长历程，正是灾难深重的中华民族探索实现复兴道路伟大的历史时期，他本来可以有稳定的工作、高额的收入，但他却毅然决然地放弃了高官厚禄的诱惑，奋不顾身地投入到解放全中国、解放全人类的伟大事业中去，最后化作一盏明灯，始终指引着中国青年前进的道路，尤其是在全面深化改革的今天，他的精神和实践更加具有非凡的意义，启示着我们后人如何对待人生，如何思考存在的价值。

作为恽代英的亲属和后代，我们一定要继承这份宝贵的精神遗产，将认真学习马克思主义、毛泽东思想和中国特色社会主义理论体系与学习《全集》结合起来，像老一辈革命家那样，树立远大和崇高的共产主义理想，为全面建成小康社会，为实现中华民族伟大复兴的中国梦而奋斗！

（恽铭庆）

十二、中共早期领导人遗著是一笔宝贵精神财富

——访《恽代英全集》编者李良明教授

恽代英、李汉俊、林育南、张太雷、萧楚女、李求实、项英等中国共产党早期领导人都是著名英烈，对党的创立和中国革命事业作出过重大理论贡献。如恽代英虽然 36 岁就牺牲了，但留下的遗著近 300 万字，这些遗著是研究中共党史的宝贵资料。由于种种原因，对于这些著作的收集整理利用还存在许多困难，有的甚至散佚各处，不为人知。日前《恽代英全集》（共 9 卷，290 余万字）由人民出版社正式出版，引起了学界的广泛关注。记者就此采访了该书编者、华中师范大学著名党史专家李良明教授，请他介绍编辑全集的艰辛历程和中共早期领导人遗著的整理情况。

大革命时期的恽代英

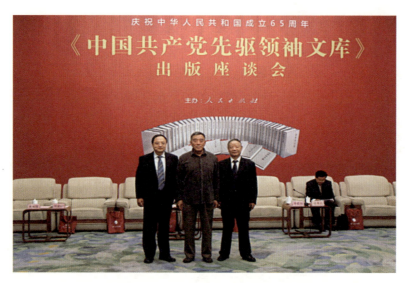

李良明(右)、恽铭庆(左)、冯海龙(中)出席人民出版社主办的
《中国共产党先驱领袖文库》出版座谈会

记：您是什么时候开始研究恽代英并产生编《恽代英全集》想法的？

李：1979 年是五四运动 60 周年，刚刚恢复不久的湖北省社联向我校下达了"五四运动在武汉"研究课题。古堡教授、陶恺教授指定我为执笔人。在完成课题的过程中，我被恽代英宣传新文化的论述所吸引，逐步开始了对其思想的研究。1985 年 8 月，我校召开纪念恽代英诞辰 90 周年学术讨论会，恽代英夫人沈葆英受邓颖超委托出席会议。她表达了希望有生之年能见到《恽代英全集》编辑出版的心愿。当时，我知道这是一件非常繁难的工作，不是三年五载能够完成的，但是值得付出努力。于是我回答说："我们一定坚持去做，努力尽快实现您的心愿。"从此，我便处处留心，一旦发现恽代英及其战友的文章，哪怕只言片语也立即复印或摘抄下来。

记：在当时的特殊背景下，恽代英等早期领导人用过很多笔名，这也给收集整理他们的著作造成很多困难。因此弄清楚恽代英的别名、笔名，避免遗著遗漏或张冠李戴是非常重要的工作。我们知道您在做《恽代英思想研究》时，已落实恽代英的别名、笔名有"天逸""代英""子毅""子怡""尹子怡""毅""但一""遽轩""FM""但""英""稚宜"，编《恽代英全集》又有新发现吗？

李：这个问题提得非常好。在编《全集》时，我们对恽代英的别名、笔名又进行了深入考证,增补了"戴英",否定了"DY"。由陕西人民出版社 1986 年 4 月出版的《五四以来历史人物笔名别名录》中的恽代英条目,收有"DY"这个笔名,我们反复考证,弄清楚了"DY"是陆定一的笔名,而不是恽代英的笔名。此外,对恽代英用"记者"名义发表的一些遗著,我们也进行了辨析。如发表在《光华学报》上的《清华学校纪略》,署名李嘉齐、记者。查恽代英 1917 年 6 月 7 日日记:"工作,录《清华大学纪略》。"又该文前以记者名义写的导语说:"此篇材料,多取之该校高等班生李嘉齐君前后之所函述。"说明该文是根据李嘉齐前后来信内容整理而成的,故此记者为恽代英无疑。

记:请您简要介绍一下编辑整理《恽代英全集》及其他中共早期领导人遗著的情况。

李:2005 年,我申报的国家社科基金项目"恽代英思想研究"获准立项,随后我也将整理研究范围扩展到张太雷、项英等其他中共早期领导人。2011 年,我承担的国家社科基金重大招标项目"中国共产党早期领导人遗著的收集、整理与研究"正式启动。我和研究团队多次到国家图书馆、中央档案馆、中共一大会址纪念馆、黄埔军校纪念馆、北京大学图书馆、湖北省档案馆、台北市中国国民党党史馆等单位广泛收集他们的著述,还请有学术交往的日本、美国学者帮助收集流失海外的材料。如在《恽代英日记》中,多处有"致胡适先生信"的记载,但一直没有见过具体内容。今年 1 月,我们经朋友的帮助,从胡适档案中找到恽代英四封信的真迹。当然,我们是站在前人的肩膀上推进这一工作的。《恽代英全集》吸收了任武雄、张注洪编的《恽代英文集》,中央档案馆、中国革命历史博物馆编的《恽代英日记》(1917—1919)以及张羽、姚维斗编的《来鸿去燕录》等前人的研究成果,并做了校订。

记:请您简要介绍一下《恽代英全集》(以下简称《全集》)的主要内容和特点。

李:《全集》收录恽代英 1914—1930 年间所写的文章、日记、通信、报告、演说等共 600 余篇(部/册)。从 1—4 卷看,青年时代的恽代英便积极借鉴西方先进文化,从中寻找反帝反封建的思想利器,形成了自己初步的民主革命思想。五四运动后,他确立了对马克思主义的坚定信仰,并终身为之奋斗。这反映了中国先进知识分子成长为马克思主义者的普遍规律。5—9 卷的内容围绕对中国新民主主义革命理论的探索展开,深刻分析了中国社会和革命的性质、革命的动力、对象和前途,为中国共产党新民主主义革命理论的产生、形成和发展作出了独特的历史贡献。他在黄埔军校时期的著述对中国共产党和人民军队的政治思想工作产生了影响。大革命失败后,他又开始研究向土地革命转变的理论与实践,特别是在探索如何建设苏维埃政权方面,取得了丰硕成果。

《全集》全面系统地反映了恽代英的思想体系,具有以下特点:第一,《全集》收录的许多文章具有强烈的感召力和影响力。郭沫若曾经说过:"在大革命前后的青年学生们,凡是稍微有些进步思想的,不知道恽代英、没有受过他的影响的人,可以说没有。"第二,《全集》收录的许多文章具有极强的批判性与战斗力。恽代英批判国家主义派、新老国民党右派的论著,短小精悍,文锋犀利,常使他的论敌十分敬畏。第三,《全集》收录的许多文章具有极强的前瞻性。例如,早在1922年,恽代英就提出了"纸老虎"和"真老虎"的概念;1923年10月,他写了《中国可以不工业化乎》,驳斥了"农业立国"的观点,主张"中国亦必化为工业国然后可以自存"。

记:编辑出版《恽代英全集》等中共早期领导人遗著有什么重要意义?

李:恽代英是中共早期领导人之一,是杰出的马克思主义理论家、宣传家、教育家。其著作内容涵盖政治、经济、军事等各领域,包含许多马克思主义中国化的早期理论成果,是中国共产党理论宝库中不可或缺的宝贵精神财富。同样,李汉俊、张太雷、萧楚女、项英等在我们党内所处的重要地位和承担的革命工作,与中共党史紧密相连,整理研究他们的遗著,将极大地丰富中共党史研究的内容。正如习近平总书记所强调的:"历史是最好的教科书。""学习党史、国史,是坚持和发展中国特色社会主义、把党和国家各项事业继续推向前进的必修课。"这些成果的出版必将会为实现中华民族伟大复兴提供精神动力。

(户华为)

第 四 章

永不熄灭的火种

一、恽代英对中国共产党理论的历史贡献
——纪念恽代英诞辰 120 周年

恽代英是中国共产党早期领导人和著名政治家、理论家,在他 36 年光辉生涯中,留下近 300 万字的遗著。他以极高热情传播马克思主义,在探索中国革命发展道路、推进马克思主义中国化大众化过程中作出独特贡献。学习研究、继承弘扬恽代英留下的宝贵精神财富,有助于我们增强"三个自信",在实现中华民族伟大复兴中国梦的征程上继续阔步前行。

(一)中国共产党早期马克思主义重要传播者

恽代英是中国传播马克思主义的先驱之一。他短暂的一生,经由激进的民主主义者到具有初步共产主义思想的知识分子转变为坚定的马克思主义者三个阶段,致力于探索革命真理,追求马克思主义,传播马克思主义。

五四运动以后,在俄国十月革命影响下,中国很快出现研究宣传马克思主义的热潮。其间,恽代英为传播马克思主义做了不少工作。1920 年秋,他受《新青年》杂志社委托翻译考茨基的《阶级争斗》一书。同年 10 月,他翻译恩

格斯的《家庭、私有制和国家的起源》中的一部分,在《东方杂志》上发表。他撰写大量文章宣传马克思主义,如在《少年中国》《中国青年》《新建设》等多种刊物上发表几十篇传播马克思主义的文章。由他发起的进步组织、团体及创办的进步刊物成为传播马克思主义的重要阵地。尤其是1920年年初创办的利群书社对马克思主义的传播发挥了重要作用。这些工作促进马克思主义在武汉及长江中游广大地区的广泛传播并成为新思潮的主流,为在黑暗中寻求真理的进步青年探明前进方向。

恽代英亲属代表在南京雨花台出席祭典恽代英纪念活动

在世界观发生根本转变以后,恽代英更加积极地学习和宣传马克思主义,撰写大量文章和通讯。其中最具代表性的是1922年发表的《为少年中国学会同人进一解》,文章号召依靠人民群众的力量,用革命暴力的方法来改造社会、实现社会主义。同时,他在川南师范学校成立马克思主义研究会,组建进步青年团体"学行励进会",在成都高等师范学校主持"马克思诞辰纪念会",组织进步学生学习《共产党宣言》等著作。

在大革命时期,恽代英更加关注对马克思主义的宣传,用马克思主义加强对广大青年学生、革命士兵和群众的思想政治教育;撰写文章对各种诽谤和攻击马克思主义的错误言论展开猛烈批判,揭露批判国家主义派和国民党新老右派主要是戴季陶主义对马克思主义阶级斗争理论和无产阶级专政国家学说的诽谤和攻击,捍卫马克思主义。

(二)中国革命发展道路早期积极探索者

早期中国共产党人开始传播马克思主义的同时,对中国革命理论、中国革命发展道路、中国新民主主义革命基本思想进行了不懈探索。恽代英是其中主要成员之一。

新民主主义革命基本思想,是关于中国社会和革命性质、革命的领导权、革命动力、革命对象、革命任务和前途等问题的基本认识,其中最重要的是对无产阶级领导权的认识。恽代英对这些问题作了比较深入的研究和思考,提出自己的见解,先后发表《中国经济状况与国民党政纲》(1924 年 3 月)、《湖北黄陂农民生活》(1924 年 3 月)、《中国革命的基本势力》(1924 年 4 月)等著名论文。他明确指出,自鸦片战争以来,中国饱受西方列强侵略,领土主权丧失,国家四分五裂,军阀兵祸迭起。中国"不啻一处半殖民地,也可说是一个半亡国"。因此,中国首先应该实行资产阶级民主革命,对内打倒压迫人民的军阀,对外打倒侵略中国的帝国主义。他特别指出,帝国主义和军阀表面看虽然"强盛""凶横",但其本质均外强中干,认为"帝国主义是一戳便穿的纸老虎"。

在中国共产党的新民主主义经济理论方面,恽代英反对所谓"中国不宜工业化"的观点,坚决主张"以工立国",发表《中国可以不工业化乎》等论文,明确指出中国如果不大力发展工业,只能永远成为西方列强的原料供给地和商品销售地。他坚信中国新民主主义革命必然胜利,新民主主义革命的主要目的,一是"国家拨款辅助农人,小工人,都市贫民,组织消费合作社";二是"取消租界,否认不平等的条约,没收国内的外国工厂银行,归为国有","国际贸易由国家独占";三是允许私营经济存在,"但我们必须将租税加重到资产阶级身上,他们的事业,亦必须受国家的管理与干涉,有时甚至于为国民的利益,须酌量没收一部分财产"。

恽代英拥护和坚持中国共产党的革命统一战线政策。1923 年 6 月,他在《讨论中国社会革命及我们目前的任务——致存统》中明确指出:"吾人取加入民主主义联合战线政策殊有意义","须完全注意于为无产阶级势力树根基"，并在实践中推动革命统一战线发展。

（三）早期马克思主义中国化重要推动者

恽代英刻苦研读马克思主义，对马克思主义的立场观点方法和精髓要义有了深刻认知，努力推动马克思主义中国化。

作者与恽代英亲属、《人民日报海外版日本月刊》总编蒋丰以及工作人员合影

正确地认识国情，是制定正确革命路线、政策的基本出发点和前提。要不要深入地研究中国的国情，怎样具体分析中国国情，这是当时中国共产党人首先面临的重大课题。恽代英提出研究国情的重要性。1923 年 6 月，他在给当时团中央负责人的信中就指出："不顾全国经济状况大不相同的情形，于是每有要求是实际无法遵守的"。他还在《新建设》杂志上尖锐地批评一些资产阶级革命党人偏好"不研究政治与国情的空谈"的倾向。他告诫广大青年和革命群众要"彻底了解近代社会的实际情形，然后使你们彻底了解革命的主义与政策的真正意义"，"解决中国的问题，自然要根据中国的情形，以决定中国的办法"。他非常注重对中国国情的研究，他的《中国贫乏的真原因》《革命政府与关税问题》《中国经济状况》等论文，都是这方面的代表性成果。正是扎

实把握马克思主义,深刻理解中国国情,使他能够在马克思主义基本原理和中国革命实践相结合上,对中国革命进行多方面思考和探索。

(四)早期马克思主义大众化积极践行者

马克思主义是来自实践、指导实践的科学理论。理论一经群众掌握才能变成改造社会的武器。恽代英是早期马克思主义大众化的积极践行者。恽代英指出:"皇帝时代的主人翁就是皇帝",现代社会的"主人翁就是民众"。他主张把人民的利益放在首位,指出"我们是要谋全体人民的利益和政治,不是要谋任何优等阶级利益的政治",国民革命是为了谋取"占国民大多数的工人、农民的利益",强调中国革命只有依靠工农群众、发动工农群众,才能取得成功。

基于这些认识,恽代英在传播马克思主义的过程中一直高度重视依靠广大青年和群众的参与来宣传马克思主义。在他的组织倡导下,武汉的互助社、健学会、诚社等进步团体的先进青年联合起来,创建利群书社,创办利群织布厂、浚新小学。这些都成为宣传革命思想、传播马克思主义、组织群众的有效形式。他还利用学校课堂直接向学生传播马克思主义。他在川南师范学校、成都高等师范学校、上海大学等学校工作期间,不仅经常在课堂上深入浅出地向学生讲授唯物史观、阶级斗争学说、科学社会主义理论等马克思主义的基本原理,而且还在课堂内外组织学生展开热烈讨论,组织学生演讲团走出学校,扩大宣传马克思主义的范围,促进马克思主义在工农群众中的传播。

(李良明、恽铭庆)

二、恽代英对马克思主义中国化的历史贡献

截至目前,在马克思主义中国化研究中,已有不少著述对李大钊、陈独秀、瞿秋白等中共早期领导人和理论家的贡献进行了比较充分的论述,但对恽代英的贡献却较少涉及。这与恽代英的历史地位严重不符,也是马克思主义中国化研究领域的重要缺憾。之所以造成这种现象,其重要原因之一,就是长期以来对恽代英遗著的收集、整理与研究工作不尽如人意。1984年人民出版社出版的《恽代英文集》(上、下卷)收录的恽代英著作仅195篇,73万字,约占

其遗著总字数的四分之一。

实际上,恽代英遗著共计约 300 万字,涵盖哲学、政治、经济、军事、文化、教育等各个领域,其中相当一部分属于马克思主义中国化的早期成果,具有重要的理论价值和历史意义。本课题组对恽代英遗著进行了比较充分的收集和整理,于 2014 年 5 月正式出版了九卷本《恽代英全集》。本节在对恽代英生平实践活动进行整体考察,并以《恽代英全集》中呈现的 600 余篇文献为依据的基础上,尝试就恽代英对马克思主义中国化的贡献进行比较全面的梳理,进而对恽代英在马克思主义中国化进程中的历史地位做出总体评价,以进一步繁荣学术界关于早期马克思主义中国化的研究,为推进当代马克思主义中国化提供历史借鉴。

(一)恽代英与陈独秀、李大钊等先进分子一起,为马克思主义中国化创造了基本前提条件

一个先进的理论体系若要扎根于一个新的地方并发挥指导作用,必须具备一定的社会历史条件。马克思主义中国化的一个基本前提条件就是必须在中国社会上掀起一股生气勃勃的解放思想的潮流,以破除封建专制主义对人们思想的束缚,为马克思主义在中国的传播创造有利的社会环境。发端于 1915 年 9 月(以《新青年》诞生为标志)的新文化运动正是发挥了这样的历史作用。从这个角度而言,要追溯马克思主义中国化的渊源,就不能不考察新文化运动对其产生的影响。

虽然学术界大多将新文化运动的起点确定在 1915 年 9 月,但实际上,新文化运动作为社会思潮领域的巨变有一个由量变到质变的过程。在《新青年》创刊之前,恽代英于 1914 年 10 月在《东方杂志》上发表的《义务论》,继而于 1915 年 5 月在《光华学报》发表的《新无神论》标志着他早已投入到这场批判封建专制、弘扬民主科学的启蒙运动中。之后,恽代英又先后发表《文明与道德》(1915 年 12 月)、《原分》(1916 年 3 月)、《物质实在论》(1917 年 3 月)、《我之人生观》(1917 年 3 月、5 月)、《论信仰》(1917 年 6 月)、《经验与智识》(1917 年 10 月)等著名论文,成为中国思想界升起的一颗新星、华中地区新文化运动的杰出代表人物。他与陈独秀、李大钊等先进分子一起,为马克思主义中国化创造了基本前提条件。

1. 批判孔孟之道和封建礼教,解放人们的思想,为马克思主义在中国的广泛传播扫清思想障碍

恽代英认识到,封建主义思想文化是统治阶级奴役人民的精神支柱,其核心就是被袁世凯等专制独裁者所尊奉的孔教。他从西方怀疑论中汲取反封建文化的营养,用孔孟之徒、墨子之徒、老庄之徒崇拜对象各异的事实挑战孔孟数千年以来的"圣人"地位道:"吾不为圣人,故吾不知谁为圣人","信圣人而不疑,即终不能知不能为。"[1]恽代英毫不留情地鞭挞吃人的封建礼教,尤其对"男尊女卑"的封建伦理深恶痛绝。他痛斥孟子的"不孝有三,无后为大"这八个字,"不但是错,而且是荒谬",大声疾呼"今天自命为孔孟之徒的,亦应该进化些"。[2]

恽代英后代在上海龙华烈士陵园向先辈敬献花篮

---

① 《恽代英全集》第 1 卷,人民出版社 2014 年版,第 17 页。
② 《恽代英全集》第 2 卷,人民出版社 2014 年版,第 136 页。

特别值得指出的是,恽代英批判孔教的过人之处在于他的观点不仅鲜明,而且理性。作为中华大学哲学专业的高才生,他懂得用辩证的态度对待传统文化:"一个人必定要争孔子是大圣,没有一句错的。一个人必定要争孔子是大愚,没有一句不错的,若不是为孔子,是为世界人,我看这都错了。"①也就是说,恽代英并不否认儒家学说中也有积极正面的因素,他所坚决反对的,是对孔学不加思辨的、盲目的信仰,特别是军阀势力试图利用孔学禁锢人们的头脑。总之,作为华中地区乃至全国新文化运动的杰出思想家之一,恽代英像陈独秀、李大钊等人一样,以无比的热情投入到这场伟大的思想启蒙运动中。他振聋发聩的呐喊和睿智思辨的观点为新文化运动增添了光彩,使长期禁锢国人头脑的封建思想遭到重创,从而为扫清马克思主义在中国广泛传播的思想障碍作出了贡献。

2. 弘扬民主与科学,激发人们追求真理的愿望,为国人认识和逐渐接受马克思主义提供文化思想条件

民主与科学是新文化运动反封建的主要思想武器。陈独秀、李大钊等先进分子就是因为高举民主与科学的旗帜,才从思想文化领域打开了中国现代化的大门。恽代英也是这些先进分子中的一员。

在弘扬民主方面,早在 1916 年 3 月,恽代英就在《光华学报》发表《原分》一文指出,袁世凯等封建独裁者"夺天下人之脂膏以自享,虑天下人群起而诘之",因此总是用"人生于天,各有其分""生而富贵,则不能为人夺,生而贫贱,则不能夺于人"等谬论来欺骗和麻痹广大人民。恽代英不仅驳斥和批判了封建独裁者君权神授、富贵由天的天命论,而且比较系统地论述了天赋人权、权利与义务相平衡等近代民主思想,指出只有通过弘扬民主,使得"民权日张",才能使封建专制和一切野心家"失其势力"。② 这些思想与陈独秀、李大钊等人在《新青年》等刊物上发表的观点不仅完全合拍,而且相互呼应,共同推动着新文化运动向纵深发展。

---

① 《恽代英全集》第 2 卷,人民出版社 2014 年版,第 219—220 页。
② 《恽代英全集》第 1 卷,人民出版社 2014 年版,第 36 页。

在弘扬科学方面,恽代英的杰出成就突出地表现在哲学领域。恽代英不仅认为世界是物质的,而且认为世界是可认识的。1917 年 10 月,他在《经验与智识》一文中详尽地考察了人的认识能力、认识的来源和认识的具体过程,指出人的认识能力是从实践中获得的;人的一切知识均来源于实践经验;知识是认识的高级阶段,是人类经过"反复经验"和"研究""推理"以后得到的。恽代英还一再强调,他之所以强调知识来源于经验,目的就在于驳斥把知识说成是"天启"的反科学的观点。①

因此,恽代英在中国新文化运动中的贡献是突出的。特别是以其"物质实在论"和认识论为代表的唯物主义哲学思想,在当时已达到相当高的理论水准,在整个中国也是不多见的。正如有学者所指出的,"恽代英的哲学思想代表着当时中国思想文化界在这些问题上达到的最高水平。"②在新文化运动中,恽代英与陈独秀、李大钊等先进分子一道,高举民主与科学的旗帜,唤醒了一代青年,极大地解放了他们的思想,激发了他们追求真理的愿望。没有这个基本前提条件,马克思主义中国化无从谈起。

(二)恽代英是在中国传播马克思主义的先驱者之一,促进了马克思主义与中国实际相结合

通过对恽代英遗著的收集、整理与研究,我们可以大致以 1919 年五四运动为界,将恽代英的早期思想划分成两个阶段:从辛亥革命到五四运动、从五四运动到中国共产党成立。恽代英在五四运动以前发表的文章,其内容主要是反对封建专制主义和帝国主义,并已经包含有朴素的唯物主义思想。在这个阶段,恽代英作为一个激进民主主义者,他对马克思主义中国化的贡献基本上是无意识的。在五四运动前后,恽代英逐渐接受了马克思主义,并树立起对马克思主义的坚定信仰。这从《致王光祈》(1919 年 9 月)、《致少年中国学会全体同志》(1920 年 4 月)、《怎样创造少年中国》(1920 年 7 月、9 月)、《革命的价值》(1920 年 10 月)、《论社会主义》(1920 年 11 月)等文章中可以反映出

---

① 《恽代英全集》第 1 卷,人民出版社 2014 年版,第 338 页。
② 袁伟时:《恽代英前期哲学思想试探》,载《恽代英学术讨论会论文集》,华中师范大学出版社 1985 年版,第 37 页。

来。在这个阶段,随着他转变为一个马克思主义者,在认定马克思主义是改造中国社会、引领中国进步的科学指导思想之后,他就开始积极主动地将这种科学理论应用于中国革命的具体实践。

1. 积极宣传马克思主义,为马克思主义中国化奠定了思想基础

恽代英对马克思主义的宣传与他对马克思主义的探索几乎是同步的。1920 年 2 月,恽代英在武昌创办利群书社,主要经销《共产党宣言》《社会主义从空想到科学的发展》等马克思、恩格斯著作和《新青年》《每周评论》《新潮》《劳动界》等进步刊物。利群书社为当时先进的知识分子学习马克思主义提供了条件,在客观上成为华中地区传播马克思主义新思想的重要阵地。湖北早期共产党组织的成员常在利群书社举行读书报告会,相互交流学习马克思主义的心得体会。

1920 年 4 月,恽代英在致少年中国学会会员的一封信中,将"马克司及其学说""唯物史观""布尔塞维克"等列为"少年中国学会丛书"的专题研究项目。① 在那之后,恽代英发挥自身精通英文、日文和德文的优势,为中国知识思想界翻译、介绍了不少马克思主义经典著作。其中最著名的就是《阶级争斗》②一书。

1921 年 1 月,恽代英受陈独秀和《新青年》杂志社委托摘译的考茨基《爱尔福特纲领解说》作为新青年丛书第八种由新青年社出版,译名为《阶级争斗》。其核心思想是运用马克思主义的历史唯物史观,通过考察人类的阶级社会,指出资本主义的发展必然造成两大阶级的对立日趋严重;无产阶级只有通过阶级斗争去夺取政权,铲除资本主义制度,才能真正获得解放。

由于该书在中国首次比较全面地介绍了马克思主义的阶级斗争学说,因此在马克思主义传播史上影响极大,对毛泽东、周恩来、董必武等一大批先进分子转变为马克思主义者产生过重大影响。毛泽东曾回忆道:"有三本书特

---

① 《恽代英全集》第 4 卷,人民出版社 2014 年版,第 38—39 页。
② 该书为考茨基《爱尔福特纲领解说》的中文摘录译本,译名即为《阶级争斗》,于 1921 年 1 月由《新青年》杂志社作为"新青年丛书"第八种出版。

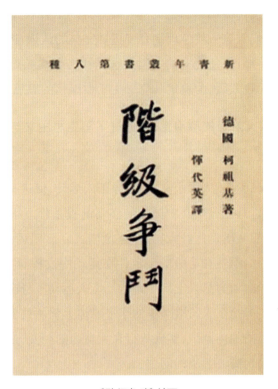

《阶级争斗》封面

别深刻地铭刻在我的心中,建立起我对马克思主义的信仰"。①《阶级争斗》就是其中之一。

1920 年 10 月,恽代英在《东方杂志》第 17 卷第 19、20 号连载发表了译作《英哲尔士论家庭的起原》[即恩格斯《家庭、私有制和国家的起源》(节译)],科学地阐明了家庭、私有制、阶级的起源与国家产生的关系,进一步宣传了马克思主义的政治学说。他在《译者志》中对恩格斯作了专门介绍,"英哲尔士(即恩格斯——李良明注)为马克思的挚友,终身在宣传事业中联系努力,读马氏传的无有不知"②,从而进一步促进了中国人对于马克思、恩格斯生平与思想的了解。

总之,在传播马克思主义方面,恽代英在时间上虽比陈独秀、李大钊等略

---

① [美]埃德加·斯诺:《西行漫记》,董乐山译,生活·读书·新知三联书店 1979 年版,第 131 页。
② 《恽代英全集》第 4 卷,人民出版社 2014 年版,第 220 页。

晚,但仍属于在中国传播马克思主义的先驱者之一。恽代英对马克思主义的探索和宣传,使人们对这一科学理论有了更加完整的认识,进一步促进了马克思主义在中国的传播,促使更多的中国人选择和接受马克思主义作为改造社会和拯救国家的思想武器,为奠定马克思主义中国化的思想基础作出了贡献。

2. 努力提高工人阶级的政治觉悟,促进了马克思主义与中国工人运动的结合

用马克思主义启发工人阶级觉悟,指导工人运动,促进马克思主义与中国工人运动相结合,是马克思主义中国化的必要前提条件。第一次世界大战期间,中国工人阶级的队伍迅速壮大,力量逐渐增强。五四运动期间,中国工人阶级以自己特有的组织性和斗争的坚定性在运动中发挥着主力军的作用,开始作为一支独立的政治力量登上历史舞台。工人运动本身也逐步由经济斗争上升为政治斗争。但是工人阶级斗争的水平总体上仍然处于自在阶段。如何尽快唤醒工人阶级的集体意识,实现从自在到自为的转变,是当时中国工人运动乃至中国革命迫切需要解决的问题。

五四运动后,恽代英认识到工人阶级蕴藏着巨大的力量。他和李大钊、陈独秀等先进分子一样,自觉承担起把马克思主义科学原理和政治自觉灌输到无产阶级群众中去的历史使命。在传播马克思主义的时候,恽代英有意识地面向工人阶级,努力提高他们的政治觉悟。

1920 年 4 月,恽代英与施洋等成立了湖北平民教育社,共建立起 7 所平民学校,专门招收贫苦工人及其子女。一时间,"'平民教育'四字,惊破了武汉沉闷的空气"①。同年夏,恽代英还组织利群书社成员到武汉、长沙、衡阳等地的工厂、煤矿进行社会调查,了解工人生产、生活状况,并广泛传播马克思主义,促进了马克思主义与中国工人运动的结合。

3. 独立探索建立马克思主义政党,为中国共产党储备了一批优秀干部

1921 年 7 月 15—21 日,恽代英、林育南等召集受利群书社影响的 23 位进

---

① 《林育南文集》,人民出版社 2014 年版,第 112 页。

步青年在湖北黄冈林家大湾浚新学校成立了共产主义性质的革命团体共存社。其宗旨是"以积极切实的预备，企求阶级斗争、劳农政治的实现，以达到圆满的人类共存的目的"。这与中国共产党第一次全国代表大会确定的党的奋斗纲领基本精神完全一致。共存社虽然名称未称共产党，但从其宗旨、主义及组织原则等方面看，它的确是一个具有共产主义性质的革命团体。共存社的成立时间与中共一大召开的时间几乎同时，这充分说明，恽代英等先进分子，在中国共产党成立前后，"也在独立开展建党活动"。①

当得知中国共产党成立的消息后，共存社很快停止活动。恽代英及共存社的主要成员均先后加入中国共产党，担负起党内的重要工作，为无产阶级的解放事业奉献出自己的全部力量直至生命。从这个意义上说，恽代英发起成立的共产主义性质团体共存社为中国共产党培养和储备了一批非常优秀的干部。

共存社的成立，还有更加重大的历史意义，即以生动的事实驳斥了西方和港台一些所谓中共党史"专家"的历史虚无主义观点。他们认为，在20世纪20年代初，中国不具备成立共产党的历史条件；中国共产党的成立，是"舶来品"，是依靠共产国际和苏俄"移植"来的，等等。共存社的成立雄辩地证明，即使没有共产国际和苏俄的帮助，中国迟早也会建立马克思主义政党。因此，中国共产党的成立，是马克思主义与中国工人运动相结合的产物，是当时历史发展的必然结果。

（三）恽代英作为中共早期杰出的理论家之一，发表了许多推动马克思主义中国化的理论成果

在1921年年底正式加入中国共产党之后，恽代英长期承担宣传教育工作和青年运动工作，是党内公认的著名理论家和青年运动领袖，被誉为是"我党最善于联系青年和劳动群众的领导人之一"。② 恽代英在《中国青年》《红旗》等刊物上发表了大量文章，宣传中国共产党的基本纲领，阐释马克思列宁主义

---

① 《中国共产党历史》（第1卷）（1921—1949）上册，中共党史出版社2011年版，第70页。
② 李良明、钟德涛：《恽代英年谱》，华中师范大学出版社2006年版，第6页。

的基本原理,为推动马克思主义中国化作出了重要贡献。郭沫若曾回忆说:"在大革命前后的青年学生们,凡是稍微有些进步思想的,不知道恽代英,没有受过他的影响的人,可以说没有"。①

1. 创办并主编《中国青年》等党团机关早期刊物,为推动马克思主义中国化时代化大众化进行了不懈的努力

马克思主义认为,无产阶级及其政党手中的报刊,是重要的舆论工具,是指导人民群众进行革命斗争的有力武器。1923 年 10 月,中共中央和共青团②中央决定创办《中国青年》周刊,并将该刊定位为"一般青年运动的机关"③。《中国青年》是当时中共中央规定的 8 种出版物之一,也是共青团中央机关刊物。恽代英是该刊主要创办者和第一任主编。在主编《中国青年》期间,恽代英殚精竭虑,不遗余力,将该刊作为向广大群众尤其是广大青年进行马克思列宁主义教育和宣传中国共产党的纲领、路线、方针、政策的重要阵地,为推动马克思主义中国化时代化大众化进行了不懈的努力。据初步统计,恽代英本人以本名、笔名及记者、编辑名义在《中国青年》上发表的各类文章和通讯、按语、跋语等就达 210 多篇,约占其一生所发表文章总数的三分之一。由此可见恽代英对《中国青年》所用心力之勤。

恽代英本人在《中国青年》上发表的 210 多篇文章中,有不少反映出他对马克思主义的深刻理解和阐释。例如,在第 67 期,恽代英撰文《纠正对于马克思学说的一种误解》,剖析了马克思在《〈政治经济学批判〉序言》中提出的"两个决不会"的论断,即:"无论哪一个社会形态,在它所能容纳的全部生产力发挥出来以前,是决不会灭亡的;而新的更高的生产关系,在它的物质存在条件在旧社会的胎胞里成熟以前,是决不会出现的。"④恽代英在文中批判一些学者机械地认为"照马克思的意思,经济落后的中国,旧社会的生产力毫未

① 郭沫若:《由人民英雄恽代英想到〈人民英雄列传〉》,《中国青年》1950 年第 38 期。
② 1925 年 1 月之前称中国社会主义青年团,之后改称中国共产主义青年团,本节均简称为共青团。
③ 共青团中央青运史研究室、中央档案馆编:《中共中央青年运动文件选编》,中国青年出版社 1988 年版,第 19 页。
④ 《马克思恩格斯选集》第 2 卷,人民出版社 1995 年版,第 33 页。

发展",因此不存在社会主义革命客观条件的错误观点,指出帝国主义在中国已"加于旧社会生产力的影响",而且中国共产党领导的革命事业已是"全世界共产主义运动的一部分",所以中国革命的发生是必然的,也是一定会成功的。[①] 恽代英在 20 世纪 20 年代提出的这一科学见解显然已经得到了历史事实的充分证明。

从 1923 年 10 月创刊至 1927 年 10 月第一次停刊期间,《中国青年》共出版 168 期,发行量最高时达 3 万多份,是大革命时期出版时间最长、发行期数最多、影响最大的革命刊物,全面反映了中共中央、共青团中央在复杂局势下对广大青年的宣传指导和思想引导,是早期马克思主义中国化的重要媒体之一,记载了早期马克思主义中国化的许多重要理论成果,印刻下马克思主义中国化时代化大众化的艰辛探索轨迹。这一切成就的取得,都饱含着恽代英的辛勤努力。

2. 探索将马克思主义基本原理与中国国情相结合,对毛泽东思想的形成作出了重要贡献

众所周知,毛泽东思想是马克思主义中国化的理论成果,是以毛泽东为主要代表的中国共产党人根据马克思列宁主义的基本原理,对中国革命和建设实践中的一系列独创性经验所作出的理论概括。恽代英作为中共早期杰出的领导人和理论家之一,一直在不断探索如何将马克思列宁主义的基本原理与中国的具体国情相结合,从而对毛泽东思想的形成作出了重要贡献。

例如,在中共党内,恽代英是最早运用马克思主义基本原理,对中国半殖民地半封建社会中各阶级的经济地位及其对革命的态度进行科学分析的思想家之一。

关于无产阶级,恽代英早在 1925 年 3 月就指出:"产业工人确实是革命的主要力量,只有他能做民族革命的主要军队。"[②]恽代英对中国无产阶级的经济地位和特点进行了详细的分析,解释了无产阶级最富于革命性的原因并得

---

① 《恽代英全集》第 7 卷,人民出版社 2014 年版,第 48 页。
② 《恽代英全集》第 6 卷,人民出版社 2014 年版,第 402 页。

出结论:中国无产阶级人数虽少,但他们的联合,是中国打倒帝国主义与军阀的唯一可靠的力量。

马克思和恩格斯曾在《共产党宣言》中明确指出:"在当前同资产阶级对立的一切阶级中,只有无产阶级是真正革命的阶级。其余的阶级都随着大工业的发展而日趋没落和灭亡,无产阶级却是大工业本身的产物。"①恽代英将马克思主义的基本原理与中国的革命实践结合起来,得出了无产阶级是中国革命"主要军队"的科学结论,这正是马克思主义中国化的生动体现。

恽代英同时又指出,在中国单靠无产阶级的力量是不足以打倒帝国主义的,还应该团结一切可以团结的力量共同推动革命进程。他认为,农民占中国人口绝大多数,是无产阶级的同盟军;小资产阶级,从他们的经济地位来说,也具有倾向革命的可能性,因此也应该尽力促使他们加入革命阵营。

关于中国的资产阶级,恽代英将其划分为幼稚工业资本家(即民族资产阶级)和买办阶级。民族资产阶级具有两面性,一方面反对帝国主义的压迫;另一方面又惧怕工农运动,在革命中具有妥协性。而买办阶级"倚赖外国资本主义而享其余沥,所以他对于打倒外国资本主义的国民革命,一定是反革命的"。② 因此,"我们应当联合世界革命势力,共同打倒帝国主义,同时,并需打倒国内军阀、买办阶级、土豪劣绅,使一切被压迫的中国民众都解放出来。"③

恽代英在大革命时期对中国社会各阶级经济地位以及他们在中国革命中基本立场的分析,与毛泽东 1925 年 12 月发表的《中国社会各阶级的分析》的思想在本质上是完全一致的。通过他们的分析,明确了在中国革命进程中"谁是我们的敌人? 谁是我们的朋友"④这样一个基本问题,为中国新民主主义革命指明了方向。

另外,在中共党内,恽代英最早从战略的高度提出和论证了"帝国主义是一戳便穿的纸老虎",深刻揭示了帝国主义外强中干的本质。

---

① 《马克思恩格斯选集》第 1 卷,人民出版社 1995 年版,第 282 页。
② 《恽代英全集》第 7 卷,人民出版社 2014 年版,第 90 页。
③ 《恽代英全集》第 6 卷,人民出版社 2014 年版,第 360 页。
④ 《毛泽东选集》第一卷,人民出版社 1991 年版,第 3 页。

　　1924 年 11 月，恽代英在《中国青年》第 54 期发表《怎样进行革命运动》，比较具体地分析了帝国主义国家之间的矛盾、帝国主义与本国人民之间的矛盾以及帝国主义与中国人民之间的矛盾，并掷地有声地明确指出，"帝国主义是一戳便穿的纸老虎"，[1]代表了当时中国共产党人对帝国主义本质的认识达到一个全新的高度。

　　依照恽代英的分析，第一，帝国主义国家之间存在着尖锐的矛盾，这样中国的革命势力完全可以集中自己的全部力量各个击破他们；第二，帝国主义与本国革命群众之间存在着尖锐的矛盾，这极大地牵制了帝国主义的对外侵略；第三，苏俄社会主义革命的胜利促使全世界反帝国主义运动蓬勃发展，被压迫的各国人民团结起来，将给帝国主义及其依附势力以致命打击。"所以中国的革命一定在世界革命中间完全可以成功。"[2]

　　恽代英关于"帝国主义是一戳便穿的纸老虎"的论述在本质上与列宁1919 年 11 月将帝国主义比喻为"泥足的巨人"[3]的论述是完全一致的。从这个意义上讲，恽代英不仅继承了列宁关于帝国主义的科学论断，而且在革命实践中将列宁主义中国化、大众化，从而创造性地发展了马克思列宁主义。

　　尽管恽代英在 20 世纪 20 年代对"纸老虎"的相关论述在理论上还存在着不够完善之处，但是显然为毛泽东在 20 世纪 40 年代全面系统地论析"帝国主义和一切反动派都是纸老虎"提供了初步的理论基础。这再次深刻地证明，毛泽东思想作为马克思主义中国化的理论成果，是包括恽代英等早期中共领导人在内的全党集体智慧的结晶。

3. 运用马克思主义经济学基本原理，对中国新民主主义经济政策提出科学构想

　　在第一次世界大战期间，由于西方资本主义列强自顾不暇，中国曾经出现了兴办资本主义工业的高潮，成为中国民族工业发展的"黄金时代"。然而好景不长，随着一战的结束，列强卷土重来，中国经济迅速转向萧条。1920—

---

　　① 《恽代英全集》第 6 卷，人民出版社 2014 年版，第 588 页。
　　② 《恽代英全集》第 6 卷，人民出版社 2014 年版，第 588 页。
　　③ 《列宁全集》第 37 卷，人民出版社 1986 年版，第 287 页。

1921 年,大批民族工业企业面临倒闭的危机。此时,在知识思想界有人提出,中国并不需要任何制度性的根本改革,而应退回到"农本社会"。这其实是以农为本的中国传统经济思想在特定背景下的反弹。这种观点立即遭到了包括恽代英在内的先进知识分子的强烈反对,于是形成了 20 世纪以来中国经济思想史上第一次"以农立国"抑或"以工立国"的论争高潮。

1923 年 10 月,恽代英在《申报》上发表《论中国可以不工业化乎》一文,明确指出"中国亦必化为工业国然后乃可以自存"①,这标志着他成为中共党内第一个明确指出中国必须走工业化道路的思想家。恽代英在文中用实证的方法驳斥了董时进、章士钊等人所谓农业国可以不需工业国而独立的观点。他详细列举 1922 年中国《海关报告册》中的统计数据后指出,以工立国是关乎国家生死存亡之大事,中国要想改变沦为西方国家原料供给地和产品倾销地的被动局面,要想摆脱殖民地的悲惨命运,必须大力发展工业。

早在 1848 年,马克思恩格斯就在《共产党宣言》中一针见血地指出:"资产阶级,由于开拓了世界市场,使一切国家的生产和消费都成为世界性的了……古老的民族工业被消灭了,并且每天都还在被消灭。它们被新的工业排挤掉了"。② 他们在唯物史观的基础上说明工业化是一种在本质上超越国家或民族疆界的经济形式,以工业化为主导的市场经济在全世界范围内改变自然经济或半自然经济的传统农业国面貌具有客观必然性。因此,任何落后国家都根本不可能通过尽力维持自给自足的自然经济状态来保护本国的传统农业国地位。恽代英在《论中国可以不工业化乎》一文中明确指出中国必须走工业化道路,成为工业化国家,这实际上是运用马克思主义经济学基本原理,对中国经济发展方向作出的科学分析,实践证明是完全正确的,也是经得起历史检验的。

恽代英还对列宁新经济政策进行了认真的研究,并结合中国的具体国情进行了深入的思考,在此基础上对新民主主义经济发展战略和政策提出了科学构想。

---

① 《恽代英全集》第 5 卷,人民出版社 2014 年版,第 128 页。
② 《马克思恩格斯选集》第 1 卷,人民出版社 1995 年版,第 276 页。

恽代英认为,列宁放弃军事共产主义政策,施行新经济政策给人们的重要启示就是"在产业后进的国家不经过相当的资本主义的发展,是不能进于最低度的共产主义的"。① 从表面上看,列宁是"在某种程度中重建资本主义",然而,这是落后国家在革命胜利后促进社会生产力发展的必然选择。

通过对列宁新经济政策的研究,恽代英指出:"产业后进国家可以实现共产主义,但必须用新经济政策做他们中间一个长的阶梯"②,"共产党……必须酌量的重建资本主义,然而亦必须使资本主义的发展,只足以巩固无产阶级的政权,而不致于妨害他才好。"③也就是说,既要充分利用市场价格机制和不同层次的生产资料所有制形式发展社会生产力"以巩固无产阶级的政权",又要在共产党的领导下充分发挥社会主义国家的政府职能,对国民经济进行科学管理和宏观调控,"使资本主义的发展"(即自由市场经济的发展)不致于改变社会主义国家的本质特征。恽代英特别强调:"解决中国的问题,自然要根据中国的情形,以决定中国的办法;但是至少可以说,伟大的列宁,已经亲身给了我们许多好的暗示了"④。他实际上已经预见到,像中国这样比俄国更加落后的"产业后进国",必须从自身的实际国情出发,充分借鉴列宁新经济政策的经验,走中国特色的经济建设之路。

关于中国革命胜利后应该施行哪些具体经济政策,恽代英也提出了一系列科学的构想,包括收回全部关税主权、积极引进外资和外国智力、学习西方先进的生产技术、改良租税制度、应用累进税制等。恽代英这些极具前瞻性的观点不仅是马克思列宁主义中国化的重要早期理论成果,而且对于我们今天推进改革开放,建设中国特色社会主义仍然具有重要的现实指导意义。

马克思主义中国化是一个宏伟的、动态的、持续的历史过程。90多年来,无数的中国共产党人不断将马克思主义基本原理与中国实践相结合,推动着中国前进的步伐,而前人的贡献正是后人探索的阶梯。包括恽代英在内的中共早期领导人在马克思主义中国化进程中占有不可或缺的历史地位。在充分

① 《恽代英全集》第6卷,人民出版社2014年版,第154页。
② 《恽代英全集》第6卷,人民出版社2014年版,第155页。
③ 《恽代英全集》第6卷,人民出版社2014年版,第154页。
④ 《恽代英全集》第6卷,人民出版社2014年版,第156页。

学习前人思想和铭记前辈贡献的基础上,我们就一定能够在马克思主义中国化的道路上不断进取,坚定前行,与时俱进,继往开来。

（李天华、李良明）

三、恽代英对人民军队创建与发展的卓越贡献

恽代英是中国共产党早期领导人之一,在其短暂而辉煌的一生中,军事活动亦占有重要位置。

(一)恽代英是中国共产党最早认识到武装斗争重要性的领导人之一

在中国共产党创建初期,我们党没有自己独立的革命武装,对直接组织领导军队进行革命战争的重要性认识不足。特别是在大革命后期,以陈独秀为代表的党的领导机关犯了右倾机会主义错误,放弃了武装力量的领导权,最终导致大革命失败。尽管如此,党内一些有识之士,还是较早地认识到了武装斗争的重要性,并在理论与实践的结合上作了可贵的探索。恽代英是其中的代表之一。

恽代英对建立革命武装重要性的认识可以追溯到1922年。这一年的9月25日,恽代英在《东方杂志》发表《民治运动》一文,强调指出:"从来社会的凝结,战争是一个重要的力量。我们不能够靠讲道理结合什么有力的团体。我们要鼓吹反抗强权的学说,而且引他们向各种黑暗的势力作战。"他在文中鲜明地提出:"时机危急了! 我们要赶快组织作战的军队,为民治政治,向一切黑暗的势力宣战。"这是中国共产党人早期阐述武装斗争思想的一篇重要著作。

在风云激荡的大革命时期,恽代英以一位马克思主义理论家的深邃洞察力,对开展武装斗争的群众基础、依靠力量和组织方式等问题作出了一系列精辟的阐述。关于武力与工人运动相结合的问题。他认为,在半殖民地半封建的中国,民主革命要想取得胜利,不仅要注重产业工人的力量,而且还要组织军队,使武力与工人运动相结合。关于组织农民参加国民革命问题。他指出,中国革命"若不是能得着大多数农民的赞助,不容易有力量而进于成功"。他

号召农民群众团结起来,组织农会,"编练农军",参加国民革命。关于组织青年学生与武装斗争相结合问题。他认为,"青年学生赤手空拳,手无寸铁,打天下是不成的"。他倡议全国中等以上各校学生组织学生军,讲求军事教育,"以为领导农民工人武装起来,以革命手段,打倒帝国主义的准备"。

"四一二"反革命政变后,恽代英对中国共产党独立领导武装斗争开始有了认识。为了应付危局,恽代英迫切要求建立革命武装,曾向武汉国民政府提出组织 2500 名"志愿兵"的计划。夏斗寅叛变后,他将武汉中央军事政治学校、中央农民运动讲习所的学员编为中央独立师,亲任党代表,率中央独立师赴前线作战。

在党的幼年时期,在全党对于中国革命的特点和规律缺乏认识的情况下,恽代英对武装斗争能够有这些独到的见解,实属难能可贵。他在武装斗争问题上的理论与实践,不仅在当时产生了重要影响,而且为中国共产党尔后独立领导武装斗争,加强人民军队的建设积累了宝贵经验。

(二)恽代英是人民军队初创时期的重要领导人之一

大革命失败前后的危急时刻,恽代英千方百计保存革命力量,为党独立领导武装斗争保存了革命火种。随后,他参与组织了南昌起义、广州起义,成为人民军队初创时期的重要领导人之一。

1927 年 1 月,恽代英奉命到武汉中央军事政治学校工作,担任校常务委员会委员兼政治总教官。他把大批共产党员、共青团员和许多革命青年招收到学校,使这所学校变成"革命的大本营"。他在军校内实行政治训练与军事训练并重的教育方针,培养和造就了一大批优秀的军事和政治人才,为党后来领导武装斗争创建新型人民军队创造了有利条件。特别是在恽代英的亲自关怀下成立的军校女生队,培养出了以赵一曼为代表的现代中国第一批女兵。"七一五"反革命政变后,武汉中央军事政治学校改编为国民革命军第二方面军第四军教导团,但是在恽代英和叶剑英等人的努力下,保存了这支革命力量,并在不久后作为主力部队参加了党领导的广州起义。

在大革命遭受严重失败的严峻形势下,1927 年 7 月 20 日,李立三、恽代英等向中央临时政治局常委会提议,独立发动反对国民党政府的军事行动,即

本书作者与文献片《永远的恽代英》主题歌
《狱中诗》演唱者阎维文合影

南昌起义。中央同意了他们的意见，决定由周恩来、李立三、恽代英、彭湃共同组成中共前敌委员会（简称前委），参与组织领导起义。正当起义准备工作紧张进行时，张国焘以中央代表身份一再强调起义宜慎重，要得到张发奎同意后方能进行。恽代英立场坚定、旗帜鲜明，始终坚持举行南昌起义不动摇。经过周恩来、恽代英等的据理力争，保证了起义的如期举行。起义胜利后，恽代英被推举为革命委员会主席团成员、宣传委员会代主席。南昌起义是中国共产党独立领导革命战争、创建人民军队和武装夺取政权的伟大开端，恽代英在起义中发挥了独特而重要的作用，在人民军队光辉历史上写下了浓墨重彩的一笔。

南昌起义之后，恽代英又参与领导了广州起义，任广州苏维埃政府秘书长、宣传部长。起义总指挥张太雷牺牲后，他临危不惧、沉着镇静，始终在总指挥部指挥战斗；在起义面临失败的严峻情况下，他及时组织部队撤退，充分显示了他的军事才能。广州起义是对国民党反动派叛变革命和实行屠杀政策的又一次英勇反击，在人民军队历史上写下了光辉壮丽的一页。

翻开人民军队史册，在大革命失败前后，像恽代英这样亲率部队直接指挥战斗，既参与组织南昌起义，又参与领导广州起义的领导人是不多见的，也充分证明了他在人民军队初创时期的重要地位和作用。

（三）恽代英是人民军队思想政治工作的奠基人之一

从严格意义上说，人民解放军政治工作是从大革命失败后创建人民军队而开始的。但在此之前，以周恩来、恽代英等为代表的共产党人在国共合作的旗帜下，通过在黄埔军校、武汉中央军事政治学校和国民革命军的实践，已初步探索出开展军队政治工作的若干思想和原则。这是中国共产党军队政治工作的早期实践，取得了显著成效，为中国共产党以后独立开展军队政治工作做了必要的准备。正如毛泽东所说："那时军队设立了党代表和政治部，这种制度是中国历史上没有的，靠了这种制度使军队一新其耳目。一九二七年以后的红军以至今日的八路军，是继承这种制度而加以发展的。"朱德也评价道："研究党的军史时，应当从这个老根上研究起。"

1926 年 3 月，恽代英被任命为黄埔军校政治主任教官，开始了革命军人的生涯。在黄埔军校期间，恽代英撰写了一系列有关军队政治工作的重要著作，就革命军队建设问题作了全面的论述。他还论述了从事军队思想政治工作的基本方法，军队一定要有严明的纪律，军队要谦虚谨慎，反对暮气和骄气等若干基本理论问题。在武汉中央军事政治学校期间，恽代英提出，要在学员区队中"每队加设一指导员，选择政治观念好的人来担任"，责任是"代替政治部做工作""他的地位和区队长差不多，于必要时可代替区队长"。他的这一思想，为后来的"支部建在连上"等军队政治工作原则的形成提供了借鉴。恽代英注重采用启发式的教学方法，除利用军校课堂对学生进行政治教育外，还采用了多种多样和生动活泼的形式，如经常组织学生进行群众性讲演会、政治讨论会和开展调查研究，极大地丰富了政治工作的形式和内容。

恽代英的军队思想政治工作理论，不仅在当时对黄埔军校和武汉中央军事政治学校政治工作制度的建立与完善作出了突出贡献，而且为后来中国工农红军政治工作的建立发展积累和提供了宝贵的历史经验，为建立人民军队的思想政治工作奠定了坚实的基础。直到今天，中国人民解放军政治工作的若干基本原则和形式，仍留有当年的印记。这就清楚表明，恽代英是中国共产党领导的人民军队思想政治工作的开创者和奠基人之一，他的军队政治工作思想，对我军的建设具有深远的影响。

恽代英对人民军队创建与发展的卓越贡献，是他留给后人的一笔宝贵精神财富,对于今天加强我军革命化现代化正规化建设仍具有重要的现实意义。他矢志革命,忠心耿耿,对党的事业无限赤诚,具有坚如磐石的理想信念。他思想敏锐,博古通今,善于理论联系实际,具有坚实的马克思主义理论功底。他艰苦朴素,严于律己,时刻关心部属的生活和疾苦,具有崇高的思想品德。恽代英的一生,是光辉战斗的一生,是为中华民族独立富强而英勇奋斗的一生。我们今天缅怀他的丰功伟绩,就是要继承他的遗志,弘扬他的精神,在强军兴军征途上争做"四有"新一代革命军人,坚定不移地把老一辈革命家开创的伟大事业继续推向前进。

(中国人民解放军军事科学院军事历史和百科研究部)

四、恽代英在中国社会主义经济思想史上的地位

中国社会主义经济思想史主要研究并阐释中国社会主义经济思想产生、发展与完善的条件、过程、特点及其规律性。[①] 认真梳理新民主主义革命时期中共重要理论家的经济思想,是客观再现中国社会主义经济思想形成和发展过程的必然要求。截至目前,大多数关于中国社会主义经济思想史的著作对于李大钊、陈独秀、瞿秋白等中共早期理论家的贡献都有比较充分的论述,但对恽代英的贡献却鲜少涉及。[②] 这不仅与恽代英这位中共早期杰出的马克思主义理论家的历史地位严重不符,而且也是中国社会主义经济思想史研究领域的重要缺憾。之所以造成这种现象,其重要原因之一,就是长期以来对恽代英遗著的收集、整理与研究工作不尽如人意。1984 年人民出版社出版的《恽代英文集》(上、下卷)收录的恽代英著作仅 195 篇,73 万字,约占其遗著总字数的四分之一。

实际上,恽代英遗著共计约 300 万字,涵盖哲学、政治、经济、军事、文化、教育等各个领域,形成了比较完备的理论体系,是毛泽东思想的有机组成部分,具有重要的理论价值和现实意义。其中,关于恽代英的经济思想,迄今为

---

① 王毅武:《中国社会主义经济思想史简编》,青海人民出版社 1988 年版,第 1 页。
② 例如王毅武:《中国社会主义经济思想史简编》,青海人民出版社 1988 年版;程恩富等:《马克思主义经济思想史》(中国卷),中国出版集团 2006 年版;等等。

止,仅有田子渝(1996)、张荆红(2006)、马德茂(2007)、张克敏(2007)等少数学者从不同角度、不同层次进行了探讨,为后人的研究奠定了一定的基础。①但是,既有的成果普遍存在着下列不足:第一,大多以1984年版《恽代英文集》为主要资料来源,缺乏对相关文献和史料的全面掌握;第二,大多注重对恽代英的个体研究,忽略了个体与群体的联系,以及个体与个体之间的比较研究。本课题组对恽代英遗著进行了比较充分的收集和整理,于2014年5月在人民出版社正式出版了九卷本《恽代英全集》。本节将在前人研究的基础上,并以《恽代英全集》中呈现的600余篇文献为依据,尝试对恽代英经济思想进行比较全面、系统的梳理,进而对恽代英在中国社会主义经济思想史上的地位做出总体评价。

恽代英在中国社会主义经济思想史上的地位主要体现在以下几个方面:

第一,参与中国经济发展方向的论战,明确中国必须走工业化道路。

从20世纪20年代起,中国知识界就开始讨论中国经济发展的方向,其焦点问题即中国究竟应该以"农业立国"还是以"工业立国"。这场论战实际上是以农为本的中国传统经济思想与现代经济发展理论的一次大碰撞。

从论战的背景来看,由于第一次世界大战期间,西方列强自顾不暇,中国出现了兴办资本主义工业的高潮,成为中国民族工业发展的"黄金时代"。但是好景不长,随着一战的结束,资本主义列强卷土重来,中国经济迅速由繁荣转向萧条。1920—1921年,大批民族工业企业面临倒闭的危机。此时,在知识思想界有人提出,中国并不需要任何制度性的根本改革,而应退回到"农本社会"。这其实是以农为本的中国传统经济思想在特定背景下的展示。这种观点随即遭到了包括恽代英在内的先进知识分子的强烈反对,形成了中国现代经济思想史上第一次"以农立国"抑或"以工立国"的论战。

1923年8月12日,章士钊在上海《新闻报》发表《业治与农(告中华农学

① 参见田子渝:《浅析恽代英的经济思想》,《中共党史研究》1996年第3期;张荆红:《试论恽代英对新民主主义经济理论形成的历史贡献》,《理论月刊》2006年第6期;马德茂:《恽代英对新民主主义时期经济理论的探索》,《党的文献》2007年第6期;张克敏:《恽代英经济思想刍议》,《党的文献》2007年第6期。

会)》,提出"吾国当确定国是,以农立国,文化治制,一切使基于农"①,成为这场论战的开端。同年9月,孙倬章在《东方杂志》第20卷第17号撰文《农业与中国》,反驳章士钊的观点,认为中国不应该偏重于农业,而应该大力发展工业,以免受制于列强的经济控制。② 随后,以章士钊、董时进等为代表的"以农立国"派和以恽代英、孙倬章、杨杏佛等为代表的"以工立国"派相继在报刊上发表文章,对中国的经济发展方向和道路进行辩论,最终"以工立国"派占据了主导地位。

恽代英在这场中国经济思想史上著名的论战中发挥了非常重要的作用,他是中共党内第一个明确指出中国必须走工业化道路的思想家。1923年10月30日,为了反驳同月25日农业经济学家董时进发表在《申报》上的《论中国不宜工业化》一文,恽代英在《申报》上发表《中国可以不工业化乎》,明确提出"中国亦必化为工业国然后乃可以自存,吾以为殆无疑义"。③

恽代英在文中用实证的方法驳斥了董时进、章士钊等人所谓"农业国可以不需工业国而独立"的观点。他指出,在"中西未交通之时",闭关自守的中国尚可以传统的农业和手工业维持自给自足的自然经济状态,但是"及其既交通也",西方工业国家"有进步的机器、伟大的工厂",其各类产品成本低、质量好,大量涌入中国市场,已经导致中国传统农业和手工业的破产。他列举1922年中国《海关报告册》中的统计数据指出:"去年米之输入将近二千万担,价将近八千万两;面粉之输入三百余万担,价一千六百余万两;棉布之输入更价值在二万万两左右。衣食之所需如此其不足以自给,而谓可以不需工业国而可以独立耶?"④恽代英认为,以工立国是关乎国家生死存亡之大事,中国要想改变沦为西方国家原料供给地和产品倾销地的被动局面,要想摆脱殖民地的悲惨命运,必须大力发展工业。

1924年1月,恽代英又在《前锋》第3期发表《革命政府与关税问题》,进一步论证了自己的观点,即在资本主义工业化、全球化时代,无论如何不应该

---

① 章士钊:《业治与农(告中华农学会)》,《新闻报》1923年8月12日。
② 孙倬章:《农业与中国》,《东方杂志》第20卷第17号,1923年9月。
③ 《恽代英全集》第5卷,人民出版社2014年版,第130页。
④ 《恽代英全集》第5卷,人民出版社2014年版,第128页。

也不可能使中国继续保存为一个传统的农业国家。那种指望通过"极力提倡维持土产,购用国货"的方式来尽力保存中国"为一个农国",即试图通过尽力维持中国自给自足的自然经济状态来尽量减少外国产品的进口,从而规避外国资本主义经济掠夺的观点是根本站不住脚的。

恽代英利用翔实的经济统计数据做出了分析:"虽然我们曾经屡次极力提倡维持土产,购用国货;然而就民国十一年海关册报告,我们已经用了外国输入的:棉货类共价二万一千八百余万两;米、谷七千九百余万两;杂粮粉一千六百余万两;赤糖、白糖、冰糖六千一百余万两;煤油六千三百余万两;纸烟、菸七千九百余万两。我们由这可知外国机器生产品已占了无敌的优势。再以日本货物为例,我们自民国四年以来,每年几于无不抵制日货;然而日货在民国四年入口只一万二千余万两,民国十一年却进而至于二万三千余万两,这亦可知机器生产的优势,非一时的排货运动所能加以影响。中国除了机器生产化,没有法子抵抗人家,即没有法子免于经济破产的惨祸。居今日还有些人说中国要保存为一个农国,真要怪他太不长眼睛了。"①恽代英的结论是:"中国要自己救拔,只有发达机器生产"。②

马克思和恩格斯曾在《共产党宣言》中一针见血地指出:"资产阶级,由于开拓了世界市场,使一切国家的生产和消费都成为世界性的了……古老的民族工业被消灭了,并且每天都还在被消灭。它们被新的工业排挤掉了"。③ 他们并不是在称赞先进资本主义国家对落后国家的侵略,而是根据历史唯物主义和辩证唯物主义,说明工业化是一种在本质上超越国家或民族疆界的经济形式,以工业化为主导的市场经济在全球范围内改变自然经济或半自然经济的传统农业国面貌具有客观必然性。因此,任何落后国家都根本不可能通过尽力维持自给自足的自然经济状态来保护本国的传统农业国地位。恽代英明确指出,中国"免于经济破产"的正确方法绝对不是继续使自身"保存为一个农国",而是必须实现"发达机器生产"的目标,这实际上是运用马克思主义经济学基本原理,对中国经济发展方向做出的科学分析,因此是完全正确的,也

① 《恽代英全集》第6卷,人民出版社2014年版,第2—3页。
② 《恽代英全集》第6卷,人民出版社2014年版,第4页。
③ 《马克思恩格斯选集》第1卷,人民出版社1995年版,第276页。

是经得起历史检验的。在中国共产党成立 90 多年后的今天,恽代英提出的
"中国亦必化为工业国然后乃可以自存"的观点对于全球化背景下中国民族
工业的发展仍然具有振聋发聩的现实意义。

第二,考察中国的社会经济状况,指出中国实现工业化的制度障碍。

问题的关键是中国究竟如何才能实现工业化。从 20 世纪 20 年代起,中
国经济学界"以工立国"派的许多学者纷纷从不同的角度提出自己的主张,例
如要求政府阻止外国商品的涌入,扶持和发展民族工业,维护货币的独立性,
等等。① 恽代英却从最根本的制度层面着手,运用马克思主义基本原理对中
国半殖民地半封建的经济国情做出了细致的考察和分析,明确指出中国民族
工业发展乃至整个国民经济发展的最大障碍,在于帝国主义的侵略和压迫:
"帝国主义是因为资本主义发展,资产阶级为了自己经济的利益必须向国外
寻觅殖民地,以推广商品销路,采买原料,移植资本,故帝国主义对于弱小民族
最重要的是施行经济侵略。"②归根结底,"我们不打倒军阀,便不能组织革命
的人民的政府,以引导全国的民众,以反抗帝国主义;同时,我们不打倒帝国主
义,便不能灭绝外国的经济侵略,便不能求本国实业的发展"③。换言之,只有
通过革命手段改变不合理的政治制度和经济制度,驱逐入侵的帝国主义势力,
才能为中国发展工业化进而实现经济现代化创造出必要的前提条件。

1923 年 11 月,恽代英为《新建设》第 1 卷第 1 期撰文《中国贫乏的真原
因》,归纳出中国贫穷落后的几点原因,实际上是他对中国半殖民地半封建经
济状况的具体解析:第一,由于中国外贸年年逆差导致失业者逐年增多;第二,
由于支付战争赔款及政治当局的靡费导致国民负担日趋加重;第三,由于资本
主义的侵入直接或间接导致国内财产的集中;第四,由于百业不兴、运输阻滞
导致工商凋敝、民生疲敝。④ 而这一切,实际上都与帝国主义的侵略和压迫密
切相关。

---

① 庄俊举:《"以农立国"还是"以工立国"——对 1920—1940 年代关于农村建设争论的评
析》,《经济社会体制比较》2007 年第 2 期。
② 《恽代英全集》第 8 卷,人民出版社 2014 年版,第 89 页。
③ 《恽代英全集》第 6 卷,人民出版社 2014 年版,第 402 页。
④ 《恽代英全集》第 5 卷,人民出版社 2014 年版,第 181—183 页。

恽代英特别提醒国人,帝国主义列强不仅向中国勒索巨额的战争赔款,给中国经济发展造成沉重负担,更凭借其现代化的大工业生产,通过国际贸易中的不平等交换和商品倾销,对贫穷落后的中国进行更加隐蔽的剥削和经济掠夺。

在恽代英看来,之所以中国"不能发达机器生产","最重大的原因,一是国内的纷扰,一是先进国机器生产的压迫。然而再进一步研究,国内的纷扰,是由于有割据的军阀;有割据的军阀,是由于有可以听他们豢养驱遣的兵匪流氓;有这等流氓,是由于中国百业凋敝而生活腾贵,许多人找不着正当的生活路径;百业凋敝,是由于国内手工业生产被国外机器生产打倒,而国内机器生产又因外力竞争不能发达起来;生活腾贵,是由于一切赔款借款的本利,既加到国民的负担上面,而内乱的损失,一般兵匪流氓的生活费用,均须国民分担。由此可知,中国机器生产不能发达,国内的纷扰还不是他最初最主要的原因。只有先进国机器生产的压迫,才是他致命的打击呢。"①

恽代英在这里实际上已经指出,中国民族工业乃至整个国民经济难以发展的根本原因,就是"先进国机器生产的压迫",即帝国主义的侵略和压迫。

这种侵略和压迫,还可以从帝国主义列强强加给中国的畸形关税制度窥豹一斑。本来,关税的一个重要功能就是保护本国各产业的发展,但近代以来,中国丧失了关税自主权。西方国家强加给中国的协定关税制度,对中国民族工业的正常发展造成了严重破坏,加深了中国经济的半殖民地性,非常生动地体现出帝国主义对中国经济压迫的一般特征。

恽代英指出,作为关税制度的核心,规定不同商品的进口税率是主权国家保护本国民族产业的重要经济工具之一。可是,按照帝国主义国家强加给中国的不平等条约的相关规定,一切货物不分贵贱,海关税一律为值百抽五的税率,外国商品进口外加 2.5% 的子口税便可畅通无阻。由于民族工业落后,中国国产商品的成本原本就高于进口商品,在国内运转,还要缴纳许多厘金,加起来的税额要比外国进口商品高好几倍。在国产商品缺乏政府的保护,进口商品又没有海关限制的环境中,中国的民族工业根本不可能有兴旺发达的

---

① 《恽代英全集》第 6 卷,人民出版社 2014 年版,第 4 页。

机会。

更严重的是,中国实际上完全丧失了关税主权。总税务司由外国人把持,中国关税成为偿还所谓战争赔款的主要抵押品。关余作为北洋政府内债的担保品,每月税款由总税务司交汇丰银行,按月由总税务司分配用途,中国政府根本无权过问。这样的关税制度使中国几乎完全丧失了经济上的独立性。显然,不改变这样的制度安排,中国的工业化根本无从谈起。

总之,在恽代英看来,半殖民地半封建的中国,其经济命脉已完全被帝国主义势力掌控。帝国主义列强不仅向中国勒索战争赔款、倾销工业产品,而且还勾结、利用中国封建势力,控制中国关税等经济命脉,输出资本、开办厂矿企业,直接利用中国丰富的自然资源和廉价的劳动力牟取高额利润并以此对中国民族资本主义经济进行压迫,阻挠中华民族生产力的发展。因此,中国要想顺利走上工业化道路,必须先从制度层面着手,即必须通过革命手段改变不合理的政治制度和经济制度,驱逐入侵的帝国主义势力。

第三,论证帝国主义外强中干的本质,并对中国社会各阶级进行经济分析。

既然中国实现工业化和经济现代化的前提是通过革命推翻反动政权、驱逐帝国主义势力,那么对貌似强大的帝国主义的本质进行论述,并对中国社会各阶级进行经济分析,明确中国革命的性质、对象、依靠力量等问题就成为题中之义。

在如何看待帝国主义的问题上,一些中共早期思想家都曾进行过艰辛的探索。早在1919年11月,李大钊就曾经在《再论亚细亚主义》一文中形象地指出,帝国主义势力"都像唐山煤矿坑上的建筑物一样,他的外形尽管华美崇闳,他的基础,已经被下面的工人掘空了,一旦陷落,轰然一声,归于乌有"[①]。1924年10月,蔡和森在《商团击败后广州政府的地位》一文中将英帝国主义支持的反动商团军队比喻为"纸老虎"[②]。恽代英则是中共党内第一个从战略高度详细论证帝国主义本质的思想家。1924年11月,他在《中国青年》第54

---

① 《李大钊全集》(修订本)第3卷,人民出版社2013年版,第99页。
② 《蔡和森文集》(下卷),人民出版社2013年版,第680页。

期发表《怎样进行革命运动》,比较具体地分析了帝国主义国家之间的矛盾、帝国主义与本国人民之间的矛盾以及帝国主义与中国人民之间的矛盾,并掷地有声地明确指出,"帝国主义是一戳便穿的纸老虎",①代表了当时中国共产党人对帝国主义本质的认识达到一个全新的高度。

依照恽代英的分析,首先,帝国主义国家之间存在着尖锐的矛盾。他们钩心斗角,互相倾轧,常常你争我夺,明争暗斗,这样中国的革命势力完全可以利用帝国主义国家之间的矛盾,集中自己的全部力量各个击破他们。其次,帝国主义与本国革命群众之间存在着尖锐的矛盾。这种矛盾主要表现为剥削与反剥削、控制与反控制,极大地牵制了帝国主义的对外侵略。最后,苏俄社会主义革命的胜利促使全世界反帝国主义运动蓬勃发展。被压迫的各国人民团结起来,将给帝国主义及其依附势力以致命打击。"所以中国的革命一定在世界革命中间完全可以成功。"②

1919年11月,列宁在《苏维埃政权成立两周年》一文中曾经通过将帝国主义比喻为"泥足的巨人"③,科学地分析了帝国主义的基本特征、内部矛盾和历史地位,指出了解它外强中干的本质。恽代英关于"帝国主义是一戳便穿的纸老虎"的提法与列宁关于帝国主义是"泥足巨人"的论断异曲同工。从这个意义上讲,恽代英不仅继承了列宁主义,而且在革命实践中将列宁主义中国化、大众化,从而创造性地发展了马克思列宁主义。

受到恽代英等中共早期思想家关于帝国主义本质科学论断的启发,以毛泽东为代表的中国共产党人在后来长期的革命实践中一步步深化了对帝国主义本质的认识,明确提出了"帝国主义和一切反动派都是纸老虎"的著名论断,并逐渐形成了比较完善的新民主主义政治经济纲领。我们不能忘记的是,其理论源头,则应该从恽代英等中共早期思想家追溯起。

在中共党内,恽代英也是最早对中国半殖民地半封建社会中各阶级的经济地位及其对革命的态度进行科学分析的思想家之一。

关于无产阶级,恽代英认为:"产业工人确实是革命的主要力量,只有他

---

① 《恽代英全集》第6卷,人民出版社2014年版,第588页。
② 《恽代英全集》第6卷,人民出版社2014年版,第588页。
③ 《列宁全集》第37卷,人民出版社1986年版,第287页。

（们）能做民族革命的主要军队。"①恽代英对中国无产阶级的经济地位和特点进行了详细的分析，解释了无产阶级最富于革命性的原因并指出，无产阶级是最容易觉悟的革命势力，是"最富于革命性的阶级力量"②。中国无产阶级人数虽少，但"他们的联合，是中国打倒帝国主义与军阀的唯一可靠的力量"③。

马克思和恩格斯曾明确指出："在当前同资产阶级对立的一切阶级中，只有无产阶级是真正革命的阶级。其余的阶级都随着大工业的发展而日趋没落和灭亡，无产阶级却是大工业本身的产物。"④恽代英将马克思主义的基本原理与中国的革命实践结合起来，得出了无产阶级是中国革命"主要军队"的科学结论，这正是马克思主义中国化的生动体现。

恽代英在指出只有无产阶级才能成为中国革命的"中心与领导人"的同时，又指出，单靠无产阶级的力量是不足以打倒帝国主义的，"各阶级为自己的利益亦可以参加这种运动"⑤。他认为，农民占中国人口绝大多数，是无产阶级的同盟军，也是革命的主力军。除了加强工农联盟以外，恽代英还强调，小资产阶级，从他们的经济地位来说，也具有倾向革命的可能性。因此，也应该尽力促使他们加入革命阵营。

关于中国的资产阶级，恽代英将其划分为买办阶级和幼稚工业资本家（即民族资产阶级）。"大商买办阶级的'生之欲望'，在倚赖外国资本主义而享其余沥，所以他对于打倒外国资本主义的国民革命，一定是反革命的。"⑥而民族资产阶级，则具有两面性，一方面反对帝国主义的压迫，赞成收回海关主权；另一方面又与外资、军阀买办阶级有密切关系，惧怕工农运动，因此具有妥协性。恽代英详细揭露了军阀和土豪劣绅在经济上和财政上对中国人民的压迫剥削，并明确指出军阀、土豪劣绅，与帝国主义和买办阶级一道，都是阻碍中

---

① 《恽代英全集》第 7 卷，人民出版社 2014 年版，第 58 页。
② 《恽代英全集》第 8 卷，人民出版社 2014 年版，第 25 页。
③ 《恽代英全集》第 7 卷，人民出版社 2014 年版，第 58 页。
④ 《马克思恩格斯选集》第 1 卷，人民出版社 1995 年版，第 282 页。
⑤ 《恽代英全集》第 7 卷，人民出版社 2014 年版，第 88 页。
⑥ 《恽代英全集》第 7 卷，人民出版社 2014 年版，第 90 页。

国经济社会发展的反动势力,都是革命的对象。"我们应当联合世界革命势力,共同打倒帝国主义,同时,并需打倒国内军阀、买办阶级、土豪劣绅,使一切被压迫的中国民众都解放出来。"①

恽代英在 20 世纪 20 年代对中国社会各阶级经济地位以及他们在中国革命中基本立场的分析,与毛泽东 1925 年 12 月发表的《中国社会各阶级的分析》的思想在本质上是完全一致的。通过他们的分析,明确了在中国革命进程中"谁是我们的敌人? 谁是我们的朋友"②这样一个基本问题,为中国新民主主义革命指明了方向,也为中国实现工业化和经济现代化创造了最基本的理论前提。

第四,研究列宁新经济政策,对中国未来的经济政策提出科学构想。

作为世界上第一个社会主义国家,苏俄如何进行社会主义建设,一直受到全世界马克思主义者的关注。从 1921 年开始,列宁在苏俄开始施行新经济政策,这引起了中国共产党人的高度重视,陈独秀、瞿秋白等中共早期思想家都曾对其进行过介绍和分析。恽代英对列宁新经济政策也进行了深入研究,并在此基础上对中国革命胜利后的经济发展战略和政策提出了科学构想。

恽代英认为,社会主义事业的决定性力量是经济因素,而列宁放弃军事共产主义政策,施行新经济政策给人们的重要启示就是"在产业后进的国家不经过相当的资本主义的发展,是不能进于最低度的共产主义的"。③ 像苏俄这样的产业后进国要建设社会主义,就必须使生产力尽快发展起来。从表面上看,列宁是"在某种程度中重建资本主义",然而,这是经济落后的社会主义国家利用市场价格机制促进社会生产力发展的必然选择。

通过对列宁新经济政策的研究,恽代英指出:"产业后进国家可以实现共产主义,但必须用新经济政策做他们中间一个长的阶梯"④,"共产党……必须酌量的重建资本主义,然而亦必须使资本主义的发展,只足以巩固无产阶级的

① 《恽代英全集》第 8 卷,人民出版社 2014 年版,第 480—481 页。
② 《毛泽东选集》第一卷,人民出版社 1991 年版,第 3 页。
③ 《恽代英全集》第 6 卷,人民出版社 2014 年版,第 154 页。
④ 《恽代英全集》第 6 卷,人民出版社 2014 年版,第 155 页。

政权,而不致于妨害他才好。"①这表明,早在 20 世纪 20 年代,恽代英就已经认识到,社会主义国家在革命胜利后,必须通过像新经济政策这样的经济手段,"酌量重建资本主义"。也就是说,既要利用市场价格机制和不同层次的生产资料所有制形式充分发展社会生产力"以巩固无产阶级的政权",又要在共产党的领导下充分发挥社会主义国家的政府职能,对国民经济进行科学管理和宏观调控,"使资本主义的发展"(即自由市场经济的发展)不致于改变社会主义国家的本质特征。

恽代英特别强调:"解决中国的问题,自然要根据中国的情形,以决定中国的办法;但是至少可以说,伟大的列宁,已经亲身给了我们许多好的暗示了"②。他实际上已经预见到,像中国这样比俄国更加落后的"产业后进国",在革命胜利后,必须从中国的实际国情出发,同时借鉴列宁在苏俄进行社会主义经济建设的经验,务实地施行类似新经济政策这样的发展战略发展经济,才能更快地提高社会生产力,这是最终实现共产主义宏伟目标的必由之路。换言之,中国只有通过新民主主义经济的充分发展,才能更好地建设社会主义社会。

1945 年 4 月,毛泽东在中共七大会议上曾批判过民粹主义的思想:"所谓民粹主义,就是要直接由封建经济发展到社会主义经济,中间不经过发展资本主义的阶段。俄国的民粹派就是这样",他们"'左'得要命,要更快地搞社会主义,不发展资本主义,结果呢,他们变成了反革命。布尔什维克不是这样。他们肯定俄国要发展资本主义,认为这对无产阶级是有利的"③。中国的社会生产力比俄国更加落后,绝不能想象从封建经济直接发展到社会主义,必须要"广泛地发展资本主义"。新民主主义就是这样一种资本主义,"这种资本主义有它的生命力,还有革命性"④,因为它是那种帮助我们走向社会主义的"革命的、有用的"资本主义。显然,毛泽东的相关论述与恽代英的经济思想在本质上完全相同。

---

① 《恽代英全集》第 6 卷,人民出版社 2014 年版,第 154 页。
② 《恽代英全集》第 6 卷,人民出版社 2014 年版,第 155—156 页。
③ 《毛泽东在七大的报告和讲话集》,中央文献出版社 1995 年版,第 126—127 页。
④ 《毛泽东在七大的报告和讲话集》,中央文献出版社 1995 年版,第 189—190 页。

关于新民主主义社会的所有制结构,即新民主主义社会的经济成分包括哪些方面的内容,恽代英早在20世纪20年代就作了积极的探索。1924年3月,他在《中国青年》第20期发表《何谓国民革命》,提出国民革命的目的包括以下方面:第一,国家拨款辅助工人、农民等劳苦大众,组织消费合作社;第二,国家经营大工商业,没收帝国主义在华的工厂银行,归为国有,没收军阀及卖国官商积聚的财产,国际贸易由国家独占;第三,允许私人经营,但必须将租税加重到资产阶级身上,他们的事业必须受国家的管理与干涉;等等。该文实际上已经提出了毛泽东在《新民主主义论》中关于新民主主义社会五种经济成分中最主要的三种:即国营经济、合作社经济、私人资本主义经济。可以说,恽代英的经济思想为中国共产党新民主主义经济理论的形成奠定了初步的理论基础。

关于新民主主义社会的具体经济政策,恽代英也提出了一系列科学的构想,包括否认一切非法政府所借外债与内债;将帝国主义在华的工厂银行全部收归国有;收回全部关税主权;积极引进外资和外国智力;学习西方先进的生产技术;改良租税制度;应用累进税制等。其中特别值得一提的就是恽代英关于利用外资的思想。

在中共早期领导人中,恽代英最早提出中国可以在经济建设中利用外资。在他看来,中国作为一个经济落后的国家,"欲开发富源,就事实言,终不能不借入外资"[①]。显然,恽代英从列宁新经济政策中得到了启示。"以苏俄共产主义精神的租税制度,他们还是不能不利用外资,以助国内产业的发展。中国将来是应当仿效苏俄的。"[②]但是,中国引进外资并且利用好外资的前提是,"必须先有公忠而强固的国民政府,这种政府,监督一切公私团体,而这种政府与公私团体,又须受国民监督"[③],只有这样,才能保证在利用外资的过程中使本国的政治经济利益得到充分的保护。恽代英的这些观点不仅是中国现代经济思想史上极具理论价值的思想资源,而且对于我们今天推进改革开放,发展中国特色社会主义经济仍然具有重要的现实指导意义。

---

① 《恽代英全集》第6卷,人民出版社2014年版,第294页。
② 《恽代英全集》第6卷,人民出版社2014年版,第295页。
③ 《恽代英全集》第6卷,人民出版社2014年版,第294页。

综上所述,恽代英一系列极具科学性、前瞻性的经济思想,是马克思主义经济理论中国化的早期成果,代表了当时中国共产党人在经济思想领域的先进水平,对新民主主义经济理论的形成和发展作出了巨大的开创性的贡献。这一切,奠定了恽代英在中国社会主义经济思想史上不可或缺的重要地位。

(李天华)

五、日月经天　精神永存

——纪念恽代英诞辰 120 周年

2015 年是恽代英诞辰 120 周年,他牺牲时还不满 36 岁。他短暂的一生,为争取民族独立和国家富强作出了重要贡献,留下了宝贵的思想遗产。

(一)

恽代英祖籍江苏武进,1895 年 8 月出生于湖北武昌。面对内忧外患的贫弱中国,他在武昌中华大学(华中师范大学前身之一)读书时就志向高远,矢志追求救国救民的"光明之灯"。五四运动爆发后,他站在时代潮流的前列,弘扬民主与科学,激发人们追求真理的愿望,成为武汉地区五四运动的主要领导者。1920 年春,恽代英在武汉创办了利群书社,主要经销《共产党宣言》《社会主义从空想到科学的发展》等马克思恩格斯著作和《新青年》《每周评论》《新潮》《劳动界》等进步刊物,使之成为武汉和长江中游地区传播马克思主义和新思想的重要阵地。1921 年 7 月中旬,恽代英等召集受利群书社影响的 24 位进步青年在湖北黄冈聚会,独立开展建党活动,宣布成立具有共产主义性质的革命团体共存社。其宗旨是"企求阶级斗争,劳农政治的实现,以达到圆满的人类共存为目的。"这与中共一大通过的第一个纲领基本精神完全一致。这充分说明,在 20 世纪 20 年代初建立一个全国统一的无产阶级政党来领导中国革命,已经成为当时中国先进分子的共同愿望。同年年底,恽代英加入中国共产党。从此,他坚定地信仰马克思主义,并为共产主义理想奋斗终身。

（二）

恽代英是在中国传播马克思主义的先驱之一。1920年4月,他受少年中国学会的委托在编辑《少年中国学会丛书》时,将"马克思及其学说"列在"社会急切需要的"图书首位。同年10月,他翻译了恩格斯的《家庭、私有制和国家的起源》的部分章节(译名为《英哲尔士论国家的起源》)在《东方杂志》发表。年底,他又受《新青年》杂志社的委托,翻译了考茨基的《阶级争斗》一书,由新青年社1921年出版。该书在中国首次比较全面地介绍了马克思主义的阶级斗争学说,对毛泽东、周恩来、董必武等一大批先进分子转变为马克思主义者产生过重大影响。毛泽东后来曾对美国记者斯诺回忆说,他自从看过《共产党宣言》《阶级争斗》和《社会主义史》这三本书之后,便确定了对马克思主义的信仰,从此"就没有动摇过"。恽代英在入党前后从事中学和师范教育,足迹遍及武汉、安徽、四川等地。他走到哪里,就把马克思主义的火种传播到哪里,深受广大青年的敬仰。

1923年10月,中共中央创办《中国青年》周刊,并将其定位为"一般青年运动的机关"。恽代英是该刊主要创办者和第一任主编。他殚精竭虑,不遗余力,将该刊作为向广大群众尤其是广大青年进行马克思列宁主义教育和宣传中国共产党的纲领、路线、方针、政策的重要阵地。他密切联系青年的学习、工作、婚姻等切身问题,亲自撰写了200多篇文章和通讯在《中国青年》上发表,深受广大青年的欢迎。《中国青年》最初发行量只有三千余册,到大革命高潮时达到三万多册,成为进步青年的"良师益友"。

（三）

恽代英是我们我们党内公认的著名理论家和宣传家。他先后在《中国青年》《红旗》等刊物上发表了大量文章,宣传中国共产党的基本纲领,阐释马克思列宁主义的基本原理,并将其与中国革命实际相结合,为推动马克思主义中国化作出了重要贡献。其遗著共计约300万字,涵盖哲学、政治、经济、军事、文化、教育等各个领域,形成了比较完备的理论体系,是毛泽东思想的有机组成部分。本课题组已将其编纂成《恽代英全集》(共9卷),由人民出版社出版。早在 1917 年,恽代英就发表了《物质实在论》《经验与智识》等著名论文,坚持物质第一性的原则,反对知识"天启"等唯心主义观点。其唯物主义哲学思想,代表着当时中国先进知识分子在该领域的先进水平。

1924 年 11 月,他在《中国青年》发表论文《怎样进行革命运动》,比较具体地分析了帝国主义国家之间的矛盾、帝国主义与本国人民之间的矛盾以及帝国主义与中国人民之间的矛盾,并掷地有声地明确指出"帝国主义是一戳便穿的纸老虎"。1925 年 3 月,恽代英对中国无产阶级的经济地位和特点进行了详细的分析,指出中国无产阶级人数虽少,却是打倒帝国主义与军阀的唯一可靠力量,因此必须成为其他阶级的"中心与领导人"。他同时又指出,农民占中国人口绝大多数,是无产阶级的同盟军;小资产阶级,从他们的经济地位来说具有倾向革命的可能性,因此也应该尽力促使他们加入革命阵营;民族资产阶级具有两面性;而买办阶级则一定"是反革命的"。因此,"我们应当联合世界革命势力,共同打倒帝国主义,同时,并需打倒国内军阀、买办阶级、土豪劣绅,使一切被压迫的中国民众都解放出来"。这些分析与毛泽东 1925 年 12 月发表的《中国社会各阶级的分析》的思想在本质上是一致的,通过他们的分析,为中国新民主主义革命指明了方向。

在经济理论方面,恽代英是中国共产党内最早提出中国必须走工业化道路的思想家。1923 年,他针对所谓"中国不宜工业化"的错误观点,坚决主张"以工立国",发表了《中国可以不工业化乎》等重要论文,明确指出"中国亦必化为工业国然后乃可以自存"。关于中国革命胜利后的具体经济政策,恽代英也提出了一系列科学的构想,包括收回全部关税主权、积极引进外资和外国智力、学习西方先进的生产技术、改良租税制度等。

为坚持和捍卫革命统一战线,针对国民党内新老右派歪曲三民主义和反对国共合作的种种谬论,他先后发表了《读〈孙文主义之哲学的基础〉》《民族革命中的中国共产党》《国民党与阶级斗争》等战斗檄文,阐明了国共合作的必要性和重要性。1926 年 1 月,恽代英出席国民党"二大"并当选为中央执行委员。5 月,他受中共指派来到黄埔军校担任政治主任教官。针对蒋介石企图将革命军队变成个人篡权的工具,恽代英写了《党纪与军纪》《纪律》《主义》等重要论文,为培养和建立一支为人民而战的军队作出了理论贡献。

（四）

恽代英文化素养很高,他熟谙马克思主义理论,精通英文、德文和日文。凭他的才华,个人和家庭完全可以过上舒适安逸的生活。但他舍弃了这一切,全心全意为革命而奋斗。他曾经说过,"譬如我,假使跟着蒋介石,也大可升官发财。但要使中国革命成功,就不能不反对反革命的甘作民众叛徒的蒋介石"。1927 年,蒋介石发动"四一二"反革命政变后,他立即联合国民党左派宋庆龄等发起了"讨蒋运动"。1927 年 5 月,他在中共五大上当选为中央委员。汪精卫发动"分共"后,他先后参与领导南昌起义和广州起义,担任过南昌起义前敌委员会委员和广州苏维埃政府秘书长。1928 年冬,恽代英奉命到上海,先后任中共中央组织部、中共中央宣传部秘书长。

恽代英生活简朴,被好友萧楚女誉为"当代的墨子"。在白区坚持地下斗争,生活异常艰苦。恽代英却不以为意,非常乐观。他曾对妻子说:"我们是贫贱夫妻,我们看王侯如粪土,视富贵为浮云,我们不怕穷,不怕苦,我们要安贫乐道。这个'道'就是革命的理想。为了实现它而斗争,就是最大的快乐"。1930 年 5 月 6 日,恽代英在上海不幸被捕,英勇牺牲前夕写下了一首荡气回肠、千古传颂的《狱中诗》:"浪迹江湖忆旧游,故人生死各千秋。已摈忧患寻常事,留得豪情作楚囚。"1931 年 4 月 29 日,恽代英在南京慷慨就义。

在恽代英牺牲 84 年后的今天,我们可以告慰其英灵的是,他为之奋斗的革命事业早已取得历史性胜利;他追求的富国强民梦想正一步步变成现实。

（李良明、恽铭庆）

六、始终与青年战斗在第一线
——写在纪念恽代英诞辰 120 周年之际

2015 年是恽代英诞辰 120 周年。恽代英是中国共产党和中国共青团早期杰出的领导人,周恩来曾在 1950 年为其题词:"他的无产阶级意识,工作热情,坚强意志,朴素作风,牺牲精神,群众化的品质,感人的说服力,应永远成为中国青年的楷模"。

恽代英油画像

　　在今天为实现伟大中国梦的奋斗中,学习恽代英坚定的革命信念、热烈的革命精神、高尚的道德情操,以及他紧密结合中国革命实际和青年实际,始终与青年在一起的群众化的品质,是我们对他 120 周年诞辰的最好纪念。作为中国共产党早期著名的马克思主义理论家、宣传家和教育家,他对中国共产主义青年团的建设和中国青年运动的发展作出了极为突出的贡献。

(一)青年团早期的重要领导人

　　1922 年,恽代英受团中央的指示,在四川泸县发展社会主义青年团,并由施存统和他直接联系。随后恽代英在川南师范成立了马克思主义研究会,后来直接发展为社会主义青年团,成为泸县最早的团组织,为四川建立团组织奠

中国青年共产的领袖——恽
代英同志牺牲已经十九年了，
他的无产阶级知识分子热
情，坚毅苦干，朴素作风，牺
牲精神，革命化的品质威
人的说服力，永永远远成为中
国革命青年的楷模。
一九五零年五月　周恩来

1950 年周恩来为恽代英题词

定了基础。1923 年 8 月，恽代英出席了在南京召开的中国社会主义青年团
"二大"，当选为候补中央委员，随后增补为中央委员，并与刘仁静、林育南、邓
中夏四人组成中央局。自此，恽代英作为团中央的领导，投入到团建的各项指
导工作之中。

在出席团的"三大"时，恽代英是"五人主席团成员之一"，1925 年，在团
的"三大"选举产生新的中央执行委员里任宣传部主任兼学生部主任。1926
年共青团中央三届三次扩大会议上再次当选为宣传部主任。恽代英负责团中
央常务工作，主要通过起草团的各种章程、报告以及签发命令等方式进行。如
1924 年 10 月 24 日，团中央局召开会议决定团的"三大"延期举行。会后由恽
代英签发团中央通告。1924 年 12 月 23 日，团中央局开会讨论团的"三大"问
题。翌日，由林育南、恽代英签署，团中央发出通告："因时局变化，党的大会
延期，团的大会亦随之延期。"又如 1925 年 1 月 18 日，"团中央局决定由张太

雷、张伯简、张秋人、恽代英、任弼时起草关于非党青年运动的草案。"

在团的"三大"上,恽代英提出《组织中国青年社吸收全国进步青年与青年团体建议案》,提出:"我们需要一个全国统一的青年团体以扩大 S.Y 的活动……发起中国青年社。"经过恽代英等人的组织领导,青年团员的数量得到快速发展,到 1927 年 5 月,湖南团员有 7000 余人,湖北有 1.2 万多人,全国团员 5 万余人,青年团茁壮成长,"由学生运动转变为无产阶级运动,由年轻的缺经验的小组织成长为组织严密的共青团,由人数不多的小组织发展为群众性的组织"。从上述情况来看,恽代英作为团中央负责工作的主要负责人之一,肩负着重要的领导职责且发挥了重要作用。

(二)《中国青年》的创始人之一

恽代英长期承担宣传教育工作和青年运动工作,是中共党内、团内公认的著名理论家和青年运动领袖,被誉为"我党最善于联系青年和劳动群众的领导人之一"。他在《中国青年》《红旗》等刊物上发表了大量文章,宣传中国共产党、中国共青团的基本纲领,阐释马克思列宁主义的基本原理,为推动马克思主义中国化作出了重要贡献。郭沫若曾回忆说:"在大革命前后的青年学生们,凡是稍微有些进步思想的,不知道恽代英,没有受过他的影响的人,可以说没有。"

1923 年 10 月,中共中央和共青团中央决定创办《中国青年》周刊。《中国青年》是当时中共中央规定的 8 种出版物之一,也是共青团中央机关刊物。恽代英是该刊的主要创办者和第一任主编。在主编《中国青年》期间,恽代英将该刊作为向广大群众,尤其是广大青年进行马克思列宁主义教育和宣传中国共产党的纲领、路线、方针、政策的重要阵地,为推动马克思主义中国化进行了不懈的努力。

据初步统计,恽代英自己以天逸、但一、但、毅、子怡、雅宜、F.M 等笔名和代英的真名及记者、编者的名义撰写文章 210 多篇,约占其一生所发表文章总数的三分之一。由此可见,恽代英对《中国青年》所用心力之勤。其发表的文章中,有不少反映出他对中国共青团理论建设的深刻理解和阐释。例如,在第 63、64 期,恽代英撰写《中国共产主义青年团》指出,中国共产主义青年团在中国"是唯一的以拥护青年本身利益为目的的团体"。团组织的职责就是"要在被压迫的无产阶级青年以及一切被压迫阶级青年中间,提选那些最有阶级觉悟而愿意为自己阶级的利益而奋斗的分子,将他们组织起来,给予他们为经济争斗所必要的各种教育与训练……领导青年群众争取他们本身的利益;所以中国共产主义青年团是拥护青年利益的卫士与前锋的战斗者"。在政治上,共青团"完全是遵守中国共产党的指导而与之取一致行动的"。

从1923年10月创刊至1927年10月第一次停刊期间,《中国青年》共出版168期,是大革命时期出版时间最长、发行期数最多、影响最大的革命刊物,由于其深受广大青年的热烈欢迎,发行量一再扩大,"从最初的几千份上升到五万余份"。以为革命青年作思想指导为历史使命,探求中国革命的基本理论,以马列主义观点回答和解决当时革命运动中的很多迫切问题,这一切成就的取得,都离不开恽代英的智慧和汗水。

(三)革命火种的传播者

恽代英积极向广大青年宣传革命思想,同时结合当时党团组织工作重点发表指导性文章,鼓舞广大青年,推动青年运动发展。1920年2月,恽代英在武昌创办利群书社,积极宣传《共产党宣言》《社会主义从空想到科学的发展》等马克思、恩格斯著作和《新青年》《每周评论》《新潮》《劳动界》等进步刊物。

利群书社为当时先进的知识分子学习马克思主义提供了条件,在客观上成为华中地区传播马克思主义新思想的重要阵地。湖北早期共产党、共青团组织的成员常在利群书社举行读书报告会,相互交流学习马克思主义的心得体会。除了发表文章,他还通过演讲、谈话等方式,向广大青年传播团的革命思想,在广大青年中产生了巨大的影响。

恽代英是中共党内最早提出青年运动必须始终走与群众相结合的道路这一观点的领导人之一。早在1922年,他就在《为少年中国学会同人进一解》中明确提出:"群众集合起来的力量,是全世界没有可以对敌的。"他指出青年、青年运动和群众的结合是非常必要的,因为"我们专靠自己纯粹的血与汗,是不能成功的,想利用别的靠不住的势力,是有弊病靠不住的。我们必须利用群众集合的力量"。他进一步分析说,群众的力量是发源于本能的冲动,因此有盲目性。青年应该懂得群众的心理,为群众提供理性智慧的指导,走与工农群众相结合的道路。恽代英鼓励广大青年到农村去,到田间去,去宣传和教育农民。恽代英尤其重视青年工人运动,他号召广大青年:"我们一定要与产业无产阶级的革命势力联合,我们的革命势力才伟大,能够必然的获得胜利。"

恽代英等团的领导者以《中国青年》为主要阵地,在大规模斗争高潮兴起之际如废约运动、非基督教运动、收回教育权运动、国民会议运动,总是在《中国青年》发表大量文章推动革命向纵深发展。面对资产阶级右翼国家主义派妄图在思想上同中国共产党和共产主义青年团争夺青年运动的领导权,组织开展对国家主义派进行彻底的揭露和猛烈的反击。据不完全统计,1925年到1926年,《中国青年》有33期刊登了共45篇反击国家主义派的批判文章。对国家主义的揭露和批判,进一步传播了马克思主义,宣传了共产党和共青团的政治主张,使广大青年逐渐认清了国家主义派的本质,使其影响日衰。

(四)始终与青年战斗在第一线

早在1919年五四运动时,作为武汉爱国学生运动主要领导人,恽代英带领互助社等青年团体的学生写宣言,发传单,创办学生周刊,领导罢课、罢工、罢市的"三罢"斗争,调查并抵制日货,以实际行动声援北京学生的反帝爱国斗争。

随着中国青年运动和工人运动的蓬勃发展,1925年5月,发生了中国近代历史上著名的五卅反帝运动。5月25日,团中央发出通告,号召掀起反对日本暴行的大运动,"向日本帝国主义者加以总攻击"。恽代英先后多次召开会议,对游行示威活动进行动员和部署,并担任5月30日游行的总指挥。为了把斗争引向深入,6月26日,中华民国学联第七届全国代表大会召开,恽代英任大会党团书记,并在会上作《"五卅"后政治形势》报告,报告充分肯定了五卅运动的历史意义,提出了"全国一切民众团结起来,打倒帝国主义"的战斗口号,号召全国青年一定要成为民族解放的先锋战士,英勇坚持斗争。五卅运动使共青团组织得到迅速发展。据1925年9月统计,全国共青团员已由"三大"时候的2400多人发展到9000多人,增加了2.7倍。

恽代英担任黄埔军校政治教官期间,同时兼任中共广东区委青年部部长,与聂荣臻一起负责中共黄埔特别支部,为加强对军校学生的引导教育,恽代英在军校指导建立了以党团员为骨干的"火星社",后在"火星社"的基础上建立了"中国青年军人联合会"。该会在团结青年革命军人、宣传革命主张、提高觉悟等方面发挥了巨大的作用。恽代英作为共青团和青年运动的领导者在组织青年方面采取了积极有效的策略,始终与青年一起站在工作和斗争的最前沿,在团的思想组织建设,历次大规模青年运动过程中起到了极其重要的引领作用。

(五)非常注重向民间去的工作

恽代英非常重视青年在革命运动中的重要作用。他认为,"中国革命的先锋队,一定是青年"。他把变革社会,争取民族独立看作青年"不能不负的重大使命"。他非常重视理想和信仰的作用,有理想有信仰的人,"如黑地有灯,则自增其勇往之气;无希望如无灯,则举足略有崎岖即生畏缩之心,如人遇小挫折即生消极之想也。希望愈大如灯光愈大,则风不能息"。

恽代英认为革命青年要把学习和救国的事业紧密结合起来,"以学术治事业,以事业修学术"。青年不但要认真学习科学文化知识,成为饱学之士,还应该有强烈的社会责任感和道义感。为此,他把培养青年对社会的责任感作为首要教育目标。他指出,青年求知必须注意四件事:"第一,要懂得社会与个体的真关系;第二,要知道社会需要什么即它需要的程度怎么样;第三,要知道什么学术可以为社会供给什么需要,到什么程度;第四,要知道自己的心性、能力、地位、机会、最合宜为社会供给那一种需要。"

他在《中国青年》的"通信""青年问题"等专栏发表了大量与读者沟通的文章,循循善诱地教育青年正确对待恋爱、婚姻、学习、工作、读书,解答青年成长过程中的许多切身问题,引导他们树立正确的世界观、人生观、幸福观、苦乐观、生死观。有的青年不满当时社会现实而烦闷忧愤;有的青年为封建包办婚姻而苦恼伤心;有的青年学生为毕业即失业而惆怅茫然。恽代英帮助青年认识和分析产生这些社会弊病的根本原因,指出这些都是不合理的社会经济制度造成的,在目前这种政治经济状况下,要根本解决这些问题,只有努力改正经济制度。

恽代英还通过写信的方式保持与广大青年的联系,他"每天都要收到几十封甚至上百封读者来信",对于读者的来信,不管多忙,都一一回信。有典型意义的信则在《中国青年》上刊登,以期引起讨论——"他非常注重向民间去的工作"。由于恽代英紧密结合中国革命实际和青年实际与青年沟通,他深深赢得了广大青年团员的欢迎,他成为青年前进中的"良师益友",他主编的《中国青年》成为斗争中的"精神食粮",教育和培养了一代革命青年。

1930 年 5 月 6 日,恽代英在上海不幸被捕,在敌人的监狱这个特殊的战场上,经受了严峻的考验。1931 年 4 月 29 日,恽代英在南京慷慨就义。他的一生虽然短暂,却无比辉煌。他在中国共产党和中国青年运动的发展历程中作出了杰出的贡献,留下了深深的烙印,为后世所景仰铭记。周恩来赞誉恽代英是"中国青年热爱的领袖";叶剑英赞誉他是"青年模范,人民英雄";聂荣臻为他题词"缅怀先烈弘扬革命精神,恽代英同志永垂不朽"。

恽代英牺牲已经整整八十五年,但他为我们留下的宝贵精神财富并没有过时,他是中国青年运动的先驱和领袖。我们现在纪念恽代英,就是要学习、继承和发扬恽代英的精神,为实现中华民族伟大复兴的中国梦而努力奋斗。

(朱迎、恽铭庆)

七、文献片《永远的恽代英》新片发布会发言摘编

2015 年 8 月 11 日上午,为纪念恽代英诞辰 120 周年,由中央新闻纪录电影制片厂(集团)和中华英烈褒扬事业促进会等单位联合主办的三集文献片《永远的恽代英》新片发布会在北京人民大会堂举行。《永远的恽代英》由中共湖北省委宣传部、湖北省新闻出版广电局、中共江苏常州市委和中央新闻纪录电影制片厂(集团)联合制作,真实展现了恽代英生平事迹与思想发展轨迹及其在哲学、政治、军事、文化、经济、教育等领域的理论成果,为中共党史研究、军史研究增添了丰富的史料。来自中宣部、中央党校、中央文献研究室、中央党史研究室、华中师范大学等相关部门的领导和专家,文献片主创单位和制作团队代表,主题曲曲作者、主题曲演唱者,恽代英同志亲属以及老一辈革命

家亲属代表等共 150 余人参加了会议。特将与会嘉宾发言摘要刊登。

文献片《永远的恽代英》新片发布会现场

崇尚英雄　缅怀先烈

今天,我们怀着无比崇敬和怀念的心情,在这里举行文献片《永远的恽代英》新片发布会,纪念伟大的无产阶级革命家、中国共产党早期著名的领导人、中国青年运动早期重要的领导人恽代英同志诞辰 120 周年,表达我们对他的崇敬和怀念;表达我们铭记历史、感恩奋进的壮志和情怀;表达我们继承先烈志、铸牢民族魂、实现中国梦的历史担当和坚定决心。在此,首先让我们向伟大的无产阶级革命家、中国共产党早期著名和重要的领导人、党和人民非常崇敬的革命先辈恽代英致以深切的怀念和崇高的敬意!

恽代英是中国共产党早期杰出的政治家、理论家、教育家,是中国青年运动的领袖。大革命时期,他曾和李大钊、瞿秋白、毛泽东等老一辈无产阶级革命家一起,把马克思主义与中国革命实际相结合,用马克思主义的基本观点分析中国社会,对中国革命的性质、动力、对象和任务,进行了深入的科学的分析,为新民主主义思想的形成,作出了巨大的理论贡献。恽代英和周恩来等同志,是中国共产党最早认识到武装斗争重要性的领导人,在黄埔军校期间,他在革命斗争的实践中不断总结和丰富认识,奠定了中国共产党和人民军队政治思想工作的理论基础。他参加领导了南昌起义和广州起义,为建立一支人民的军队建立了不朽的历史功勋。他坚决支持毛泽东、朱德等老一辈无产阶级革命家开创的中国革命道路,初步总结了党在闽西苏区局部执政的历史经验,为我党加强执政能力建设提供了宝贵的历史借鉴。在艰难的白区斗争中,他长期同周恩来战斗在一起,是周恩来的得力助手和坚强战友。他坚持实事求是的思想路线,坚决同党内的"左"倾冒险主义错误倾向作斗争。他密切联系群众,时刻把人民群众的安危和冷暖挂在心上,吃苦在前,不惜牺牲。他热爱青年事业,关心引导青年进步,积极倡导和带领广大青年学生和军人投身革命洪流,是中国青年最景仰的时代楷模。

恽代英为中国人民的革命事业献出了自己宝贵的生命。他牺牲后,周恩来在题词中写道:"中国青年热爱的领袖——恽代英牺牲已经十九年了,他的无产阶级意识,工作热情,坚强意志,朴素作风,牺牲精神,群众化的品质,感人的说服力,应永远成为中国革命青年的楷模。"董必武在题词中写道:"恽代英是我党最善于联系青年和劳动群众的领导人之一,他经常正确地反映青年和劳动群众的意见,引导他们前进,同时不断地向他们学会了许多东西。"宋庆龄在题词中写道:"在伟大的革命中光荣地献身,他给青年们江流那样不断地追思。"叶剑英在题词中写道:"青年模范,人民英雄"。

感谢中央新闻纪录电影制片厂,在当今中国社会发生深刻的历史性变革和发展的重要时期,选择和拍摄了《永远的恽代英》这部文献片。这部片子的主人翁、题材和名称都很好,不仅具有深远的历史意义,而且具有重要的现实意义。永远的恽代英,不仅仅"永远"在于恽代英同志本人,而且更重要的是"永远"在于中国革命、中国共产党和中国人民;"永远"在于中国革命、建设和改革的伟大事业;"永远"在于中国共产党领导中国人民用艰苦奋斗和巨大牺牲换来的红色江山,要千秋万代永不改变颜色。这才是这部片子真正的意义所在。

前一个时期,社会上有一些人为了达到其不可告人的目的,掀起了一股否定历史、抹黑英烈的逆流。这些人与西方敌对势力遥相呼应,背祖忘宗,编造谎言,把我们党和国家在各个历史时期具有代表性、标志性的英雄人物一一加

耿志远出席会议讲话并与革命前辈亲属合影

以涂抹，其根本目的就是要抹杀中国共产党的历史贡献，否定中国共产党的历史作用，颠覆中国共产党的领导地位。拍摄和播映《永远的恽代英》这部文献片，就是对他们最好的回击。

同志们、朋友们：今天，我们在这里纪念和学习恽代英，就是要继承和发扬他对党忠诚、不怕牺牲的崇高精神。坚持树立共产主义的理想信念，坚决反对一切消极腐败现象，对党忠诚、无私奉献，为了党和人民的利益，不惜牺牲自己的一切。就是要继承和发扬他刻苦学习、勤于钻研的科学态度。坚持树立马克思主义的世界观和方法论，注重把马克思主义的立场、观点、方法，运用到实际工作中去，真学真用、活学活用，进入思想、进入工作。就是要继承和发扬他深入实际、联系群众的优良作风。坚持贯彻执行党的群众路线，积极发扬我们党密切联系群众的优良传统，深入实际、深入群众，为群众做实事、办好事、排忧解难，永葆共产党人全心全意为人民服务的政治本色。就是要继承和发扬他艰苦朴素、克己奉公的高尚品格。认真贯彻落实党的十八大以来制定的加强党风廉政建设的各项制度和规定，自觉抵制奢靡之风，坚决同一切消极腐败现象作斗争。就是要继承和发扬他热爱青年、亦师亦友的独特魅力。坚持运用正确的世界观和先进的思想理论引导和教育青年一代,把广大青年紧密地团结起来,调动和激发他们的爱国热情和聪明才智,为实现中华民族的伟大复兴贡献力量。

同志们、朋友们:去年十月,习近平总书记在全军政工会议上庄严指出:"我们要在全社会树立崇尚英雄、缅怀先烈的良好风尚。对为国牺牲、为民牺牲的英雄烈士,我们要永远怀念他们,给予他们极大的荣誉和敬仰。"中华英烈褒扬事业促进会,就是按照习总书记的指示和要求组建起来的。"传承英烈志、凝聚民族魂、共圆中国梦",是我们不变的使命和责任。让我们大家共同携起手来,继承老一辈无产阶级革命家的遗志,沿着他们开辟的正确道路奋勇前进,努力把我们伟大的祖国建设得更强大、更美好、更辉煌;让老一辈无产阶级革命家开创的红色江山,千秋万代,永放光芒。

恽代英永远活在我们心中!

(中华英烈褒扬事业促进会副会长　耿志远)

恽代英是父亲的革命引路人

今天,我是怀着十分崇敬的心情来到这里,参加电视文献片《永远的恽代英》的新片发布会。

恽代英是中国共产党领导的中国革命的伟大先驱者之一,是中国共产党早期著名的革命家、理论家。他对中国革命实际问题的深刻研究和不懈宣传,他的热烈的革命精神和和崇高的思想品格,整整影响了大革命时期的一代进步青年。我的父亲陈原道就是在恽代英的直接关心和影响下,加入中国共产党的。1919 年夏,父亲从家乡考入安徽芜湖省立甲种农业学校后,开始受到五四新思潮的影响,积极投身到反帝反封建的斗争之中,并担任芜湖学联的负责人。这一期间,恽代英几次到芜湖讲学,宣传中国革命理论,父亲都负责接待,担任记录,并作彻夜长谈。如今在父亲的档案中,还保存有恽代英 1925 年4 月到芜湖演讲的部分记录稿。恽代英在这次演讲中号召广大青年学生:"要革命",要革外国列强的命! 正是在恽代英的指引和深刻影响下,1925 年五卅惨案发生后,父亲以芜湖学联负责人的身份赴上海参加第七届全国学生代表大会,经恽代英介绍,加入了中国共产党,从此走上了职业革命家的道路。

　　1925 年年底,父亲被党组织选送到莫斯科中山大学学习,1929 年回国后,先后担任中共江苏省委宣传部秘书长、中央宣传部秘书、中共河南省委组织部长等职。这时,党内正是"立三路线"统治时期,父亲和恽代英一样,都是"立三路线"的坚决反对者,为此,他们又都受到"立三路线"的打击,恽代英被调离中央,父亲则被中央给予留党察看三个月的处分。但是,他们仍然忍辱负重,坚持为党工作。1931 年党的六届四中全会后,父亲又两次临危受命,分别担任中央处理河北问题三人小组负责人和中共江苏省委常委兼上海革命工会党团书记,不幸又两次被捕,两次入狱,1933 年 4 月 10 日,被国民党枪杀于南京雨花台。父亲是唱着《国际歌》走上刑场的。两年前的 4 月,恽代英也是在这里英勇就义。1934 年 1 月 22 日,时任中华苏维埃共和国中央临时政府主席的毛泽东在"二苏大"的开幕词中,把我父亲和恽代英、蔡和森、邓中夏等著名革命烈士并列,说:"他们在前线上,在各方面的战场上,在敌人枪弹下屠刀下光荣地牺牲了。我提议我们静默三分钟,向这些同志表示我们的哀悼和敬仰!"

　　回顾父亲的一生,完全可以说,恽代英是他的革命引路人! 他们又同是"立三路线"的坚决反对者,又先后英勇就义于南京雨花台,又共同受到毛泽东的表彰。他们是真正的同志和战友!

　　今天,我们党正处在一个极其重要的历史时期,以习近平同志为总书记的党中央正高举中国特色社会主义大旗,以壮士断腕的决心,革除积弊,开拓创新。"中国共产党从哪里来,要到哪里去?"这是我们每一个共产党人必须思考的重大问题。在这种形势下,学习继承恽代英的伟大革命精神,更具有重大的现实意义。

(革命先烈陈原道之子　刘纪原)

走在时代前列的战士

　　这部纪录片拍得很好。它概述了恽代英的生平,突出了他作为政治活动家、理论家和先驱领袖的地位。他的形象能够比较丰满地呈现给观众。做到这种程度是不容易的,因为他离开我们已经八十多年,熟悉他的人都已谢世,记录他事迹的书籍、文章、回忆录又比较少。这部影片抓拍了他一生中最突出的一些事迹。从少年时期的勤奋好学和树立爱国救国的志向开始,到五四时期在武昌地区带头掀起反帝和反军阀的运动；从组织进步社团互助社、利群书社，到 1921 年 7 月成立共存社，独立开展探索建党活动。接着记录了大革命时期同国民党右派进行有理有节的斗争，在黄埔军校做政治工作，创办《中国青年》的事迹。他在这一时期还写了许多文章，对中国革命的性质、对象、动力、领导力量作了全面科学的分析。大革命失败后，他是坚持武装斗争的先行者，积极参与并领导了南昌起义和广州起义，最后在南京监狱英勇牺牲。报道了这些事迹，就大致反映了恽代英的光辉生平。其次，影片还突出了恽代英是一位早期革命家的特点。他的许多活动同其他早期革命家一样，是摸索着前进。尤其是在他的青年时代，恽代英自己说是"摸黑路"，是一个摸着黑路前行的爱国者。入党以后，他的许多活动仍带有探索的性质，因此，他的许多文章也都具有启蒙的作用。在历史急剧转变的关头，能够走在时代的前列，教育许多青年走上革命的道路。

三十多年前，人民出版社出版了《回忆恽代英》一书，文章作者是许德珩、陆定一、阳翰笙、陈养山、刘瑞龙、罗章龙、刘仁静、郭沫若、茅盾、柳亚子、张浩等革命老人；他们在不同时期以各种方式深切地怀念恽代英。郭沫若说：在大革命前后的青年学生们，凡是稍微有些进步思想的，不知道恽代英、没有受过他的影响的人可以说没有。最近，中共中央政治局委员、国务院副总理刘延东在给我们亲属回函时满怀深情地说：2015 年 8 月 12 日是中国共产党创建时期的早期重要领导人、著名的青年运动领袖恽代英同志诞辰 120 周年的日子。此时此刻，我们分外怀念这一伟大的共产主义战士、杰出的无产阶级革命家；刘延东回忆说：父亲曾告诉我，1924 年全国革命形势风起云涌，在他就读的南通师范学院，恽代英同志通过"晨光社"这一进步社团传播革命种子。父亲的表姐葛季膺和她的丈夫、恽代英的胞弟恽子强，都是在恽代英同志的教育帮助下参加中国共产党的。正是通过他们，父亲直接接触到马克思主义。当时，恽代英、萧楚女同志经常寄送进步书刊，父亲有机会看到《共产党宣言》《社会进化简史》《共产国际党纲》等，从而接受了马克思主义的熏陶，决心献身共产主义事业。那个时期，还有许许多多像父亲一样的有志青年在恽代英同志的带动下加入党的队伍，为共产主义事业奉献终身。

所以说，这部影片以《永远的恽代英》为题，很好。我们亲属敬重恽代英，最初大多敬仰他为革命献身,每一位革命烈士都是后来人永远怀念的。但是,通过学习,对恽代英的认识会逐渐深化,认识到他是一位走在时代前列的战士,是始终具有革命精神的先行者。他坚定地为中国人民的解放事业和中国的共产主义事业不懈奋斗的精神是最值得我们学习的。伯父一生写了许多文章,尤其是入党后写的文章,大多围绕一个中心,那就是为了中国人民革命的胜利。今天中国人民革命胜利已经六十多年,仍然需要坚持社会主义的理想和原则,以保证中国人民解放事业的彻底胜利!

最后必须说,这部文献纪录片能够立项并顺利拍摄,应该感谢中央宣传部、中央党史研究室、中央文献研究室和国家新闻出版广电总局的指导,应该感谢中共湖北省委宣传部和中共常州市委的支持;还应该感谢中央新闻纪录电影制片厂和中华英烈褒扬事业促进会的领导,尤其是《永远的恽代英》摄制组全体同志,以及给予文献片极大关心和帮助的各方面的专家、艺术家朋友们,你们几个月来的辛勤努力有了可喜的成果,希望它能作为一部优秀的文献纪录片留在观众的心目中,也能为党史研究留存一份有价值的资料,尤其是通过宣传、学习恽代英同志的光辉事迹,教育广大共产党员弘扬其革命精神,紧密团结在以习近平同志为总书记的党中央周围,奋发进取、众志成城,为实现中华民族伟大复兴的中国梦而努力奋斗。

(恽代英侄子　恽希良)

弘扬先辈精神,建设美好家乡

在中国共产党早期著名的政治活动家、理论家、宣传家,中共创建时期重要领导人之一恽代英同志诞辰 120 周年纪念日即将到来之际,我们在人民大会堂共同见证电视文献片《永远的恽代英》新片发布会,这是恽代英精神研究与宣传事业的一件大事,更是献给恽代英同志诞辰 120 周年纪念活动的一份珍贵礼物。

作为文献片的主要摄制单位之一,请允许我代表中共常州市委,向一贯以来关心和支持拍摄工作的恽代英同志的亲属,和在京的党和国家领导人亲属表示最诚挚的问候,向对拍摄工作提出宝贵意见建议的专家学者表示最崇高的敬意,向为拍摄工作付出辛勤劳动的中央新闻纪录电影制片厂的各位领导和工作人员表示最衷心的感谢!

恽代英同志祖籍江苏常州,出生在湖北武汉,1921年加入中国共产党。他投身革命事业后,积极推进理论宣传、工农运动、国共合作和武装斗争,参与组织发动南昌起义和广州起义,致力于马克思主义中国化的实践探索和理论创新,为中国新民主主义革命道路的开辟、革命思想的形成作出了重大贡献。同时,他修身养性、严于律己,思想丰富、品德高尚,树立了共产党人的光辉形象,成为中国青年的楷模。常州人民为拥有恽代英这样优秀的革命先驱和领导者而感到无上光荣和自豪。

今年3月,在接到国家新闻出版广电总局同意摄制的批复后,常州市委、市政府高度重视,以高度的政治意识、服务意识、责任意识,积极做好拍摄地的联系协调工作,为拍摄的顺利进行提供保障。在常州拍摄期间,摄制组克服时间紧、任务重等困难,取得了一批珍贵镜头,挖掘并发现了一批鲜为人知的新线索,不仅丰富了文献片的内容,也为将其打造成为融思想性、科学性、艺术性、史实性于一体的高质量文献片作出了努力。

常州恽代英纪念馆设计方案图

各位领导、同志们,恽代英精神是培育社会主义核心价值观强大的、不竭的动力源泉。随着电视文献片《永远的恽代英》即将在中央及各级媒体的播出,我们相信,将会有更多的干部群众特别是青年人,走近恽代英同志,了解恽代英同志,学习他坚定的共产主义信仰,学习他崇高的爱国主义精神,学习他理论联系实际的务实作风,学习他崇尚真理的伟大品格。

中央文献研究室原常务副主任杨胜群(中间左三)等参加江苏省常州市恽代英纪念馆开展仪式

　　明天,在恽代英同志的祖籍地——江苏常州,中共江苏省委宣传部、省委党史工办和中共常州市委将联合举办纪念恽代英同志诞辰120周年系列活动。我们已邀请到北京、湖北、江苏等省市的一批研究专家聚首常州,进一步座谈、研讨、学习和弘扬恽代英同志的思想和精神,恽代英家乡500万人民正期待着各方专家的到来。

　　当前,常州正进一步宣传、弘扬恽代英同志等革命先辈的丰功伟绩,在全社会形成学习革命先辈、弘扬先辈精神、建设美好家乡、传承革命事业的良好氛围。常州人民将在恽代英精神的鼓舞下,进一步解放思想、开拓创新,励精图治、发愤图强,为谱写好中国梦常州篇章而努力奋斗!

　　最后,祝本次新片发布会取得圆满成功!

(中共常州市委宣传部长　徐缨)

充分发掘和利用恽代英这张红色名片

　　在纪念恽代英同志诞辰120周年的日子里,受邀参加电视文献片《永远的恽代英》首发式,与大家共同见证这部文献片的首播,我感到十分荣幸,也很激动。在此,我谨代表恽代英同志的母校——华中师范大学,对文献片的播出表示热烈祝贺,向付出心血和汗水的全体主创人员表示衷心感谢,向关心和支持恽代英研究的各位领导、各界朋友致以崇高敬意!

华中师范大学的前身之一中华大学是恽代英同志读书和工作的地方,也是他革命生涯的起点。在中华大学的七年,正是恽代英由激进的民主主义者向马克思主义者转变的初始阶段,其革命思想和实践十分丰富,为他后来投身于轰轰烈烈的新民主主义革命奠定了坚实基础。离开中华大学后,恽代英逐步走上了职业革命家的道路,成为我党早期著名的政治家、理论家、宣传家,成为中国青年运动的领袖和导师。他崇高的爱国主义精神和坚定的共产主义信念,勇于探索、敢于创新的革命精神,脚踏实地、艰苦奋斗的工作作风,艰苦朴素、先人后己的高尚品德等,是他留给母校弥足珍贵的精神财富和不竭动力。

多年来,一代代华师人对恽代英都饱含着深厚感情,并一直为有他这样的杰出校友而倍感骄傲和自豪!我校也坚持不懈地致力于学习、研究、宣传和弘扬恽代英的先进思想和革命精神。作为恽代英学术研究的重要基地,我们组织了大批专家学者编写了《恽代英全集》《恽代英传记》《恽代英生平史料简编》《恽代英年谱》等著作,产生了广泛的社会影响,推动了恽代英研究。在邓颖超、陆定一、薄一波等中央领导同志的关怀和湖北省委的支持下,我校还分别在1985年、1995年、2005年召开恽代英诞辰90周年、100周年、110周年纪念会和学术研讨会,并即将于今年8月29日召开纪念恽代英诞辰120周年学术研讨会,也欢迎在座各位莅临指导。作为一所肩负立德树人任务的百年学府,我们充分发掘和利用恽代英这张红色名片和文化资源,加强对大学生的爱国主义教育和革命传统教育,在校园中心地带建造"恽代英广场",立起恽代英雕像;设立"恽代英生平陈列室";重建恽代英于1920年创立的武汉地区第一个进步团体——"利群书社";创办"恽代英班""恽代英党校培训班""恽代英研究会""恽代英新闻采访团""恽代英菁英学校"等各类学生组织,引导学生传颂其事迹,传承其精神。如今,代英精神已经深深融入华中师范大学百年文化积淀中,成为"忠诚博雅,朴实刚毅"的华师精神的重要组成部分。我们将永怀对先烈的无限思念和崇敬之情,将代英精神作为激励和推动我校建设教师教育特色鲜明的高水平大学、为实现中华民族伟大复兴而贡献力量的精神动力。

今天，《永远的恽代英》即将开播，使人感慨万分。由此，我不禁回想起早在 1985 年，我校老校长章开沅先生就曾积极呼吁有关方面拍摄一部反映恽代英同志历史贡献的纪录片，作为纪念恽代英同志诞辰 90 周年的贺礼。后来因为经费、创作等诸多因素的限制未能实现，一直是个遗憾。时隔 30 年，在恽代英同志诞辰 120 周年的重要时刻，在众多方面的共同努力下，《永远的恽代英》终于圆满完成拍摄和审定工作。这对于华师人也有着特殊而重要的意义。摄制组在武汉拍摄期间，学校领导高度重视，全力支持、全程保障拍摄工作的顺利完成，我校研究恽代英的专家学者以及全体同学也是热切关注，积极配合，为《永远的恽代英》的拍摄工作作出了应有的贡献。

电视文献片是再现真实历史事件的重要艺术形式，是在新的历史条件下，挖掘和展现红色资源的重要方式。为恽代英这样一个伟大的革命先驱和杰出的历史人物拍摄一部纪录片，对我们认识和研究党的历史、弘扬革命先辈的崇高精神、加强党的思想理论建设、在大学生中进行革命传统教育，都有着重要的意义。《永远的恽代英》吸取了近年来学界恽代英研究的新成果，引用了大量翔实的历史档案和文献资料，秉持着对历史高度负责的态度，向人们全面真实地展现了恽代英波澜壮阔、风云跌宕的一生，重点反映了恽代英对国家和民族无比的热爱；对共产主义信仰的坚定和忠诚；对理想求索的执着和艰辛；对革命事业的无私奉献和勇于牺牲。全片史料珍贵、视角宏阔、感人至深，带给我们深刻的思想启迪和强烈的心灵震撼。

我相信，《永远的恽代英》必将凭借其在政治上的严格把关，在艺术上的反复锤炼，在制作上的精益求精，在细节上的体察入微，成为文献电视片的经典之作。电视片的播出，也一定能让全社会对恽代英同志的坚定信仰和非凡品格有一个更深层次的了解，使恽代英的形象更为丰满、真实、完整而且深刻。恽代英精神的进一步弘扬，对于更好地学习领会习近平总书记提出的"学习党史、国史，是坚持和发展中国特色社会主义、把党和国家各项事业继续推向前进的必修课"的要求，配合正在开展的"三严三实"专题教育活动，全面加强和改进新形势下高校宣传思想工作，加强大学生的理想信念教育、爱国主义教育、革命传统教育,引导大学生自觉践行社会主义核心价值观,肩负实现中华民族伟大复兴中国梦的社会责任,意义重大。

最后,祝电视文献片《永远的恽代英》首播圆满成功! 祝在座各位领导、嘉宾和朋友们工作顺利、身体健康! 谢谢大家!

(华中师范大学党委副书记　谢守成)

奉献一部充满正能量的优秀电视作品

很高兴看到大家能来参加三集理论文献片《永远的恽代英》新片发布会,我代表中央新影集团和集团总裁高峰对大家的到来再次表示感谢。

中央新闻纪录电影制片厂是我国唯一生产新闻纪录影片的专业机构,其前身是成立于1938年的延安电影团。新影厂自1953年成立以来,它就以纪录影片的方式记录着中国共产党和中华人民共和国的发展历程。1947年以来共拍摄了4000多部纪录影片,先后有370部(次)获得国内外各类主流电影节奖项,其中有32部影片获得中国电影"华表奖"优秀纪录片奖,13部影片获得中国电影"金鸡奖"优秀纪录片奖,9部影片获得中国电影"百花奖",66部影片在各类国际影视节上获奖。1993年整建制划归中央电视台,成为中央电视台新影制作中心。中央新闻纪录电影制片厂(集团)于2010年经国家广播电影电视总局批准成立,由中央新闻纪录电影制片厂和北京科学教育电影制片厂作为骨干企业组建而成。

长期以来,中央新影在制作革命历史重大题材纪录片上一直有着其他媒体没有的优势。最近播出的《邓小平遗物的故事》《陈云的故事》《新四军1941》等等都是新影集团创作的优秀作品。

集团拥有独家记录新中国成长历史的宝贵影像资料,现在仍承担党和国家重大时政活动资料的胶片拍摄及保存任务,未来将继续保持这一优势,创作出更多更优秀的理论文献片,把我们集团打造成中国电视界理论文献片制作基地。

中央新闻纪录电影制片厂曾经被誉为历史上的"皇家摄影队",在涉及共和国的重大活动、历史事件等方面具有权威的拍摄地位,诞生了大量共和国历史上最重要、最具有文献价值的新闻纪录片。现保存了约42000本胶片、42

万分钟长度的纪录电影资料,已经成为共和国的历史影像档案馆。

这些影片真实地记录了辛亥革命、大革命、抗日战争、解放战争等历史事件;孙中山、毛泽东、周恩来、宋庆龄等历史伟人;解放区建设、土地改革、和平建设等祖国建设的历史脚步。这些珍贵的影像资料成为百年中国的完整记录。

恽代英烈士是中国共产党早期的革命领袖,他也是共产主义理论家,教育家,他擅长青年工作和宣传工作,出任团中央机关刊物《中国青年》主编,主持编辑过党中央机关刊物《红旗》。他是坚强的共产主义战士,为了中国人民的解放事业献出了年青的生命!党和国家的领导人对恽代英的评价是非常高的。董必武评价他是我党最善于联系青年和劳动群众的领导人之一。周恩来总理评价是:他的无产阶级意识,工作热情,坚强意志,朴素作风,牺牲精神,应永远成为中国革命青年的楷模。宣传恽代英对我们这个时代的青年如何树立远大的理想,有着特殊的教育意义。

这次和湖北省委宣传部和江苏常州市委市政府一起联合承制《永远的恽代英》三集理论文献片,集团是特别重视的。新影集团派出优秀的编导、摄影等骨干创作人员,力争给大家奉献一部立意新颖,考证翔实,充满正能量的优秀电视作品。

（中央新影集团副总裁、总编辑　郭本敏）

"三不朽":恽代英是完全够格的

在最初接触到这个选题时坦率地说我对恽代英是不够了解的。只是知道他是革命先烈,很早就牺牲了。在随后的了解和学习过程中看到很多新中国的缔造者对恽代英的评价是非常高的,像周恩来、董必武,就像刚才在片中展现的那样,那种评价让人印象深刻的还有宋庆龄。她的题词是"在伟大的革命中光荣地献身,他给青年们江流那样不断地追思"。叶剑英的题词是"青年模范,人民英雄"。他们都是和恽代英相识和一起工作过的。从题词中可以看出他们对恽代英也都抱有这种崇高的敬意。

在创作拍摄提纲时,我阅读了恽代英的生平事迹和著作,也走访了研究恽代英的专家,以及烈士的后代,深刻地感受到了恽代英烈士的伟大和不凡。也被他的人格魅力深深打动和吸引,觉得周恩来等的题词是非常准确地概括了恽代英烈士对中国革命的贡献,以及他对当时中国青年的影响力。

我们提到恽代英说到的最多的词汇是青年楷模。我觉得这个是我们创作中一定要抓住的东西,在100年前,恽代英也只有20岁,那时他看到饱受帝国主义欺凌的旧中国,自发地开始探寻革命的道路,最终找到了共产主义作为自己的终身信仰,并为此英勇献身。体现出他伟大的人格魅力。他教育引导了一大批青年投身革命,这也是恽代英和其他革命先烈不同的地方。

这部文献片起名《永远的恽代英》也是我想了很久的,中国古代的先贤曾说过太上有立德,其次有立功,其次有立言,"虽久不废,此之谓三不朽。"在我们现在对"三不朽"的解读中,"立德"系指道德操守而言,"立功"乃指事功业绩,而"立言"指的是把真知灼见形诸语言文字,著书立说,传于后世。"三不朽"也是中国历来仁人志士所追求的人生最高的境界。

用"三不朽"的标准来比照恽代英烈士我觉得完全是够格的。恽代英一生都在寻求救国的真理,他有坚定的共产主义信仰,他艰苦朴素,待人真诚,他的人格魅力感染了很多人,并以他为自己的人生楷模。他担任过黄埔军校的政治主任教官,参加领导过南昌起义、广州起义,主办过《中国青年》和党中央机关刊物《红旗》,引导无数革命青年走上革命道路。他给我们留下了近300万字的著作。这些真知灼见的文字直到现在对我们仍然有指导意义。美国现代哲学家詹姆士在《人之不朽》一文中曾这样讲:"不朽是人的伟大的精神需要之一。"矗立在天安门广场上的人民英雄纪念碑正面的题字是"人民英雄永垂不朽"。我想只要是对中国革命作出重大贡献的英烈都永远值得我们铭记。

作为一名纪录片的导演,我知道在有限的时间里讲述恽代英这样一位革命先烈的事迹是非常艰难的一件事,同时我们一直也没有找到恽代英活动的影像资料。他留给我们的只有为数不多的照片。摄制组大家群策群力想了很多的艺术手段来表现恽代英的事迹,等将来播出的时候也希望能得到大家的关注和批评指正,让我们把节目做得更好。

在这里要感谢湖北省委宣传部和湖北省新闻出版广电局、中共江苏常州市委,以及华中师范大学对本片的支持。也感谢新影集团把这个光荣的任务交给了我。特别感谢恽铭庆先生,他是"中国共产党早期领导人遗著收集整理与研究"课题组的顾问,给了我们摄制组巨大的帮助。也感谢夏蒙导演、徐海英导演、李良明教授、歌唱家阎维文先生、作曲家戚建波老师等等给我们剧组的无私的帮助,感谢重大题材办的诸位专家对我们创作提纲提出的宝贵意见。

还要感谢在创作过程中我们采访的诸位专家、学者、恽代英烈士的后代等,他们陪我们度过了一个个紧张的工作日。有的特地从外地赶来配合我们的工作,对此我代表摄制组再次表示感谢!

(文献纪录片《永远的恽代英》总导演　张禾)

我的两个期待

今天这么一个重要的会议,我讲两个期待。第一个期待是从刚才李良明先生介绍当中感知到他主编的《恽代英全集》,给我最大的震撼就是,这个全集近300万字,恽代英牺牲时才36岁,这是他一生的贡献。我就在想,这些内容如果做成一部片子,哪些内容是最能够很好地呈现出来,表现恽代英特色的? 所以我觉得第一个期待就是这个片子在资料、文献、照片非常紧缺的情况下,如何从影像上呈现是大家非常期待的。第二个期待是这部片子一共是三集,刚才张导也说在他们过去拍摄的半年当中,和我们做的一些以往的大型影片当中那些内容相比较,从恽代英先生的这个角度看,哪些是可以有新的视角、新的发现? 这也是非常期待的。

(中央电视台纪录片导演　闫东)

追寻先烈的足迹

我们现在做的就是一个文献纪录片,和过去我们做的以及闫东导演做的片子都不一样,我们实际上是在仰望先贤,在追寻着他们的足迹。我们这个片子第一段音乐用的就是《国际歌》,因为当时瞿独伊大姐在瞿秋白烈士的陵前,当时用俄语给我们唱了一段《国际歌》,这个《国际歌》就是由瞿秋白先烈翻译,所以我在想我们今天所做的一切都是追寻先烈的足迹,那么这个文献片值得一提的是这个主题歌听着让人激动,阎维文老师是著名的军旅音乐家、歌唱家,我也当过兵,在部队一路走来,我想这部纪录片时间这么短,篇幅也不够长(只有三集),很多内容还都装不进去,现在在我们张禾导演的努力下,在闫老师、戚老师的努力下，我相信我们这部纪录片一定能取得成功。

（国家一级编剧、中央电视台纪录片导演　夏蒙）

我心里踏实了

最早接触本片的主题歌《狱中诗》，是阎维文老师给我一个电话，说是一个老先辈写的一首诗，你看你能不能写个作曲，我当时也不知道诗是谁写的，阎老师就发到我手机上，我一看就四句话，这怎么写啊?! 我赶紧把这首诗查了一下，发现这是我们的著名先烈——恽代英牺牲之前的绝笔! 我突然感觉

主题歌《狱中诗》作曲者戚建波（右）与《狱中诗》演唱者阎维文（左）

压力就来了，于是我就跟阎老师沟通怎么写，想来想去我觉得把这四句给吃透，读完了相关材料以后，我深深认识到：首先这是一首很悲壮的诗作，这四句把他完整演绎出来的时候可能也很短暂。前半部分我就想把这首诗的悲壮感觉体现出来，恽代英这种大无畏的精神我怎么给他讲进来，就在后半部分就用转高音进入，这也靠阎老师在部队的歌曲当中的这种特点，也展现了就是一个恽代英倒下，而千千万万个恽代英跟上来，之后，我们一起沟通的时候也得到了大家的认可，在录制的过程当中再次经过反复沟通，形成现在这一版，我说句心里话，我来的时候先问大家你们喜不喜欢，是不是你们想要的? 大家都说好，作为一个作曲者，能够做出大家想要的，想听到的，我心里就踏实了。总

之,非常荣幸能参与这次《永远的恽代英》新片发布活动!

(著名作曲家 戚建波)

以前的付出也值得

尊敬的各位领导、各位来宾,尊敬的先烈的各位亲属朋友们还有媒体朋友们,大家上午好! 作为一个军队的文艺工作者能够在这一部文献片中担任主题歌演唱,我觉得是一件非常非常荣幸的事情,所以我在这里要感谢恽铭庆先生还有我们剧组对我的信任,把这么一个光荣的任务交给我。当时我跟戚建波老师商量以后,说实话我们真的是怀着一种对先烈缅怀和崇敬的心情,非常

文献片《永远的恽代英》主题歌曲谱(局部)

严肃认真地去对待这件事情,刚才戚建波老师讲就四句词,我在我演唱的歌曲中还从来没有过这么短的词,但是它的分量却是无比无比的重,我们真的是有很大很大的压力,因为我觉得这么一部片子最后我们一首歌能不能够让别人看完片子之后给人留下一点东西,我觉得它不同于一般的一个歌曲的创作,一般的歌曲的演唱,我想我们是想通过音乐,通过歌声来缅怀先烈,把他的那种

崇高的信仰和坚定的信念通过我们的音乐和歌声表达出来,更重要的是能够在将来这部片子放映之后我们的音乐乃至歌声除了电视上播出,能够给更多的年轻人以鼓舞教育和激励,所以我们今天听的时候,虽然在家里我已经无数次地听过,今天还是觉得有点紧张,总怕这个东西不能够让大家接受,没想到大家这么认可,以前的付出也值得了。最后还是感谢恽铭庆先生和剧组给我这个机会能够让我在这个非常重要的文献片里头担任演唱,很荣幸,谢谢大家!

（著名歌唱家　阎维文）

八、纪念恽代英诞辰 120 周年学术研讨会发言摘编

为纪念中国无产阶级革命家、中共早期重要领导人、中国青年运动的重要领袖恽代英同志诞辰 120 周年,2015 年 8 月 29 日,由华中师范大学和共青团湖北省委联合主办的"纪念恽代英诞辰 120 周年学术研讨会"在武汉华中师范大学科学会堂报告厅隆重召开。

刘延申宣读刘延东致恽代英亲属的信

本次研讨会共收到海内外参会人员提交的论文 88 篇。这些论文充分肯定了恽代英同志在中共党史、中国革命史和马克思主义中国化、时代化、大众

化过程中的重要地位。受中共中央政治局委员、国务院副总理刘延东同志委托，华中师范大学教授、博士生导师刘延申宣读了刘延东同志致恽代英家属的信。

中央党史研究室原副主任、北京大学沙健孙教授，中共中央宣传部理论局正局级巡视员邓晨明，中央党史研究室第一研究部蒋建农，共青团中央学校部部长杜汇良，湖北省委宣传部副部长喻立平，共青团湖北省委书记张桂华，湖北省党史研究室副主任张帆，光明日报社理论版主编李向军，《党史研究与教学》杂志社主编郭若平，华中师范大学校领导马敏、杨宗凯、李向农、黄永林、谢守成、蔡红生、王恩科、覃红、彭南生，以及来自中国社会科学院、军事科学院、中央党史研究室、北京大学、武汉大学、中南大学等高校及科研机构的近百位专家学者参加了此次会议，与会学者围绕"恽代英与中华民族的伟大复兴"和如何深入展开恽代英研究进行了深入研讨。

恽代英：一代代华师人心目中最响亮的名字

马敏致辞

华中师范大学的前身之一中华大学是恽代英同志读书和工作的地方，也是他革命生涯的起点。1913 年，他以优异的成绩考入私立武昌中华大学预科。1915 年，转入中华大学文科攻读哲学。1918 年，恽代英毕业后留校担任中华大学附中部主任（即校长）。他积极投身革命活动，创办进步社团，主编进步刊物,热情讴歌新思潮,无情批判旧思想,成为武汉学生运动的著名领导人之一。在执教中华大学附中部期间,这位年轻的校长锐意革新,勇于实践,管理甚严,主导了附中的教育改革,成为闻名于武汉地区的青年教育家。可以说,在中华大学读书和工作的七年里,正是恽代英由激进的民主主义者向马克思主义者转变的初始阶段,为他后来投身于轰轰烈烈的新民主主义革命奠定了坚实基础。

1921 年,恽代英加入中国共产党,成为我党最早的党员之一和我党早期著名的政治活动家、理论家、宣传家,为党的早期思想理论建设和青年运动事业作出了卓越贡献。1931 年 4 月 29 日,恽代英同志英勇就义,年仅 36 岁。他用自己的青春、热血和生命,实现了"为了给更多的人寻找光明,我必须先走进黑暗"的承诺!

湖北省委宣传部和华中师范大学领导与恽代英亲属合影

恽代英的一生是短暂的,但他作为一个伟大的先行者,在中共党史、中国革命史和党的思想理论建设方面所作的贡献是不可磨灭的。他为探索中国革命道路献出了宝贵的生命,功勋卓著,被评为"100 位为新中国成立作出突出贡献的英雄模范"人物之一。恽代英也成为一代代华师人心目中最响亮的名字。他崇高的爱国主义精神和坚定的共产主义信念,勇于探索、敢于创新的革命精神,脚踏实地、艰苦奋斗的工作作风,艰苦朴素、先人后己的高尚品德,是留给我们的弥足珍贵的精神财富和不竭动力。

作为恽代英同志的母校,长期以来,华中师范大学始终坚持开展学习、研究、宣传和弘扬代英精神的工作。

——作为恽代英学术研究的重要基地。我们组织专家学者编写了《恽代英全集》《恽代英传记》《恽代英年谱》等著作,产生了广泛的社会影响,推动了恽代英研究。同时,在邓颖超、陆定一、薄一波等中央领导同志的关怀和湖北省委、省政府一直以来的高度重视和大力支持下,我校还分别在 1985 年、1995年、2005 年召开纪念恽代英诞辰 90 周年、100 周年、110 周年学术研讨会,取得较大反响。

——作为肩负立德树人任务的百年学府,我们充分发掘和利用恽代英这张红色名片的文化资源,加强了对大学生的爱国主义教育和革命传统教育。镌刻着周恩来题词的恽代英雕像永久矗立在桂子山的中心;重建"利群书社",鞭策学生志存高远,立足未来。学校还创办"恽代英班""恽代英党校培训班""恽代英新闻采访团""恽代英菁英学校"等学生组织,加强了学习和弘扬恽代英精神的长效机制建设,增强了学生的责任感和使命感。

值得欣慰的是,恽代英精神已深深融入"忠诚博雅,朴实刚毅"的华师精神,化为肥沃的精神土壤滋养着一代代华师学子,也给学校的改革、建设与发展带来前所未有的巨大推动力。

为纪念恽代英诞辰 120 周年,华师校团委还制作了大型话剧《恽代英》

当前,学校正处于建设教师教育特色鲜明的研究型高水平大学的关键时期,我们更加不能忘记恽代英精神,要从他的革命精神和品德风范中汲取奋勇前行的精神动力,凝心聚力,开创学校事业发展新局面;同心同德,创造华中师范大学灿烂美好的未来!

(华中师范大学党委书记 马敏)

沙健孙作大会发言

一个思想敏锐，善于从实际出发的革命家

我在研究党史、革命史的过程中接触到的一些材料，使我认识到了恽代英同志在近代中国历史上的重要地位，对他产生了深深的钦佩和敬仰之情。1921年夏，恽代英召集利群书社的成员在湖北黄冈成立共存社。这与中国共产党第一次全国代表大会的召开，几乎是同一个时间。这说明，建立工人阶级政党来领导中国革命，确实是中国革命发展的客观要求和中国先进分子共同的历史性选择，而恽代英正是中国共产主义运动的先驱者之一。

农民是中国革命的主力军，农民问题是中国民主革命的基本问题。当全党集中力量专注于工人运动的时候，恽代英已开始关注农民问题，这说明，恽代英是一个思想敏锐、善于从实际出发、从理论上思考中国问题的具有创造精神的革命家。

在阅读经中央编定的历史文献集《六大以前》时，我还发现了恽代英1924年11月在《中国青年》上所发表的《怎样进行革命运动》一文，其中明确提出了"帝国主义是一戳便穿的纸老虎"的论点。这说明，毛泽东有关"帝国主义及一切反动派都是纸老虎"的观点并不是他个人的奇想异说，而是概括了革命的先驱者和广大的革命战士对帝国主义的认识。

历史表明，恽代英同志对于中国革命和马克思主义中国化的事业作出了重要的、独特的贡献。毛泽东同志对恽代英做过很高的评价。他明确说过："中央若因别项需要朱毛二人改换工作，望即派得力人来。我们的意见，刘伯承同志可以任军事，恽代英同志可以任党及政治，两人如能来，那是胜过我们的。"周恩来同志后来十分惋惜地说过："代英的死，对我们的损失太大了。假如代英不死,还会给党作出很大的贡献!"

(中央党史研究室原副主任、北京大学原副校长　沙健孙)

无尽的怀念与思考

在恽代英同志的母校,临境思人,睹物忆人,怀念英烈的情思不禁涌上心头,给我们带来无尽的怀念和深深的思考:思考一:我们如何像恽代英早期传播马克思主义,推进马克思主义大众化那样来认真学习宣传贯彻习近平总书记系列重要讲话精神。恽代英是中国共产主义运动的先驱,是马克思主义中国化的践行者和推动者。我们要学习他的工作精神和工作作风,对积极宣传

邓晨明(右三)、恽铭庆(左二)和江苏省常州市有关领导出席恽代英纪念馆揭牌仪式

贯彻习近平总书记系列重要讲话精神具有重要的现实意义。思考二:我们如何向恽代英那样为中华民族的繁荣富强而呕心沥血、不懈求索,为实现中华民族伟大复兴的中国梦而奉献自己的一切。恽代英胸怀祖国、心忧天下。他的话让人铭心刻骨——"烧掉自己,换来一个新中国"。我们要像恽代英那样燃烧自己,换来中国梦的实现,换来中华民族的伟大复兴。思考三:我们如何像恽代英那样志存高远、爱国为民、严于律己、无私奉献,努力做社会主义核心价值观的践行者。恽代英十分注重品德的修炼与道德的养成。他说:"将欲养

成社会之善势力,当先维持自己之品行。""不改造自己盼望改造甚么国家!"我们要像恽代英那样一日三省,严于律己。用社会主义核心价值观约束要求自己,为现代社会的文明规范守土有责,尽职尽责。思考四:我们如何向恽代英那样追求真理、坚定信仰、对党忠诚、至死不渝,做一名让党安心放心、让人民心服口服的共产党人。我们要向恽代英学习,永远把党和人民的利益放在第一位。

(中宣部理论局巡视员　邓晨明)

学习恽代英,缅怀恽代英

我们学习恽代英、缅怀恽代英,到底是要学习什么?缅怀什么?实际上,我心中也有很多疑问和思考。(1)为什么那个时代能够涌现出那么多优秀、杰出的青年?恽代英十几岁就有一种爱国情怀,1917年二十二岁,他就创办了互助社。1920年创办利群书社,1921年创办共存社。为什么那么小的年龄,十几岁、二十几岁的人就那么有担当和追求,而不是关心自己的地位、名利、工作,这不止是他,而是他们整整一代青年人都有的品质?我觉得主要是中华优秀传统文化培育了他们伟大的精神和情怀。(2)为什么那个时代许多共产党员都能有那样坚定的信仰?党成立后恽代英就入党了,1927年在南昌起义、广州起义失败后,我们党的事业受到重大挫折,但他还是坚定信仰。1930年,他遭到李立三"左"倾错误的打击,降为上海的沪东区委书记。他在贫民窟里、在老百姓中间坚持开展工作,信仰没有变。被捕以后,他又在监狱里面开展斗争。临刑前,他还发表慷慨激昂的演说。这是什么样的信念?一种什么样的坚定信仰?我认为,这是我们优秀传统文化和马克思文化的糅合,孕育了这么一代伟大的共产党人。(3)为什么马克思主义在那个时代能够有那么大的吸引力和影响力?恽代英虽然只度过了短短的36年人生,却影响和教育了一大批青年人。以恽代英为代表的大批青年领袖都非常有思想,他们共同推进了马克思主义中国化和毛泽东思想的形成。我们宣传核心价值观,要像他们一样站得高,看得远,接地气。

(湖北省委宣传部副部长　喻立平)

对伯父最好的纪念

我认为,对伯父的最好纪念,就是认真研究他的思想和生平。只有这样,才能更好地学习他和继承他。我简要地谈谈恽代英思想发展历程的四个阶段:第一阶段是青少年求学时期,确立了爱国主义人生观;第二阶段是从1917年组织爱国团体互助社开始,恽代英的爱国思想前进到以行动来救国;第三阶段是1923年到团中央主持宣传工作和参加国民党上海执行部工作以后,他最早和最全面论述中国新民主主义革命基本问题;第四阶段是1927年蒋介石发动"四一二"反革命政变以后,恽代英的思想达到新的高度,他坚决支持用革命武装来反对反革命武装,经历了党内最早的两次路线斗争。

从恽代英的一生来看,他的思想发展有以下特点:一是始终沿着正确的方向前进,没有大的曲折;二是随着阅历日益丰富,他的观念同中国社会现实紧密结合;三是他的思想极敏锐,许多认识和观点都处于时代前沿,并能与时俱进;四是他信奉马克思主义,但尊重和善于摄取中外传统文化中有用的精华;五是他的思想随时代发展而发展,处于螺旋式上升状态;六是他思想发展的主流是探索中国革命发展的具体道路,坚持马克思主义理论同中国实际相结合,始终保持不断革命的精神,这种精神是中国共产党人精神的有机组成部分,是对中华民族精神的丰富和升华。

（恽代英侄儿　恽希良）

大革命时期恽代英的政治思想

大革命时期恽代英的政治思想主要表现在四个方面,即关于中国国情和中国革命的基本问题,关于"革命与党",关于统一战线,关于革命军队的建设。之所以集中在这几个方面,是因为中国革命历史的发展,提出了研究、回答这样几个重大问题的任务。作为一个投身于革命实践的中国共产党的革命家、理论家和宣传家,为了人民的革命事业,他理论研究的重点,必须集中在这样几个重大问题上。恽代英的贡献在于,他以自己对人民革命事业的一片赤诚和博学多才,通过对中国国情的认真研究和对中国革命重大问题的冷静思考,在一系列问题上形成了比较系统的理论和观点。他对中国国情和阶级关系作了比较系统和深入的研究,并最早阐述了"帝国主义是纸老虎"的战略思想;他对中国民主革命前途的论述具有开创性的意义;他很早就重视研究建设一个伟大的革命政党问题,是中国共产党成立以后党内系统研究革命政党建设问题的第一人;他关于统一战线问题的一系列主张,是大革命时期我党在统一战线问题上正确主张的重要组成部分;他是大革命时期我党较早注意到军队建设问题的领导人之一,并对如何建设一支革命军队提出了重要的思想;他所著的《政治学概论》,是中国第一部马克思主义的政治学著作。就思想的广度和理论的系统程度来说,当时党内像恽代英这样的人确属凤毛麟角。就思想的深度来说,他对中国革命问题的认识达到了那个时代的高峰,故能成为中国共产党优秀的早期领袖之一。同时,恽代英的政治思想在当时的革命队伍中产生极大的影响,是与他高尚的人格紧密联系的。

(中国人民解放军军事科学院　胡长水)

恽代英的民治主义思想

民治主义是辛亥革命前后中国思想界的一股重要的政治思潮,并在 20 世纪 20 年代发展为颇具社会影响的民治运动。恽代英也参与了关于民治主义与民治运动的讨论,留下了许多重要思想资源。(1)恽代英认为要救治中国政治的黑暗,"只有求真正民治政治的实现"。他在《民治运动》一文中逐一批评了复古、教育救国、实业救国、废督裁兵、制宪救国、新村主义、改良市政、好人政府等"不切实"的政治改良方案,提出"要救治,只有求真正民治政治的实现"。(2)要建设真正的民治政治,必须"唤起人民为自己的利益而奋斗"。恽代英认为人民才是创造真正民治政治的力量源泉,他强调唤起国民形成作战的联合,向政治上斗争,去争取真正民治政治的实现,用人民的力量建设、拥护、监督一种为人民谋利益的政府,才有可能求得真正民治政治的实现。(3)真正的民治政治,要"人民都能督率政府,督率领袖"。恽代英非常重视对权力的监督。认为如果不能够解决权力的监督和制约问题,即使推倒了现在的军阀政客,还会继起新的军阀政客。恽代英不仅重视人民对政府的监督,还反对对领袖的迷信和崇拜,他主张人民在争取民治政治的运动中,要"大家能注意监督领袖"。(4)实行职业普选制度,改良中国政治。恽代英的真正民治政治思想的又一重要内容是主张通过实行职业普选制度来彻底改良中国政治,这也是其民治政治思想中最具特色的内容。恽代英在公开发表的文章和在党（团）内的报告和通信中都多次倡言这一主张。

（武汉大学马克思主义学院 宋俭）

恽代英的文化思想

恽代英的著作中蕴含了丰富的文化思想，为近代中国文化转型和发展作出了特有的贡献。（1）着力界定文化的概念。恽代英对文化概念的理解和界定经历了一个由广义向狭义转变的过程。他在 1915 年 5 月发表的《怀疑论》中首次使用了文化这一概念，他敏锐地意识到与野蛮相对应的文明意义无法用文化代替，故仅在指代人类生活创造的全部内容，包含物质和精神因素这一意义上混合使用文明和文化两个概念。新文化运动前期，他着重关注了国民道德伦理领域的破旧立新，此时对文化的理解主要集中于思想道德等精神方面。新文化运动后期，恽代英逐步形成了文化是反映经济状况的社会心理的认识。（2）全面阐释文化的内涵。恽代英心目中的新文化首先应当是民主的。他明确阐述了与强权专制斗争实现民主的系统规划："注意动的修养，练习团体生活，辅进文化运动，倡导社会教育。"并以此作为他建立民主的新文化的行动指南，在这些方面积极实践；新文化亦应当是科学的，新文化运动初期他即利用自己朴素的唯物主义理论基础，运用现代科学成就阐述了科学的认识论观点，对迷信鬼神的学说进行了分析批判；新文化还应当是民族的，恽代英在与帝国主义侵略的抗争过程中始终高度重视反对帝国主义的文化侵略问题；新文化更应当是大众的，恽代英是通过致力于平民教育推进教育普及、号召广大农工民众以建立大众的新文化的。（3）正确处理各种文化之间的关系。恽代英较早地意识到"夫近日之世界，以文化相竞争之世界也"。因此他对于中国文化的进步、新文化的建立有着强烈的憧憬，对作为新文化建设材料的封建社会传统文化、西方文化、中国资产阶级文化进行了审慎的观照和思考，形成了处理各种文化之间关系的理论观点，为新文化的建设作出了其特有的努力和贡献。

（陕西师范大学政治经济学院 陈答才）

恽代英对沈氏家族的关爱

最近,在整理家父沈继周(葆秀与葆英的弟弟)的回忆手稿,其间有谈及沈氏家族与恽代英的记述。读后,深感恽代英对沈氏姊妹、沈氏家族的关爱以及沈氏家族对恽代英的敬爱,即便超越百年时空仍然绚丽地在家族的记忆中延续。以往,我阅读了《恽代英日记》以及有关恽代英的史迹资料,感动恽代英对社会的爱,对国家的爱。现在,我又感受到他的国家爱、社会爱是和对妻儿的爱、对家人的爱、对朋友的爱浑然一体的。

他对自由婚姻、男女平等之爱的理想和精神对沈家的年青一代起到了极大的潜移默化的作用。之后,四姑沈葆英与代英的结合,也正是代英对葆秀的纯爱,对葆秀家人的关爱,培育了四姑葆英对代英的爱慕之情。代英与葆秀的结合,固然有为共产主义事业奋斗终身的共同理想的成分在内,但是,爱妻去世之后,代英依然如故保持对沈氏家族,对沈氏姊妹的关爱,在这种关爱中滋生出沈氏姊妹对代英的爱慕和信赖。从这里我们也可以感悟伟人大爱的精神境界。

恽代英亲属、老一辈党和国家领导人亲属、有关专家领导与话剧《恽代英》全体演职人员合影

沈氏家族的兄弟姐妹们,在恽代英的影响和关爱下,通过不同的形式参与

了拯救中国的救国活动。来自恽代英思想和行动的直接熏陶,对他们来讲也许只是有限的一段时光,然而其大爱精神的影响,却无一不延及他们的终生。

（日本女子大学　沈洁）

恽代英对纪念活动的功能表达

恽代英对纪念活动的功能表达主要集中于三个方面:借助纪念活动呈现历史事实、界定历史地位、总结历史经验,使历史记忆得到强化;借助纪念活动澄清革命的正当性、阐释革命任务与革命方略,彰显纪念活动的表达功能;借助纪念活动协调中苏关系、中日关系与促进世界革命的联合,彰显纪念活动的协调功能。

首先,强化历史记忆。恽代英借助"三八"妇女节、"五一"劳动节等重要节日纪念,二七罢工、五四运动、五七国耻、五卅运动、辛亥革命、十月革命等重大事件纪念,列宁逝世、孙中山逝世等重要人物纪念,强化历史记忆,表达革命主张,协调国际关系,使纪念活动的功能得到充分表达和释放。

其次,表达革命主张。恽代英在建构革命话语的过程中,通过纪念活动说明了革命的必要性、革命的任务、革命的策略等问题,彰显纪念活动的表达功能。

最后,协调国际关系。恽代英借助纪念活动表达关于国际问题的主张,促进中苏关系、中日关系的协调与世界革命的联合,彰显了纪念活动的协调功能。

总之,恽代英借助纪念活动保存了历史真实与历史记忆,为革命主张的表达提供了历史参照与历史支撑,为国际关系的协调提供了沟通渠道与表达契机。

（华南师范大学马克思主义学院　陈金龙）

恽代英对施存统的批判

施存统脱离共产党以后,发表了一系列文章批评共产党的革命道路和革命理论。恽代英以马克思主义革命家的责任担当,以笔作刀枪,直面理论挑战。他坚持中共六大确立的基本立场和基本理论,系统性地批驳了施存统的改组派主张,阐述和传播了新民主主义革命的理论,为促进革命发展提供了正能量。

恽代英开门见山地指出施存统是"蒋介石名下的理论家""一个理论的健将"。他归纳了施存统中国革命理论的八个要点,并逐一作了剖析,集中说明它不过是"中国资产阶级的圈套"。恽代英指出:中国革命目前确实处在民主革命阶段,在这个进程中,"必须特别注意于加强工农组织力量与扩大无产阶级的政治影响,而且一定要特别加紧反对资产阶级,民主革命一定要在无产阶级领导下,以工农为主力完成它。"施存统不要反对资产阶级,就"是为资产阶级欺骗工农妨害其组织与阶级觉悟的发展"。

理论斗争不破不立。恽代英大破施存统的中国革命理论,大立了共产党的中国革命理论。这种理论交锋,是在国民革命失败苏维埃革命兴起的历史转折时期,中国共产党探索革命道路和理论建设不可或缺的组成部分。

(湖北省社会科学院　曾成贵)

恽代英与《中国青年》

研究中国青年运动史离不开《中国青年》杂志,而这本百年名刊正是在第一任主编恽代英同志手中创办、诞生并发扬光大的。大家看一下这本光芒万丈的杂志,是恽代英同志创办的《中国青年》创刊号,时间是 1923 年 10 月 20 日,据我们了解这本创刊号目前存世量只有四份,今天我们把它带到会场,这本小小的杂志只有 32 刊,只登录了五六篇文章,其中大部分是恽代英同志亲手写的,还包括陈独秀的文章,这本杂志当时售价两分钱,创刊号发行了 3600 份,在恽代英手里最高发行量达到了 3 万多份,还有一个说法是 5 万多份,这成了我们中国新闻传媒业的一份永远的骄傲。尼采说:"我活在死后"。的确,恽代英主编尽管已经英勇就义 80 多年,但是他依然活着,活在《中国青年》杂志的字里行间。在《中国青年》的记忆长河里,老主编恽代英思想的光辉从来不曾暗淡。黑格尔说:"人是用头脑及用思想占领",一本刊物又何尝不是,恽代英在他短暂的人生中一共撰写并发表了 600 多篇文章,其中约三分之一近 210 篇文章是发表在《中国青年》杂志上,他用了这样一些笔名,包括毅、遽轩、但一、英、稚宜、但、代英、天逸、FM、子毅、子怡、尹子怡等名字发表，每一篇文章都闪烁着思想的光芒，他在 1923 年 10 月 20 日的创刊号写的发刊词中是这样说的:中国政治太黑暗了，教育太腐败了，衰老的中国像是不可救药了，中国的唯一希望便要靠这些具有勃勃生机的青年；在《怎样才是好人》这篇文章中，他提出:"好人，第一要有操守，第二要有作为，第三要能为社会谋福利"，无须冗述，仅仅从下面这几篇文章的题目中我们便可以体会出一代伟人的思考，听到一代伟人的心跳。下面是几篇文章的题目:《孙中山先生逝世与中国》《对于有志者的三个要求》《我们还要议会制度否》《道德的生活与经济的生活》《前途的乐观和为国民革命》《湖北黄陂农民生活》《自从五四运动以来关于政治运动的八个问题》《乡村运动问题》《国民党中的共产党问题》等等。在今天这样的一个前所未有的物质丰裕的暴富时代，思想似乎已经成为人类的最后的奢侈品，而恽代英留给我们的思想遗产深刻而又丰富，在《中国青年》记忆长河里，老主编恽代英对青年人发自心底的关爱温暖留存，恽代英为什么有那么大的魔力，为什么能够笔下生花，就因为恽代英理解青年，思想上和青年深度共振，感情上和青年水乳交融，他在学生时代就创造过敦品励学、自重助人、伺候国家、伺候社会的互助会，长期从事教育青年工作，同青年生活在一起使他知道青年的迫切要求。主编说青年杂志使他有机会把多年的经验和认识在刊物上发表出来，在《中国青年》创刊号，恽代英写了一篇《对有志者的三个要求》的文章，要求青年:(1)每星期至少牺牲六小时做有益于社会改造的事业;(2)每星期至少牺牲六小时做有益于社会改造理论与办法的研究;(3)有收入时至少捐其十分之一做有益于社会改造的事情。成都一个叫张济凡的青年社团负责人给他写的信说:"我们已经开始实践了"，不久以后，这位同学在上海街头偶遇恽代英，恽代英发现他穿得十分单薄，当即把自己穿的棉袍子脱下来送给了张济凡，转身恽代英走进了一家布衣店买了一件旧上衣穿起来走了，这就是一位主编和青年朋友真挚的感情。在《中国青年》记忆的长河里有许多名人这样评价他:郭沫若在忆及恽代英时说:"在大革命前后的青年们凡是稍微有些进步思想的，不知道恽代英，没有受过他的影响的，可以说没有。"《中国青年》老主编陆定一说:"恽代英是我的第一位共产主义老师"，他回忆说，"恽代英主编的《中国青年》是在极其艰苦非常秘密的条件之下起草,×××有一两个书架子,在那开会看书写文章,编辑校对,夜里就在那里睡觉"。……

不同的是时代,不变的是情怀,恽代英等先烈先贤为《中国青年》杂志留下的光辉思想、家国情怀、坚定信念和崇高精神是我们取之不尽的文化遗产。

(《中国青年》杂志社社长　王跃春)

缅怀祖父恽代英

恽代英亲属恽铭庆(左二)、恽梅(左三)、恽清(左四)致辞

回到祖父恽代英曾经学习、生活、战斗过的地方,我们的心情难以平静,在深深缅怀祖父恽代英的同时,也深深缅怀与恽代英同志一起战斗过的无数革命先烈和革命前辈;同时,也深深怀念奶奶沈葆英、四叔公恽子强、叔叔恽希仲……我们感觉到他们今天也来到这里,英灵永在,与我们共同度过这难忘的追忆时光! 我们将继承和发扬老一辈无产阶级革命家的优秀品质和光荣传统,为构筑中华民族伟大复兴的中国梦而贡献绵薄之力!

(恽代英后代　恽铭庆、恽梅、恽清)

出席纪念恽代英诞辰 120 周年学术研讨会的专家学者及恽代英亲属代表合影

九、一颗永不熄灭的火种

——纪念恽代英牺牲 85 周年

2016 年,是恽代英牺牲 85 周年。

他曾经说:"我身上的磷,只能做四盒洋火。我愿我的磷发出更多的热和光。我希望它燃烧起来,烧掉古老的中国,诞生一个新中国。"①今天,他丰富的思想体系和勇于牺牲、勇于奉献的忘我革命精神依然是引导和激励我们在实现中华民族伟大复兴中国梦的道路上继续开拓奋进的一颗"永不熄灭的火种"②。

(一)追求真理信仰的火种

恽代英祖籍江苏武进,1895 年 8 月生于湖北武昌。他出生那年,腐朽至极的清王朝在甲午战争中战败,被迫签订了丧权辱国的《马关条约》,1900 年,

---

① 　恽希仲:《周恩来伯伯夸他"又能写又能说"》,载《我的父辈》,上海人民出版社 2011 年版,第 106 页。

② 　刘瑞龙:《永不熄灭的火种》,载《回忆恽代英》,人民出版社 2015 年版,第 127 页。

上海龙华烈士陵园恽代英衣冠冢

八国联军打入京城,又迫使清王朝签订了堪称中国历史上奇耻大辱的《辛丑条约》,中国完全坠入了半殖民地半封建的深渊。自此,"长夜难明赤县天",中华民族陷入了事关生死存亡的漫漫黑夜之中。

"有希望之人,如黑地有灯","希望愈大如灯光愈大"。① 恽代英生于忧患,长于忧患,在武昌中华大学读书时就是一颗追求救国救民真理的"火种"。

那时,恽代英还不知道马克思主义,只能从所受的中国优秀传统文化教育中吸收营养,从中寻找救国救民的办法。他将个人的修养和道德与国家命运联系在一起,希望"天下之人……无言权利,无言竞争,举天下之贫富贵贱",都服从于"义务之说",②"使道德有进化无退化,以早期黄金世界之实现也"③因此,他十分强调要"凭借培植民德,衰杀其野心","以二三十年教育之力,即足达此境。""如能实行,功效胜革命万倍也。"④

---

① 《恽代英全集》第2卷,人民出版社2014年版,第207页。
② 《恽代英全集》第1卷,人民出版社2014年版,第5页。
③ 《恽代英全集》第1卷,人民出版社2014年版,第31页。
④ 《恽代英全集》第1卷,人民出版社2014年版,第282—283页。

1917 年 10 月,恽代英在武汉和同学一起创建了"自助助人"的爱国主义团体"互助社",指出:"今天我们的国家,是在极危险的时候,我们是世界上最羞辱的公民。"①因此,他们立下决心,要尽自己所能尽的力量,做自己应该做的事情,并希望通过"培养自己的人格",来"伺候国家,伺候社会"。② 他还执笔制定了互助社的"戒约八则"③,并要求社员"如对人不得加以鄙俗称呼;非不得已不用外国货;不可不用正当方法助人或求助于人;对于国事不可旁观亦不可徒存悲观等,社员所每饭不忘者也"④这些认识和实践寄托了恽代英救国救民的美好愿望。

然而,帝国主义亡华不死之心,现实将恽代英的这些美好愿望击得粉碎。

1919 年年初,巴黎和会不顾中国也是一战战胜国之一,拒绝了中国代表提出的废除外国在中国的势力范围、撤退外国在中国的军队和取消"二十一条"等正义要求,竟然还决定将德国在中国山东的权益转让给日本,消息传到国内后,导致五四运动爆发。恽代英也因此猛然惊醒,为唤起"有血性的黄帝的子孙"⑤起来参加反帝反封建的爱国运动,同年 5 月 6 日夜,他和林育南连夜印制名为"四年五月七日之事"的传单 600 份在武汉街头散发;5 月 10 日,他又在"武昌学生团宣言书"中疾呼:"呜呼! 我四万万神明之胄,固亦甘受此非人情的羞辱乎?"⑥这些举措,推动了五四运动在武汉的发展。

这一时期,恽代英不仅积极带头撰写、印发传单,发表宣言书,还号召罢课、罢工、罢市,并代表武汉中等以上全体学生执笔上书北京政府、公函湖北督军省长、组织学生联合会、宣传民主与科学精神,成为华中地区五四运动的主要领导者。也正是五四运动的洗礼,恽代英对于救国救民的道路有了新的认识:在内忧外患的半殖民地半封建国情下,无论是道德救国,还是教育救国,都

---

① 《恽代英全集》第 2 卷,人民出版社 2014 年版,第 119 页。
② 《恽代英全集》第 2 卷,人民出版社 2014 年版,第 119 页。
③ "互助社"的八则戒约是:(一)不谈人过失。(二)不失信。(三)不恶待人。(四)不作无益事。(五)不浪费。(六)不轻狂。(七)不染恶嗜好。(八)不骄矜。见《恽代英全集》第 2 卷,人民出版社 2014 年版,第 120 页。
④ 《恽代英全集》第 2 卷,人民出版社 2014 年版,第 120 页。
⑤ 《恽代英全集》第 3 卷,人民出版社 2014 年版,第 6 页。
⑥ 《恽代英全集》第 3 卷,人民出版社 2014 年版,第 13 页。

1915 年 5 月 25 日,"二十一条"签订现场

是一条走不通的路。因而,他深刻地指出:"激发一般人爱国家爱正义之热情,较谈空疏笼统而枯寂的道德胜千万倍。"①从此,恽代英开始向马克思主义者转变,寻求救国救民的决心更加坚定不移。

五四运动后,恽代英如饥似渴地学习马克思主义和各种新学说,并于1920 年春在武汉创办了利群书社,书社有《共产党宣言》《社会主义从空想到科学的发展》等马克思、恩格斯著作以及《新青年》《新潮》《劳动界》等进步刊物,书社是武汉和长江中游地区传播马克思主义和新思想的重要阵地。1920年 4 月,他受少年中国学会的委托编辑"少年中国学会丛书"时,将"马克思及其学说"放在了最重要的位置。② 同年 10 月,他翻译了恩格斯的《家庭、私有制和国家的起源》的部分章节在《东方杂志》上发表,并在《译者志》中对恩格斯作了专门介绍,促进了中国人对其思想的了解。

同年 10 月 10 日,恽代英在撰写《革命的价值》一文中指出:从辛亥革命以来到民国成立 9 年的国庆日,"这九年中政治上每年闹得好把戏……我们脑海中已装满了不良的现象。"③辛亥革命之前,"以为只要光复,只要民主,便

---

① 《恽代英全集》第 3 卷,人民出版社 2014 年版,第 53 页。
② 《恽代英全集》第 4 卷,人民出版社 2014 年版,第 36—38 页。
③ 《恽代英全集》第 4 卷,人民出版社 2014 年版,第 214 页。

可以糖馒头从天而降,现在总可以证明是妄想了。"①因此,他大声呼唤:"以前的革命,已经这样空过去了;以后的革命,又将让他空过去么?""真诚的少年:联合起来啊,横蛮的军阀,卑污的政党,腐败的官僚,他们都为我们做不出什么好事。无论是破坏,无论是建设,我们都得自己起来干……还不发生一个大联合大预备的决心么!"②

　　1921 年 1 月,他受陈独秀委托翻译完成了考茨基的《阶级争斗》一书,并由新青年社出版,在翻译该书过程中,恽代英深受教育,成为了一个优秀的马克思主义者。《阶级争斗》在中国首次比较全面地介绍了马克思主义的阶级斗争学说,对马克思主义在中国的传播影响巨大,毛泽东后来曾在和美国记者斯诺谈话时回忆说,他自从看过《共产党宣言》《阶级争斗》和《社会主义史》这三本书之后,便确定了对马克思主义的信仰,无论面对何等艰难困苦,心中那颗火种指引的航向,从此"就没有动摇过"③。

　　1921 年 7 月中旬,恽代英等召集受利群书社影响的 24 位进步青年在湖北黄冈聚会,宣布成立具有共产主义性质的革命团体共存社。并制定了其宗旨:"以积极切实的预备,企求阶级斗争、劳农政治的实现,以达到圆满的人类共存为目的"④。共存社的宗旨明确承认阶级斗争,拥护无产阶级专政,为实现没有剥削和压迫的共产主义为最终奋斗目标,这与中共一大通过的第一个纲领基本精神一致。

　　不久,恽代英便加入了刚刚成立的、寄托了他对真理信仰和追求的中国共产党。

　　1920 年 8 月,易礼容与毛泽东一起着手在长沙创办"文化书社"。他因在商专学过管理,被大家推任经理,毛泽东任特别交涉员。易礼容后来回忆说:"当年恽代英同志在湖北的地位和作用,大致相当于当年毛泽东同志在湖南

---

① 《恽代英全集》第 4 卷,人民出版社 2014 年版,第 214 页。
② 《恽代英全集》第 4 卷,人民出版社 2014 年版,第 216—217 页。
③ [美]埃德加·斯诺:《西行漫记》,生活·读书·新知三联书店 1979 年版,第 131 页。
④ 《浚新小学纪略》,《我们的》第 7 期,1921 年 8 月 10 日。

易礼容(1898 年 4 月—1997 年 3 月)

的地位和作用。"①是"中国共产党创建时期的重要领导人"②之一,是在中国传播马克思主义的一颗重要"火种"。

(二)统一战线工作的火种

成为了一个马克思主义者的恽代英,对如何改变中国前途命运的问题,有了更加明确和务实的认识。

1922 年 6 月,恽代英在《为少年中国学会同人进一解》中指出:"旧社会的罪恶,全是不良的经济制度所构成的。舍改造经济制度,无由改造社会。"他认为,对于改造社会的方法,"无非是破坏",能改造旧社会的"惟一武器"就是"群众的集合";他说:我们的责任"是要冷静、周到、敏捷、决断的指导群众"。③ 为担负起这一使命,恽代英进一步指出:我们不仅"要研究唯物史观与群众心理",而且"要无限制的利用机会,为社会做这些努力"。④ 同时,他还提醒要认识资本主义的本质,并深刻地指出:资本主义"物质文明的推行,民众所能受其福利者几何? 结果终只是为富豪大贾增加些舒适便利而已"⑤。对于当时教育救国的错误认识,他不仅自己实现了思想上的转变,而且还引导同人说:"在现制度之下,能受教育的多只系富贵人家的子弟,而所受教育,又常系私利的、服从的、保守的性质。结果只是制造智识界的一般商品,以供资本家的选购。"他反问提醒大家:这种教育,对于改造社会,"究竟有什么了不起的意义可言?"⑥因此,对于改造中国的问题,他特别指出:要注意从客观实际出发,

---

① 易礼容:《追忆代英》,载《回忆恽代英》,人民出版社 2015 年版,第 142 页。
② 《三中全会以来重要文献选编》(下册),人民出版社 1982 年版,第 859 页。
③ 《恽代英全集》第 5 卷,人民出版社 2014 年版,第 25 页。
④ 《恽代英全集》第 5 卷,人民出版社 2014 年版,第 25 页。
⑤ 《恽代英全集》第 5 卷,人民出版社 2014 年版,第 27 页。
⑥ 《恽代英全集》第 5 卷,人民出版社 2014 年版,第 27 页。

"我们要改造历史,不可不注意历史进化的必要的条件,不然我们造不出历史来。"①

面对中国的政治、经济状况,"欲求完成社会革命诚不易言。"②当时,恽代英认为:"加入民主主义联合战线政策殊有意义。"因此,要联合"孙中山及民党中少数坚贞君子",③对于中国共产党人加入国民党一事,他提醒说:应"借此改造国民党,借此联合一般真诚热心于民主的人向恶势力奋斗,因以握取政权,为无产阶级专政树立确实根基如俄国前例"④。他的这些认识,把国共合作建立革命统一战线的目的以及领导权的基本原则问题都阐明了。

同年10月,恽代英到四川泸州川南师范任教,先后担任教务主任、校长等职。他在该校成立马克思主义研究会,组织进步学生学习《共产党宣言》等著作。同时,他又指导成立了社会主义青年团的组织,为在四川发展革命力量奠定了基础。

1923年8月,中国社会主义青年团第二次全国代表大会在南京召开。大会坚决接受中共三大确定的与国民党合作的方针,决定社会主义青年团团员以个人名义加入国民党,恽代英当选候补团中央执行委员,并和刘仁静、林育南、邓中夏组成团中央局。同年10月20日,团中央机关刊物《中国青年》创刊,恽代英任主编。他在《中国青年》设专栏介绍马克思列宁主义和宣传中国共产党的纲领、路线、方针、政策,并亲自撰写了近210篇文章和通讯在该刊上发表,为传播马克思主义进行了不懈的努力,他针砭时弊慷慨激昂的呼声让无数颗年轻的心随之萌动,是引领整整一代青年投身到救国救民革命道路中奋进的"火种"。

1923年10月,恽代英通过强有力的辩证分析,指出:"中国在先进工业国之下,已成为经济的隶属关系。"⑤他强调:"凡为殖民地者,永只得以原材料供给其母国而不能自己供给;永只得销售其所谓母国之成品而不得自己制造。

———————————

① 《恽代英全集》第5卷,人民出版社2014年版,第32页。
② 《恽代英全集》第5卷,人民出版社2014年版,第83页。
③ 《恽代英全集》第5卷,人民出版社2014年版,第83页。
④ 《恽代英全集》第5卷,人民出版社2014年版,第83页。
⑤ 《恽代英全集》第5卷,人民出版社2014年版,第128—129页。

结果既以母国之人经济上处处占据优势,而殖民地之土人必至劳苦而不能自给。"①因此,他认为:"中国亦必化为工业国然后乃可以自存"。② 而中国实现工业化,就是要改变这种经济关系。同年 11 月 3 日,他在《中国青年》上再次撰文指出:"我听说面粉公司尽可以有多余的面粉,他们的隔壁仍然常会有饿死的人。纺织工厂尽可以有多余的布匹,他们自己的工人,都不容易穿一件完全的衣服。"他进而尖锐而深刻地指明:"这种经济制度不改变过来,我们相信任何国家会是我们的友邦,真是痴人说梦话罢了!"③

为此,他积极宣传建立革命统一战线的重要性和意义。1923 年 11 月,他在《论三民主义》一文中,再次呼吁:"全体中华民族,都是一样的需要脱离外租或不良的治者阶级的敲吸剥夺。所以我们是联合作战的团体。我们不同民族的平民,不应当轻易地分离。我们的分离,是我们仇敌的幸运。"他还清晰地指出:"我们最后最大的目的,是要求中华民族的独立。"④

1924 年 1 月 5 日,在国共两党即将达成合作之际,恽代英认为:"革命思想越普遍,宣传革命的人越多,时局便会大动。"此时,恽代英对中国革命的前途充满了乐观,他不仅希望"大家多注意研究切实的革命计划",而且他还期待大家多研究"建设政策"。⑤ 这一时期,他对教育改造社会的理解也发生了积极的变化:要为今天的中国和未来的"共产自由社会"⑥办教育;而对于中国革命后的经济建设政策,他认为:中国比俄国更落后,"不是军事上的胜利,便可以成为完全成功的。要改变社会的经济状况,军事胜利以后革命的党,还需靠合当的经济政策,以巩固新政府的基础,同时,亦需预防旧势力的反动",吸取历史教训,防止"革命军起,革命党消"。⑦ 因此,他再次深刻地指出:"解决中国的问题,自然要根据中国的情形,以决定中国的办法。"⑧这足见其思想的

---

① 《恽代英全集》第 5 卷,人民出版社 2014 年版,第 129—130 页。
② 《恽代英全集》第 5 卷,人民出版社 2014 年版,第 130 页。
③ 《恽代英全集》第 5 卷,人民出版社 2014 年版,第 136 页。
④ 《恽代英全集》第 5 卷,人民出版社 2014 年版,第 167 页。
⑤ 《恽代英全集》第 6 卷,人民出版社 2014 年版,第 25 页。
⑥ 《恽代英全集》第 6 卷,人民出版社 2014 年版,第 75 页。
⑦ 《恽代英全集》第 6 卷,人民出版社 2014 年版,第 155 页。
⑧ 《恽代英全集》第 6 卷,人民出版社 2014 年版,第 155 页。

科学！因此,他还引导和鼓励青年说:"不忍看见中国人民受外国资本家或本国军阀这样敲削压迫,倘若我能明明白白看出来救中国的道路,我自能如在黑夜长途看见前面一盏电灯一样,我自能一心一意的向着灯光走上去,任何别的事情,不能阻碍了。"①

1924 年 1 月 20 日,国民党第一次全国代表大会召开,国共第一次合作顺利达成。1 月 31 日,恽代英被指定任国民党上海执行部宣传部秘书。这期间,他肩负党的期望,在统一战线事业中竭力发展共产党人与国民党左派的力量,竭力发展工人与青年学生的革命势力,与国民党右派进行了不屈不挠的斗争。他致力于国民党改组,努力宣传民主主义的革命纲领,他就像一颗"火种",点燃了统一阵线的希望之火。

(三)唤起国民革命的火种

国共第一次合作以后,恽代英不仅积极维护国民革命统一战线,而且对中国革命中的关键问题进行了阐述。他指出:要革命能成功,有两件事不能不注意:第一,我们必须唤起全部被统治阶级加入革命,然后我们才有力量打到统治阶级;第二,我们必须有适应于改变的社会的主义与策略,以掌握政权,否则,革命以后还会有别的"变乱"。② 实践证明,恽代英的认识是有预见性的。

这一时期,他通过实践,不断深化了对中国革命的基本势力进行了分析,明确了进行国民革命的主要力量,领导核心,政策把握的指导原则等重大问题。

对于革命的主要依靠力量,他认为"我们只有唤醒而组织农人工人,才可以得着切实的革命力量",对于他们,"应当是注意他们的团结,以及教育他们,使他们知道注意自身的利益。""对于兵匪游勇,应当注意使他们与工农结合,而且使他们将来有化为工农的机会。""对于士商绅吏各阶级,应当注意在他们中间找可以做革命领袖的分子,引导他们到农人工人中间去。"③而且他强调:"农民占全国人口的百分之七十以上,所以是民众的一大部分。""农民

① 《恽代英全集》第 6 卷,人民出版社 2014 年版,第 198 页。
② 《恽代英全集》第 6 卷,人民出版社 2014 年版,第 230 页。
③ 《恽代英全集》第 6 卷,人民出版社 2014 年版,第 262 页。

终岁勤耕劳作甚至不能供养妻子儿女,所以他们最应当渴望革命。"①因此,他号召革命青年"去结交农民! 去团结农民! 去教育农民! 而且最重要的去研究农民!"因为"这是中国革命最重要而且必要的预备!!!"②并特别强调:实现"为工农谋利益的革命,除了工人,究竟只有靠农民自己"③。

对于革命的领导力量,恽代英指出:领导进行这一革命的力量应该是一个真正革命的党。1924 年 11 月,他在《中国青年》发表了《怎样进行革命运动》一文,明确指出这个"党应当是在各种民众中的进步分子所组成的",④他说:"一切被压迫的农工商学兵民众中都可以有我们的党员……他们便有能力号召几十万乃至几百几千万的民众;这样,为什么怕全国一致的革命不成功?"⑤

针对革命中遇到的干涉压迫中国的强大外国势力,恽代英比较具体地分析了帝国主义国家之间的"嫉妒冲突"的矛盾、帝国主义与本国人民之间的矛盾以及帝国主义与中国人民之间的矛盾,明确指出:"帝国主义是一戳便穿的纸老虎……所以中国的革命一定在世界革命中间完全可以成功。"⑥这些深入浅出的分析,坚定了人们对中国革命必胜的信念。

1925 年 3 月 12 日,孙中山逝世。恽代英高声呼吁:要继承孙中山先生的革命遗志,要防止革命阵营的分裂,要遵守"革命党的纪律与防止右倾"。⑦ 他还客观地指出:"打倒帝国主义的工作,无产阶级单独的力量还是不够的,而且各阶级为自己的利益亦可以参加这种运动;所以我们为无产阶级的利益,亦希望为谋'全个中国'的解放,不论贫富都联合起来。""一个真正注重无产阶级利益的人,不应因为国民革命而否认中国有无产阶级专政之可能,更不能因为国民革命而反对阶级斗争。"⑧体现了他坚定的政治立场。

1925 年 5 月 15 日,因日本人枪杀中国工人顾正红,中共中央决定 5 月 30

① 《恽代英全集》第 6 卷,人民出版社 2014 年版,第 418 页。
② 《恽代英全集》第 6 卷,人民出版社 2014 年版,第 421 页。
③ 《恽代英全集》第 6 卷,人民出版社 2014 年版,第 451 页。
④ 《恽代英全集》第 6 卷,人民出版社 2014 年版,第 587 页。
⑤ 《恽代英全集》第 6 卷,人民出版社 2014 年版,第 588 页。
⑥ 《恽代英全集》第 6 卷,人民出版社 2014 年版,第 588 页。
⑦ 《恽代英全集》第 7 卷,人民出版社 2014 年版,第 79 页。
⑧ 《恽代英全集》第 7 卷,人民出版社 2014 年版,第 89 页。

日组织上海市民举行反帝大示威,恽代英为示威总指挥。五卅惨案发生当晚,恽代英出席了中共中央的紧急会议,会后立即动员学生积极参加宣传工作和募捐活动以支援工人的罢工斗争。他领导的全国学生总会和上海学联党团组织派人分赴各地作五卅惨案的报告,动员各地学生与市民共同开展爱国反帝运动。

"什么是革命的势力,什么是反革命的势力,在五卅运动中间,都显然呈现出来到每一个有眼睛的人的面前了。"①恽代英通过五卅运动进一步指明:"反革命的人总不愿意听见强力反抗的话头,他们希望帝国主义者自动让步,希望一个帝国主义者帮我们打倒另一个帝国主义者,希望军阀帮助我们打倒帝国主义。他们不信任人民自己会有打倒帝国主义的能力,而且他们为自己的利益厌憎恐怖人民自己组织团体的进步,常根本要破坏人民自己的组织团结,与人民信赖自己组织团结力量的观念。"②

当时,通过分析,他认为:"大商人,资本家,名流,学者,律师,教职员,一切在社会上所谓比较有地位或者自以为有地位的人,常常是反革命的";③"工人,学生,小商人,农民,兵士,他们都在社会上比较没地位,但他们常常是革命的力量。"④他还客观地指出:这两类群体中也有少数纯洁分子和受蒙蔽的人。正是因为上述原因,他提醒说:"革命的青年,认清楚谁是你的革命的伴侣,谁是你的革命的仇敌罢! 不要丢了你的革命的伴侣,却只是等候那些反革命的'士商阶级'出来领导革命!"⑤"我重新说:倘若有人不知联合各阶级以从事国民革命,而只知专力于阶级斗争,这是左派的幼稚病,无论你是属于什么主义什么党,这种态度都是根本错误的。"⑥

五卅运动后,对于如何认识资产阶级,他更进一步指出:"资产阶级做事,只问于自己的利益有何关系……无产阶级善于应付则可以合作而不牺牲自己的利益;苟不善于合作,纵拼命牺牲自己利益,在资产阶级得达到他们自己的

---

① 《恽代英全集》第 7 卷,人民出版社 2014 年版,第 194 页。
② 《恽代英全集》第 7 卷,人民出版社 2014 年版,第 194 页。
③ 《恽代英全集》第 7 卷,人民出版社 2014 年版,第 195 页。
④ 《恽代英全集》第 7 卷,人民出版社 2014 年版,第 196 页。
⑤ 《恽代英全集》第 7 卷,人民出版社 2014 年版,第 196 页。
⑥ 《恽代英全集》第 7 卷,人民出版社 2014 年版,第 239 页。

利益之时,仍旧不会与无产阶级合作以反抗帝国主义的。"①

实践证明,恽代英的这些认识和分析是完全正确的。

1926 年 1 月,恽代英在广州出席国民党第二次全国代表大会,当选为中央执行委员。他根据自己对中国革命的实践和认识,在大会上发表演讲说:如果国民党"丢了三民主义,我便要反叛起来,这是没有什么客气的。我的入党是因为想做官吗?想认识某要人吗?我完全是因为国民党能反对帝国主义、军阀,为被压迫农工利益而奋斗所以来的"。"如果你说我是共产派,我这个共产派便是这样主张的。"②

同年 2 月 6 日,他在《黄埔潮》撰文又指出:"产业无产阶级"是"最容易觉悟的革命势力,遂成为最富于革命性的阶级力量"。③ 这说明,恽代英关于国民革命的思想是彻底的、先进的,是引导国民革命道路朝正确方向前进的一颗"火种"。

(四)军队政治工作的火种

1926 年 5 月,恽代英受党的指令,到黄埔军校担任政治主任教官,同时他还受组织安排担任黄埔军校中共党团书记。

期间,他特别重视纪律建设。他指出:"没有真正的革命党员是可以不遵守纪律的。没有纪律,就没有统一的团结,就没有力量做任何事情。凡事不遵守纪律的,都是真正革命工作的仇人,他们是帮助帝国主义分散我们革命的力量。"④ "我们为了革命,必须要用严格的纪律建造起我们的铜墙铁壁,使反动派无机可乘。""只有严整的纪律,可以保证团结精神统一意志的成功。"⑤

同时,他特别重视军队中政治工作的方向。他认为引导正确的政治方向至关重要。他强调:"我们军队中政治工作要注意的,第一点是要确定我们要

---

① 《恽代英全集》第 7 卷,人民出版社 2014 年版,第 338 页。
② 《恽代英全集》第 8 卷,人民出版社 2014 年版,第 20 页。
③ 《恽代英全集》第 8 卷,人民出版社 2014 年版,第 25 页。
④ 《恽代英全集》第 8 卷,人民出版社 2014 年版,第 118 页。
⑤ 《恽代英全集》第 8 卷,人民出版社 2014 年版,第 119 页。

引导他到哪一个地方去。"①"我们在军队中做工作,是在于设法使军队进步,不是在破坏军队,这一点一定是要彻底明了的。"②"增加士兵的觉悟程度与革命精神,坚定士兵对于革命的信仰,而且这样做可以使士兵完全站在工农方面……我们要认清这是我们的主要任务,将精神集中在这里。"③因此,必须要培养"在军队中做政治工作的人才;如党代表、政治指导员及政治部工作人员"。④

另外,他特别重视群众工作。根据第一、二次东征和当时北伐的实践,他总结说:"因为有政治工作,能得到一般群众的同情拥护,亦是一个很大的原因。故党代表在军中的关系,非常重大"⑤。他还在国民革命军总政治部训练班上发表《组织群众与煽动群众》的演讲,强调群众工作和政治工作的关系及其重要性:"群众是我们革命的基础,革命运动的成败,完全要看群众运动的基础如何。"⑥"在群众革命空气不高的地方,就是有武力,兵士也不会有勇气为一种主张作战的。"⑦"没有群众,我们便不能胜过敌人的一切压迫,只有合群众的力量去应付,方才是有把握的事。"⑧

1927 年年初,恽代英奉命到武汉中央军事政治学校工作。此时,蒋介石反共的面目进一步暴露。恽代英与毛泽东、董必武等一起,团结国民党左派宋庆龄、邓演达等与蒋介石进行了坚决斗争。1927 年 3 月 10 日至 17 日,为反对蒋介石的军事独裁,国民党二届三中全会决定中央执行委员会采取常务委员制,实行集体领导,这实际上撤销了蒋介石的国民党中央执行委员会常务委员会主席职务。同时,还"裁撤"了蒋介石把持的军人部。这些举措,在一定程度上维护了武汉当时在全国的革命中心地位。

不久,蒋介石彻底撕下了伪装的革命面纱,发动了"四一二"反革命政变。

---

① 《恽代英全集》第 8 卷,人民出版社 2014 年版,第 157 页。
② 《恽代英全集》第 8 卷,人民出版社 2014 年版,第 164 页。
③ 《恽代英全集》第 8 卷,人民出版社 2014 年版,第 165 页。
④ 《恽代英全集》第 8 卷,人民出版社 2014 年版,第 356 页。
⑤ 《恽代英全集》第 8 卷,人民出版社 2014 年版,第 410 页。
⑥ 《恽代英全集》第 8 卷,人民出版社 2014 年版,第 492 页。
⑦ 《恽代英全集》第 8 卷,人民出版社 2014 年版,第 492 页。
⑧ 《恽代英全集》第 8 卷,人民出版社 2014 年版,第 493 页。

毛泽东、恽代英等共产党人,联合国民党左派宋庆龄、邓演达等四十名国民党中央委员、候补委员、国民政府委员、军事委员会委员联合发表《国民党中央执行委员会联名讨蒋通电》指出,如不去蒋介石此"民众之蟊贼","革命群众将无噍类"。① 为更好地掌握军校的武装力量,1927 年 5 月初,恽代英在军校内实行改革,他要求"每队加设一指导员,选择政治观念较好一点的人来担任……指导员的责任,是代替政治部做工作……他的地位与区队长差不多,于必要时可代替区队长"。② 这个"指导员"的设置,已经隐约看到后来人民军队"支部建在连上"的影子。③ 恽代英的这些认识和实践虽然是在对当时"中国共产党和国民党合作组织新制度的军队"的基础上进行的,但成效明显,"那时军队有一种新气象,官兵之间和军民之间大体上是团结的,奋勇向前的革命精神充满了军队。那时军队设立了党代表和政治部,这种制度是中国历史上没有的,靠了这种制度使军队一新其耳目。一九二七年以后的红军以至今日的八路军,是继承了这种制度而加以发展的。"④1962 年,朱德曾指出:"研究党的军史时,应当从这个老根上研究起。"⑤完全可以说,恽代英关于军队思想政治工作的认识和实践,是人民军队后来创立和发展历程中政治思想工作的一颗"火种"。

同时,他坚持武装反抗国民党反动派,强调:"要使中国革命胜利,就不能不反对反革命的甘做民众叛徒的蒋介石! 这种反对是有益于中国的。""决不能像蒋介石一样的专门招致他的同学同乡同姓占满了一切位置……让右派胜利,让蒋介石胜利,那,不仅我,大家均必遭殃。因此,我们对付右派及反革命派,不能不采取严厉的手段。"⑥5 月 13 日,本来受武汉国民政府命令拱卫武汉西部防线的重要力量夏斗寅部叛变革命,并发出反共"元电"后,在四川军阀杨森的配合下开始向武汉进攻。这时武汉国民政府的主力部队正在河南一带

① 《汉口民国日报》1927 年 4 月 22 日。
② 《恽代英全集》第 9 卷,人民出版社 2014 年版,第 49 页。
③ 李良明、申富强:《论恽代英对中国共产党军事工作的历史贡献》,《中共党史研究》2011 年第 4 期。
④ 《毛泽东选集》第二卷,人民出版社 1991 年版,第 380 页。
⑤ 《朱德选集》,人民出版社 1983 年版,第 393 页。
⑥ 《恽代英全集》第 9 卷,人民出版社 2014 年版,第 50—51 页。

作战,武昌防备空虚,形势十分危殆。5 月 18 日,由中央军事政治学校学生和中央农民运动讲习所学生组编的中央独立师,随武昌卫戍司令叶挺指挥的 24 师 72 团和 25 师 75 团前往平叛,恽代英担任中央独立师党代表①,他"戴着眼镜,穿着布军装,打着绑腿,走在队伍前面",②与师长侯连瀛和叶挺部紧密配合,率部经过激烈作战,取得了平叛的胜利,武汉局势暂时缓和。

但伴随着许克祥在长沙发动反革命的"马日事变"和汪精卫与冯玉祥的郑州会议后,革命形势仍极其恶化。

中共中央军委十分重视武汉军校这支武装力量,军委书记周恩来、秘书聂荣臻经常到军校与恽代英一起商讨对策。7 月 13 日,经时任国民革命军第 2 方面军第 4 军总参谋长叶剑英与第 2 方面军总指挥张发奎多次交涉,武汉中央军校被张发奎改编为第 2 方面军军官教导团。全团的教育和行政实际上均由中共地下党组织所掌握的中国国民党党部领导,团党部执行委员和各连(队)党部执行委员,多为中共地下党员,团内还有 100 多名没有暴露身份的中共党员。有着较强政治思想工作基础的军官教导团,实际上为中共保存了一颗后来创建人民军队极其珍贵的"火种"。

(五)领导武装起义的火种

1927 年 7 月 15 日,汪精卫开始"分共",国共两党合作发动的大革命宣告失败。在革命遭受严重失败的极其严峻的形势下,"要不要坚持革命?如何坚持革命?"恽代英等中共领导人以武装起义的实际行动,对"摆在中国共产党面前的两个带根本性的问题",③作出了初步而又明确的回答。

7 月 23 日凌晨,恽代英离开武汉后到达九江。迫于张发奎在汪精卫的拉拢下决心"清共"的严峻形势,7 月 27 日,由周恩来为书记,李立三、恽代英、谭平山、彭湃为委员组成前敌委员会,决定 7 月 30 日起义。当日,张国焘传达共产国际 7 月 26 日给中共中央电报精神并企图阻止起义。

---

① 根据国民党中央十二次常委扩大会议速记录,恽代英被正式任命为独立师党代表的时间是 1927 年 5 月 20 日。

② 沈葆英:《和代英共命运的岁月》,载《回忆恽代英》,人民出版社 2015 年版,第 42 页。

③ 《中国共产党历史》第 1 卷(上册),中共党史出版社 2002 年版,第 296 页。

30日清晨,在到达南昌后召开的紧急会议上。张国焘当时还对张发奎等人抱有幻想,他又在会上传达了共产国际来电的内容,称起义若无成功把握则不可进行;如果要一定要进行,也要征得张发奎的同意。这显然是不可能的。恽代英当场就对张国焘拍了桌子,并坚定地支持周恩来、李立三的意见,他愤怒地对张国焘说:"如果你要继续动摇人心,我们就把你开除出去!"张国焘后来回忆这一段历史的时候说:恽代英"坚持暴动,显然积压已久的愤恨到此时才坦白发泄出来……我也佩服他这种坚毅精神"。① 31日,前委再次召开会议,最终决定8月1日凌晨举行起义。

8月1日凌晨,伴随着清脆的枪声,起义部队2万余人经过4个多小时的激战,歼灭敌人3000余人,占领了南昌城。南昌起义打响了武装反抗国民党反动派的第一枪,它在全党和全国人民面前树立起一面武装斗争的革命旗帜。

8月3日,起义部队按照中央原定计划撤离南昌,南下广东,目的是恢复广东革命根据地,然后再重新进行北伐。途中,本来组织分配给恽代英一匹马,但他却总是把马让给体弱和生病的同志骑,他自己扛着背包,拿着雨伞,和普通战士一起步行。

南昌起义后,恽代英任革命委员会委员和主席团委员及代理宣传委员会主任,是对人民群众进行艰苦的政治宣传和教育工作的主要组织者和领导者。恽代英不仅沿途向民众宣传土地革命的纲领,而且鼓励宣传队的同志们说:"你们善于把我们的革命任务向老百姓宣传,使老百姓了解我们的政策,我们才能得到老百姓的拥护,战争就会得到胜利。"②他根据实际,对由张国焘参加领导的农工委员会提出的《农民解放条例》中规定的没收二百亩以上的地主土地归贫民所有的条款指出:"近代以来,一千亩,一万亩这样的大地主已经越来越少了,多数是百十亩的地主,四五十亩的地主,甚至有二十亩的已是小地主了。二百亩以上的地主,一个县里的确没有多少家,光靠没收他们的土地分给农民是不够的。要想做到耕者有其田,拿什么分配给农民?像四川合江有就地广人稀,一个佃户就可以租到一二十石田。这在内地就很难做到。而

---

① 张国焘:《我的回忆》(下),东方出版社2004年版,第6页。
② 胡毓秀:《第一批女兵》,《中国人民解放军三十年征文》初选稿第一卷第一集;江西省图书馆:《八一"南昌起义回忆纪念》http://www.jxlib.gov.cn/ts/81/hyjn/40.htm。

广东是个地少人多的地方,只没收二百亩以上的地主的土地,满足不了广大农民对土地的迫切要求。后来革命委员会参考了广东省委的土改政策,采纳了恽代英的意见,改为没收五十亩以上大地主的土地。"①从而使这一政策变得更加符合中国国情。

10月2日,起义部队在潮汕地区遭到国民党粤军的伏击。恽代英、李立三、叶挺、聂荣臻和汕头市委书记杨石魂安排护送患病的周恩来撤离到安全地方后,从海边甲子港乘船抵达香港,从事地下工作。

1927年11月17日,粤、桂军阀为了争夺地盘爆发战争。同日,恽代英在发表的《冬防》一文中号召:"穷苦的人们起来罢!""若是没有衣服穿,向那些平日收租的人家去设法罢! 若是没有法子过年,向那些平日重利盘剥的债主人家设法罢! 用群众的力量没受他们的财产,分给穷苦的人民。""我们要准备大暴动,解除一切'冬防'军队的武装,为我们穷苦人打出一条出路!"②

此时,粤军张发奎部主力调离广州,广州城内兵力空虚。根据中央指示,张太雷于11月26日主持召开中共广东省委常委会议,作出了立即发动广州起义的决定。在香港主持常委工作的省委秘书长恽代英收到张太雷的会议情况通报后,立即转报中共中央。中共中央12月5日复信:"关于广州暴动的计划,中央赞成。"③为了组织领导起义,恽代英于12月初从香港回到广州,专门负责宣传、起草苏维埃政府各种文告。12月6日,张太雷、恽代英和杨殷、吴毅、周文雍、陈郁等召开省委常委紧急会议,决定了起义的军事行动、力量部署和日期、起义后成立的广州苏维埃政府和各部门的人选等问题,恽代英还亲自起草了《广州苏维埃政府告民众》《广州苏维埃宣言》等重要文件。

12月11日凌晨,起义部队总指挥张太雷在誓师大会上作了简明扼要的动员,并宣布:叶挺为起义总指挥,叶剑英为副总指挥,徐光英为参谋长。紧接着,党代表恽代英发表动员讲话说:"今天我们要报仇,要暴动,要起义,要和反动派算帐,要讨还血债,要夺取政权,建立自己的工农民主政府。你们要勇

---

① 阳翰笙:《照耀我革命征途的第一盏明灯》,载《回忆恽代英》,人民出版社2015年版,第23页。

② 《恽代英全集》第9卷,人民出版社2014年版,第57页。

③ 《致广东省委信》(1927年12月5日),《中央政治通讯》第15期,1927年12月26日。

敢战斗,解除敌人武装,取得暴动的胜利。"①随即,叶挺下达起义命令,恽代英随教导团第一营进攻广州市公安局。11 日黎明前占领公安局,恽代英命令打开监狱,释放政治犯。整个起义进展顺利,敌人全线崩溃。

11 日凌晨,广州苏维埃政府宣告成立,苏兆征任主席(张太雷代理),恽代英任秘书长。叶挺任红军总司令,恽代英任红军党代表,叶剑英任副总司令,徐光英任参谋长,张太雷任总指挥。广州起义不仅创建了中国第一个苏维埃政权,是对国民党反动派叛变革命和实行屠杀政策的又一次英勇反击。② 广州起义震惊了帝国主义和国民党反动派,他们联合起来疯狂地向新生的广州苏维埃政权反扑。12 日午后 2 时许,总指挥张太雷遭敌人伏击牺牲。广州起义终因敌我力量悬殊而最终失败。

历史证明,南昌起义、秋收起义和广州起义标志着中国共产党"进入了创造红军的新时期。这个时期是我们党彻底地认识到军队的重要性的极端的紧要时期"③。恽代英参与领导了这三大起义中的两次起义,用血与火的事实,宣告了中国共产党人不畏强暴、坚持实现革命胜利的顽强意志,是中国特色革命道路中一颗燎原的"火种"。

(六)割据政权建设的火种

三大起义虽然都遭遇挫折而失败了,在白色政权包围中,中国革命能否实现胜利、苏维埃政权能否在中国生存和发展? 这是一个重大的现实和理论问题,迫切需要当时的中国共产党人作出明确而有力的回答。

1928 年,恽代英对这个问题作出过深入探讨,同年 3 月 12 日,他在《苏维埃的建立》一文中指出:为建立苏维埃政权而战,为要促成苏维埃革命的胜利,下列三件事是必须注意的:

第一,"只要能够将一乡的敌人势力驱逐消灭,便要即刻为那一乡苏维埃。"文章说:"先建立区苏维埃、乡苏维埃,比先召集全县代表会议成立县苏

---

① 刘祖清:《广州起义中的教导团》,《文史资料选辑》第 59 辑,1979 年,第 55 页。
② 《中国共产党历史》第 1 卷(上册),中共党史出版社 2002 年版,第 310 页。
③ 《毛泽东选集》第二卷,人民出版社 1991 年版,第 548 页。

维埃,它的基本[础]更坚实巩固些。"①体现了"枪杆子里面出政权"的意味。

第二,"在一县一省或某一割据区内,虽然我们还没有能力完全驱逐消灭敌人,我们可以在暴动已获胜利地方,先建立起县、省或割据区的苏维埃,以号召在他范围内的工农兵贫民群众。"②这已经有了"武装割据"的含义。

第三,"便是在敌人的势力之下,组织苏维埃亦不是不可能的事情,而且对于暴动,亦是非常重要的。"③文章清晰地辩证说明了这种情况下组织苏维埃的重要意义:"我们越能扩大苏维埃的组织,便可以越有力量号召群众暴动,而且越可以保证暴动的获得胜利。"④

恽代英不仅在文中指出了"怎样促进苏维埃革命的胜利",而且还详细阐述了关于苏维埃政权的意义、苏维埃制度的优点以及苏维埃政府的内部组织和内部职责以及对在乡、区、县、市、省或割据区的各级苏维埃建设架构进行了设计。

如在省或割据区一级:苏维埃会议代表应是"三百人以上",由所属各县、市和各行业工会及产业直接选举产生,并每三个月召开一次会议。在此基础上选举产生"七八十人"组成的执行委员会,每月召开一次会议,并继续在执行委员会的基础上选举产生"九至十三人"的人民委员会,"每日开会讨论决定一省或割据区域的各项事务。"⑤这些内容,已经有了后来中共各级政权的影子。

1930年2月15日至20日,恽代英以中央代表的身份,帮助和指导中共福建省委在厦门召开了第二次代表大会,这次会议分析了全国总的革命形势,强调了党在白区的工作应利用合法的形式展开斗争,不能盲目暴动;应深入与扩大土地革命,在游击战争中建立和扩大红军,巩固党对红军的领导,向敌人统治力量较薄弱的闽南发展等,并通过选举成立了新的福建省委。

会后,恽代英到闽西苏区视察。他通过广泛接触贫苦农民、红军指战员和

---

① 《恽代英全集》第9卷,人民出版社2014年版,第66页。
② 《恽代英全集》第9卷,人民出版社2014年版,第66页。
③ 《恽代英全集》第9卷,人民出版社2014年版,第67页。
④ 《恽代英全集》第9卷,人民出版社2014年版,第67页。
⑤ 《恽代英全集》第9卷,人民出版社2014年版,第64页。

苏维埃政府各级干部,对国民党重兵"围剿"下仍能生存的"朱毛红军"建立的闽西苏维埃割据政权给予了高度肯定和支持。

恽代英用他独特而又极具激情的文笔在《请看闽西农民造反的成绩》一文中写道:"列位,你们都听说过国民党张贞、刘和鼎、金汉鼎诸位大人,怎样劳师动众去围剿闽西朱毛土共,你们都亲身领受过国民党摊派剿共公债,领受过反共军队拉夫骚扰的深仁厚泽,你们可曾知道闽西出了一件什么大了不得的事?"接着他文笔一转:闽西现在的革命不是蒋介石打倒张作霖、吴佩孚,汪精卫革蒋介石的命那样的革命,闽西农民是"要造反,他是要闹一个天翻地覆,把全世界翻转过来"①。接着恽代英从四个方面论述了闽西在朱毛红军领导下的革命成就。

一是"赶走了国民党"。"闽西的农民把他们那里收租的地主土绅一起都打倒了","他们把乡村所有的田地,都拿来重新分过,他们自己耕种便都归自己享受。"②而且,他们武力打跑了国民党的官府,他们的革命是彻底的革命。

二是"成立了苏维埃政府"。从前,在地主官府压迫下,闽西农民"简直没有法子活下去。有些农民一年都没有米进口,并且连红薯亦没有吃,他们只有吃红薯渣"。造反成功和建立苏维埃政府后,贫苦农民不仅分田地,而且自己当家作主,"好比从地狱走上了天堂。"③

三是"土地归农民"。"将地主、绅士的田地拿出来给佃户与贫农分"。④

四是"分土地的方法"。"多半是拿各地人口与田地平均分配",⑤根据实际情况,闽西农民还设法进行了土地分配办法的相关改良,"并举行农产品展览比赛,鼓励大家发达农村生产"等。⑥

同月 26 日,在《闽西苏维埃的过去与将来》一文中,恽代英进一步肯定了闽西苏维埃割据政权,他说:"闽西八十万工农群众从斗争中建立的苏维埃政权,获得朱毛红军长期游击战争经验的帮助与指导,在政治上确实已表

---

① 《恽代英全集》第 9 卷,人民出版社 2014 年版,第 293 页。
② 《恽代英全集》第 9 卷,人民出版社 2014 年版,第 294 页。
③ 《恽代英全集》第 9 卷,人民出版社 2014 年版,第 295 页。
④ 《恽代英全集》第 9 卷,人民出版社 2014 年版,第 296 页。
⑤ 《恽代英全集》第 9 卷,人民出版社 2014 年版,第 296—297 页。
⑥ 《恽代英全集》第 9 卷,人民出版社 2014 年版,第 297 页。

现出伟大的成绩。"①而且"在苏维埃政府之下,无田地或少田地的农民都分得了田地,成年吃薯渣的贫农都改吃白米"②,不仅如此,得到实惠的广大贫苦农民还明白了"只有拼命扩大斗争才是一条生路"③。伴随着觉悟的提高,广大农民的当家作主的意识也得到了解放,广大"农民渐次能发表意见,他们已经实行撤回不称职的上级苏维埃代表,妇女在苏维埃中间的地位亦日益抬高"④。

恽代英还对闽西的苏维埃政权提出了建议:"群众的创造力还未能充分发展,苏维埃一切政治设施还表现很多自上而下的精神。"⑤他说:"党不仅是要帮助群众发展自己的意见,而且要帮助群众自己做,这样便可以使苏维埃的群众基础更为巩固。"⑥

恽代英还客观地指出:"工农群众在国民党长期统治与欺骗宣传下,现在还是第一次建立自己的政权,自然不会一件件事情都做到尽善尽美的,工农群众现在已经有机会自己试验,自己批评,并且随时改正自己的缺点"⑦。他最后号召说:"只有苏维埃政权是工农群众自己的政权。全中国工农群众都应当起来为苏维埃政权奋斗。"⑧

可见,《苏维埃的建立》《请看闽西农民造反的成绩》和《闽西苏维埃的过去与将来》等文章和《中国的红色政权为什么能够存在?》《井冈山的斗争》等文章相得益彰,实践证明,恽代英和毛泽东一样都是对武装割据,走以农村包围城市最终夺取政权革命道路开辟探索中一颗最闪亮的"火种"。

(七)激励实现梦想的火种

1930年,因反对李立三的"左"倾错误而受打击,恽代英调任上海沪东区

---

① 《恽代英全集》第9卷,人民出版社2014年版,第299页。
② 《恽代英全集》第9卷,人民出版社2014年版,第299—300页。
③ 《恽代英全集》第9卷,人民出版社2014年版,第299页。
④ 《恽代英全集》第9卷,人民出版社2014年版,第300页。
⑤ 《恽代英全集》第9卷,人民出版社2014年版,第301页。
⑥ 《恽代英全集》第9卷,人民出版社2014年版,第301页。
⑦ 《恽代英全集》第9卷,人民出版社2014年版,第302页。
⑧ 《恽代英全集》第9卷,人民出版社2014年版,第302页。

行动委员会书记。5月6日，在怡和纱厂接头时被捕。1931年4月29日，恽代英在南京监狱中遭杀害。牺牲前他曾写下了"浪迹江湖忆旧游，故人生死各千秋。已摈忧患寻常事，留得豪情作楚囚"①的不朽诗篇。

南京恽代英烈士殉难处

恽代英一生短暂，却著述等身，他虽然只是一颗火种，却但光耀千秋，永不熄灭，究其原因在于他的思想深邃洞察、精神能量无限。

恽代英具有坚定跟党走的必胜信念。他在寻找救国救民道路的探索中逐步认识到，只有中国共产党才能领导中国革命最终胜利，只有马克思主义才能救中国。当南昌起义、广州起义失败后，恽代英坚信这只是暂时的挫折，他豪情满怀地说："年轻人！有决心干三十年革命，那你不过五十岁。接着再搞三十年的建设，你不过八十岁。我们的希望，我们理想的社会主义、共产主义恐怕也实现了。那时的世界多么美妙！也许那时的年轻人，会不相信我们曾被

---

① 《恽代英全集》第9卷，人民出版社2014年版，第305页。

残暴又愚蠢的两脚动物统治过多少年代；也不易领会我们走过的令人难以设想的崎岖道路，我们吃尽苦中苦，而我们的后一代则可享到福中福。为了我们最崇高的理想，我们是舍得付出代价的。"①恽代英不仅燃烧自己，还照亮别人。1930年5月，因"左"倾盲动主义导致革命到了最危急的时候，他对妻子沈葆英说："眼前，是蒋介石用血手制造的人间地狱。要摧毁这座地狱，我不入地狱，谁入地狱？我想，血是不会白流的。革命志士的血，能够增长同志的智慧，擦亮勇士的眼睛。但愿人们能够从血的代价中很快地醒悟过来，我们的事业还是有希望的。我为此而献身，也是死得其所！"②表达了他对党领导实现中国革命必胜的坚定信心。

恽代英具有真挚的爱国救国情怀。1918年6月，恽代英发表《力行救国论》要同学摒弃只说不做的恶习，指出救国不在言谈，贵在力行。他指出："国家之疲弊，至今为极，而一帮士大夫不切实际不勇猛尚犹如此，此非国家之患乎？有志之士，倘愿信力行之可以救国乎？"③五四运动爆发后，5月19日恽代英在日记中写道："国不可不救。他人不肯救，则惟靠我自己。他人不能救，则惟靠我自己。他人不下真心救，则惟靠我自己。明知无可依赖，偏要依赖他人，否则怪他人不足依赖，自己却不下真心做，此其所以为亡国奴之性根。"④恽代英成为马克思主义者后，其爱国主义精神得到了升华，他先后在《新青年》《中国青年》《红旗》等杂志上发表了数以百计的文章，唤醒国民的爱国意识，宣扬马克思主义并对形形色色的错误救国言论进行了深刻批判，号召无数的青年投身到革命的洪流之中。

恽代英具有善于学习和创造的实践精神。恽代英十分注重实践，他一贯反对不切实际的空谈。⑤纵观恽代英追求真理的过程，他没有坐而论道，而是身体力行、百折不挠地投身实践，不断创新。他说：夫墨守古训犹古人奴隶，力求西学犹西人奴隶，不得为真学者。说的就是学习脱离了时代要求、背离了具

① 陈同生：《代英同志的教导毕生难忘》，载《回忆恽代英》，人民出版社2015年版，第218页。

② 沈葆英：《和代英共命运的岁月》，载《回忆恽代英》，人民出版社2015年版，第42页。

③ 《恽代英全集》第2卷，人民出版社2014年版，第127页。

④ 《恽代英全集》第3卷，人民出版社2014年版，第235页。

⑤ 李良明等：《恽代英思想研究》，人民出版社2011年版，第147页。

体国情都不可能取得真正的效果。不解决真正的问题,那就不是马克思主义的"真正学问"。① 恽代英在献身马克思主义的奋斗中,坚决反对一切教条主义,以极大的创造力,致力马克思主义应用于中国国情,积极探索中国革命的正确道路,并为之作出了巨大的特殊历史贡献。

今天,斯人已去,但精神不死。每逢展阅其近300万字遗著,就能感悟到他的熏陶,使人如见先烈,"勇气倍增,斗志弥坚"。

传承恽代英精神

星星之火,可以燎原,恽代英是一颗"永不熄灭的火种"。他丰富的思想体系、崇高的理想信念和忘我的革命精神,一定能够薪火相传、代代永续,他的革命文献,一定能"成为教育革命后代的生动教材,在新长征的大路上,继续发出灿烂的光辉"②,为我们实现中华民族伟大复兴的中国梦,续写壮丽美好新篇章指引了前进方向和提供了强大精神动力。

(申富强)

---

① 申富强、胡静:《陈云重视学习论述的历史意义和时代价值》,《当代中国史研究》2014年第2期。
② 刘瑞龙:《永不熄灭的火种》,载《回忆恽代英》,人民出版社2015年版,第127—130页。

十、五四运动与中国共产党早期领导人国际学术研讨会

日本前首相鸠山由纪夫（前排中）在东京鸠山会馆会见与会代表

　　2016年6月6日，在中国共产党成立95周年前夕，由日文版《人民日报海外版日本月刊》主办、中国共产党早期领导人遗著的收集、整理与研究课题组协办的"五四运动与中国共产党早期领导人——纪念中国共产党成立95周年国际学术研讨会"在东京鸠山会馆举行。日本前首相鸠山由纪夫及中国驻日本大使馆文化参赞、程永华大使的夫人汪婉到会祝贺。

　　鸠山由纪夫在致辞中指出，鸠山会馆有90多年的历史，是见证了中日友好交流的重要场所。祖父鸠山一郎在担任日本首相期间，改善了与苏联等社会主义国家的关系。自己的理想是努力发展日本与亚洲国家特别是中国的关系。从这一点出发，在鸠山会馆举行两国学者探讨五四运动及中国共产党早期领导人的研讨会，意义重大。日本应当加强与中国的政治、经济、文化等多

中国驻日本大使馆文化参赞汪婉（右四）会见中国学者代表团成员

日本前首相鸠山由纪夫致辞

方面的交流与合作，携起手来为亚洲及世界的和平发展作出贡献。此次研讨会就是两国开展学术交流一次非常成功的案例。

鸠山由纪夫致辞

欢迎大家来到鸠山会馆。

在座的各位都是日中两国最为杰出的学者,今天为参加"五四运动与中国共产党早期领导人"的国际学术研讨会而齐聚在鸠山会馆,这既是我的荣幸,也是会馆的荣幸。我发自内心的感谢大家、欢迎大家!

鸠山会馆是我的祖父鸠山一郎建造的,已经有90多年的历史,如今归我所有。

鸠山一郎在执政期间积极致力于改善日苏关系,我则希望鸠山会馆能够成为增强日本与以中国为首的亚洲国家的友好交流的舞台。因此,蒋丰老师选择在这里主办国际学术研讨会,我是发自内心的感激他!

五四运动也是一场排日运动、反对帝国主义的运动。五四运动期间,还有很多中国留学生正在日本学习,在日本开展各种活动。举办国际学术研讨会研究这一时期的领导人,是具有非常深远的意义的。

我对以习近平总书记为核心的中国领导人的卓越见识表示由衷的敬意,"一带一路"战略不仅能推动亚洲经济,也能为促进欧洲整体的发展发挥很大的作用,为此我一直呼吁,日本应该积极加入亚洲基础设施投资银行,和中国进一步增强合作关系,共同促进亚洲基础建设等的发展,这样有益于亚洲,更有益于全世界的和平与稳定。

为了更好地构筑日中关系的未来,今天我们在这里研究学习中国共产党早期领导人的活动轨迹,这样的国际学术研讨会具有非常深远的意义。我真心的感谢大家,同时希望大家能在鸠山会馆度过有意义的时间,希望大家能够喜欢上鸠山会馆。

作为鸠山会馆的主人,请允许我再次表达感激之情,谢谢大家!

中国驻日本大使馆参赞汪婉代表使馆对研讨会的举办表示热烈祝贺。她在致辞中表示,中国共产党成立95周年前夕,承蒙鸠山由纪夫先生的好意,中日学者齐聚鸠山会馆举办"五四运动与中国共产党早期领导人"国际学术研

中国驻日本大使馆参赞汪婉发言

讨会,尚属首次。中日两国学者从不同角度探讨五四运动以及日本对中国共产党早期领导人的影响,将具有重要的学术意义。她还就晚清中国留日学生探索革命路径等主题发表了观点。

《人民日报海外版日本月刊》总编辑、北京大学历史系客座教授蒋丰表示,中日两国学者在日本东京坐下来共同探讨"五四运动与中国共产党早期领导人"的话题,在中日文化交流史上是第一次。中日两国8位著名学者就这个话题提交论文汇集成双语学刊,在中日学术交流史上也是第一次。这两个"第一",应该是都具有历史的和现实的意义。

在这次国际学术研讨会上,围绕着五四运动与中国共产党早期领导人李大钊、陈独秀、恽代英、周恩来,中日学者分别展开了热烈的讨论。中国社会科学院近代史研究所研究员唐宝林、日本北九州市立大学名誉教授横山宏章、中国安徽省社会科学院研究员宋霖、日本爱知县立大学副教授川尻文彦、中国华中师范大学教授李良明、日本爱知大学教授砂山幸雄、中国南开大学周恩来政府管理学院教授徐行、日本横滨市立大学名誉教授矢吹晋作了精彩的学术报告。李良明教授在《略论恽代英独立探索建党的理论与实践》的论文中指出,恽代英是湖北武汉新文化运动和五四运动的发动者和领导者,也是早期马克思主义在中国的传播者。他虽然没有和共产国际与联共(布)来华的代表取得联系,也没有与中共早期组织取得联系,但也在中国独立探索建立党的组织问题。1921年7月,与林育南等创建了共存社。共存社的宗旨与中共一大通过的纲领基本精神完全一致。这说明在20世纪20年代初,在中国建立一个无产阶级政党来领导中国革命,已经成为当时具有初步共产主义思想知识分子的共同心愿。

研讨会现场

中方学者发言

日方学者发言

日本中央大学名誉教授、中共研究专家姬田光义为本次国际学术研讨会作总结时指出:"中国共产党早期领袖群星灿烂,在中国共产党成立95周年的时候应该怀念他们。正是因为他们的理论和实践,才奠定了中国共产党率领民众走向现代化大国今天的基础。"

当晚8时30分,在椿山庄宾馆举行庆祝中国共产党成立95周年中日学者交流晚餐会,原横滨市立大学校长、中国近现代史专家加藤祐三和中国学者代表团团长、华中师范大学李良明教授先后致祝酒词。加藤祐三教授表示:"时至今日,人们不应该忘记,中国共产党在中国现代史上做了一种路径选择,中国民众则对中国共产党做了一种党派选择。饮水思源,所有这些,都与中国共产党早期领袖的努力是分不开的。"李良明教授说:"有关中国共产党历史的学术研讨会,过去一直是在中国召开,邀请几名外国和中国港澳台学者参加就很不错了,为纪念中国共产党成立95周年'五四运动与中国共产党早期领导人'国际学术研讨会却能在日本东京举行,具有开创性。祝愿中日两国学者之间的学术交流从今以后得到进一步发展。"

晚餐会进行中,曾受到毛泽东、周恩来、刘少奇、邓小平接见的姬田光义先生抑制不住激动的心情,上台引吭高歌《东方红》《在北京的金山上》等红歌。蒋丰先生、李良明团长等上台陪唱,将晚餐会的友好气氛推向了高潮。

　　中国学者在日本期间,还到位于东京世比谷公园的"松本楼"参观了孙中山与宋庆龄的结婚之地,在早稻田大学追寻陈独秀、李大钊的学习之地,在东京爱全公园的周恩来诞辰百年纪念碑前、周恩来当年留学期间常去的中餐馆"汉阳楼"以及位于京都岚山的周恩来诗碑前缅怀这位中国共产党的优秀领导人。

<h2 style="text-align:center">惲代英の「安那其主義」の特質とその歴史的意義</h2>

1. 日本における惲代英研究の足跡

　　日本における惲代英研究は、その青年期の思想と活動について初めて我が国に紹介した中国文学研究者秋吉紀久夫の研究(1978年)以来、1980年代前後に主要な論文が発表されており、また、その主な関心は中国共産党員として活躍する以前の時期の惲代英の思想的転変に集中していると言って良い。[1]

　　それらのうち、中国近現代史研究者の小野信爾(1979年)は五四新文化運動の精神的基調を「理想主義」と捉え、この精神をもっとも典型的に代表する青年として惲代英の思想的軌跡を跡付けた。小野によれば、アナーキズムの影響を強く受けていた惲代英がマルクス＝レーニン主義を受容するにいたった原動力こそこの「理想主義」であった。また、中国近代思想史研究者後藤延子(1982年)は、惲代英の五四運動前夜の思想を道徳論や認識論の領域に分け、それらの各領域で彼の思想形成に対しアナーキズムを含む内外の諸思想がどのような影響を与えているかを検討した。後藤は1987

---

　　[1]　日本における主要な惲代英研究には以下のものがある(発表年月順)。秋吉久紀夫「惲代英の思想」九州大学中国哲学研究会『中国哲学論集』4、1978年10月、小野信爾「五四時期の理想主義──惲代英のばあい」『東洋史研究』第38巻第2号、1979年9月、後藤延子「惲代英の出発──五四前夜の思想─」信州大学教養部『人文科学論集』16、1982年3月、姫田光義「『惲代英日記』読書劄記──惲代英を通して"五四"を見る」中央大学人文科学研究所編『五四運動史像の再検討』中央大学出版部、1986年3月、砂山幸雄「「五四」の青年像──惲代英とアナーキズム」『アジア研究』第35巻第2号、1989年2月、狭間直樹「五四運動の精神的前提──惲代英のアナキズムの時代性」『東方学報』61、1989年3月、後藤延子「惲代英の五四時期の思想──日記を中心に(1)」信州大学教養部『人文科学論集』28、1994年3月、同「惲代英の五四時期の思想──日記を中心に(2)」同上29、1995年4月。

年に開催されたシンポジウムにおいて、五四時期の青年たちの考えている
アナーキズムと「私たちが考えるアナーキズム」とは大幅に違うのではな
いかとも述べている。①

　これらの研究は『恽代英文集』や『恽代英日記』が利用できない段階で
の先駆的な研究であったが、1989 年には上記資料を活用した狭間直樹と砂
山幸雄の研究が発表された。中国近代史研究者狭間直樹は、小野の研究を
受ける形で、恽代英らに対するアナーキズムの影響は「理論というよりは
むしろその精神といったほうがふさわしい」とし、そこにこの時期のアナー
キズムの「時代性」を読み取った。一方、砂山は中国政治　思想研究の
視点から、中国ナショナリズムの勃興期におけるアナーキズムの流行とい
う逆説的な事態に着目し、愛国主義の精神に燃える恽代英が国家や権力の
否定を説く思想のなかに何を見出したかを探究した。後藤（1994 年、1995
年）もまた1990 年代にはいってから、『恽代英日記』を綿密に読み込みこみ、
恽代英の思想形成に影響を与えた中国の伝統思想と西洋思想の双方の要素
について、また武昌で生まれ育ち、武昌を活動場所とした恽代英の思想の地
域的な特質について探究している。

　このような研究が蓄積されたにもかかわらず、その後日本ではこれら
を継ぐべき研究は必ずしも発展していない。その原因は、我が国における
中国近現代史研究がここ数十年間に徐々に「革命」から「近代化」へとその
対象を移してきたことと深く関わっている。そのため、恽代英の思想をめ
ぐって提起された研究主題は、いまだに未開拓の状況にあると言える。し
かし、昨年アメリカで初の恽代英に関する専門著作②が刊行されたことに
示されるように、グローバルな大衆運動の展開という今日の状況を背景に、
五四運動のような大衆運動およびそれを主導した知識人たちの役割に再び
注目しようという機運が見られる。以下では、私がかつて発表した論文の

---

　①　後藤延子の五四運動研究シンポジウムにおける報告。『季刊中国研究』13、1988 年 10
月。

　②　Shakhar Rahav, *The Rise of Political Intellectuals in Modern China: May Fourth Societies and the
Roots of Mass-Party Politics*, Oxford University Press, New York, 2015.

論点を再整理し、今後の新たな研究への素材に供したい。

2. 惲代英のアナーキズム理解とその実践

　亥革命前後の時期から五四新文化運動時期にかけての中国思想界においてアナーキズムの思想が流行したこと、とりわけ、李大釗などの紹介を経てマルクス 9&9ーニン主義が広まる以前の青年学生の間にアナーキズムが大きな影響を及ぼしていたという事実は、日本の研究者から早くから注目され、様々に解釈されてきた。ある者は旧権力、旧文化への批判の武器としてアナーキズムの思想が持つ破壊力に、またある者はアナーキズムが指し示す理想社会の魅力に、その影響力の源泉であると考えた。惲代英は1919年、王光祈宛書簡のなかで、自分は7年間「安那其（アナーキズム）」を信奉してきたが、それは他の人が考える「安那其」とは違うと述べている。惲代英独自のアナーキズムとは何か。この点の解明こそ、惲代英の思想を理解する鍵である。

　言うまでもないことであるが、西洋近代政治思想のなかのアナーキズム思想は、けっしてひとくくりにできず、極めて多種多様な思想傾向を含んでいる。辛亥革命後の中国で影響力のあったのはクロポトキンの「無政府共産主義」であり、惲代英もまたクロポトキンの「相互扶助論」に強く魅せられていた。しかし、惲代英のクロポトキンの思想の解読は、当時の中国アナーキストたちとは異なり、彼独特のものであった。

　この時期の中国でクロポトキンの「無政府共産主義」思想が流行した理由の一つは、清末以来、中国知識人に対し大きな影響力を振るってきた社会ダーウィニズムを批判する有力な理論的根拠として受け入れられたからである。クロポトキンは人類社会の基本原理は「優勝劣敗」「弱肉強食」ではなく、「相互扶助」にあると論じ、滅種亡国の危機感に苛まれていた中国知識人に希望の光を与えることになった。しかし、惲代英にとって、「相互扶助」の原理に照らしてみた中国社会の「一盤散砂」的現実は、けっして彼の危機感を軽減はしなかった。惲代英の日記にはこうある。「西人の社会が進歩したのは事を行う人が互いに助け合って相手の長所を学んだからであり、我々にはなかったものである。したがって我々は我が同志の相互匡正、相互扶助に頼るだけである」（1917年11月23日）。恽代英は同じ頃発表した文章の中で、「砂が散ずるのは粘液性がないからである」とし、公徳、公心、謙虚、礼儀、利他などの徳目の修養による「社会性」の獲得を説いているが、この背後には強烈な救亡意識にもとづく彼独特の「安那其」理解が秘められていたと考えられる。

　一方、恽代英は権力や暴力を嫌悪し、自立した個人の自由な連合による社会秩序の形成というアナーキズムの組織原理を深く信奉していたこともまた確かである。彼は中華大学を卒業した1917年に学友たちと諮って「互助社」を結成し、日々互いの言動を点検し合う活動を開始し、やがて日本の武者小路実篤らが宮崎県で始めた「新しき村」運動に触発されて北京、上海等で発起された「工読互助団」運動に、「利群書社」の創立という形で呼応した。これらの活動は、彼がアナーキズムの組織原理に忠実であろうとした証である。しかし、恽代英はまた彼独特の考え方から、これらの組織の運営については同時期の他の同種社団とは異なる方法を採用している。互助社の活動は、たんなる個人的道徳の修養には止まらず、夜学での教育活動などの社会的実践を含むものであった。また、利群書社の運営は、共同生活を送る点では工読互助団に習いながら、書籍販売の利益は「公有財産」として社会に役に立つ方面に用い、社員の日常生活費用には充てないという換骨奪胎をおこなった（他の工読互助団では、純利益は団体の「公有財産」とし、団体成員の日常生活費用に充てられた）。恽代英にとって、現在は未来における理想社会の実現に向けて「職業訓練と団体生活の練習」を行う段階であって、北京や上海の工読互助団のように、大都市のなかで共同生活を送りながら、自分たちだけですぐにでも理想社会を実現しようという企ては、利己主義の考えに基づくものにほかならなかった。

　互助社および利群書社での恽代英の活動期間は、武漢の中華大学を卒業して、中華大学中学部主任として校務を遂行する傍ら、各種雑誌への寄稿、武漢五四運動の指導、少年中国学会5への加入など、武漢における青年リーダーとして全国に知られるようになる時期である。この時期の惲代英の思想と行動における特色は以下のような点に見いだすことができる。

　　第1に、惲代英に対するクロポトキンの無政府共産主義思想の影響は顕著であるが、彼はこれをそのまま中国にあてはめようとはしなかった。惲はその思想が生まれた西洋社会と中国の現実との懸隔を自覚し、中国社会の変革するための方策を引き出す参照基準とした。彼が互助社設立にあたりYMCAのサマーキャンプを視察に行ったことも、こうした観点から理解できる。

　　第2に、当時の惲代英の思想は、青年期特有の理想主義の色彩が濃厚であったとはいえ、社会を変革するために必要な組織の重要性について早くから気がついていた。互助社や利群書社における「団体生活の訓練」の重視はその表れである。雑誌『少年中国』に寄せた大論文「どのように少年中国を創造するか（怎样创造少年中国?）」に示された組織論、リーダーシップ論、運動論は、少年中国学会に集った当時の若い知的エリートたちには思いもつかなかったものではなかろうか。

　　第3に、惲代英は現実離れの空疎な言論を嫌い、言と行の一致を真摯に追求した。そのために、新しい「主義」を軽々に信奉することはなかったし、いったん信じた「主義」は、その実現をめざして深く方策を考究し、着実に実践しようとした。何度かの誘いがありながら1921年の中国共産党の結成に参加しなかったのは、惲代英のこのような性格に起因するところが大きかったように思う。

3. 惲代英の歴史的位置

　　惲代英の中国共産党の加入時期には、四川省瀘州の川南師範の教務主任についた直後の1922年2月とする説と、川南師範の教育備品購入のため上海に赴いた同年8月とする説がある。いずれの説をとるにせよ、惲代英のそれまでの歩みを辿る限り、中国共産党への加入はほとんど必然的であったように思われる。惲代英は五四新文化運動の理念を最も誠実に実践し尽くし、その挫折を見届けたのちに、マルクス＝レーニン主義に対する確信を持って入党したにちがいない。彼はそれまでに十分にこの新しい「主義」について独自に研究し、理解を深めていたはずであるからである。

入党後の恽代英の諸活動の中で、入党以前の経験がもっともよく活かされたのは、『中国青年』の総編集としての活躍においてであろう。彼は同誌上で鋭い政治論説を、地方の青年達からの寄せられる様々な悩みや質問に、懇切かつ的確な回答を与えて彼らを導いた。それは、かつてアナーキズムの理想を追求した過程で彼らと同様の悩みや疑問を自らも抱き、その解決のために真摯に模索を続けた恽代英にとって、もっとも相応しい仕事ではなかっただろうか。この意味において、恽代英は五四新文化運動の担い手から中国共産党の初期活動家へと突き進んだ多くの青年達のなかでも、とりわけ重要かつ代表的な人物であったということができる。

（爱知大学教授　砂山幸雄）

恽代英的无政府主义特质及其历史意义

1. 日本的恽代英研究足迹

1978 年,研究中国文学的日本学者秋吉纪久夫,首次将恽代英青年时期的思想和活动介绍到了日本,为日本的恽代英研究揭开了序幕。

1980 年前后,日本的几位学者陆续发表了有关恽代英的重要研究成果,研究焦点主要集中在恽代英加入中国共产党前的思想转变上。①

---

① 日本的恽代英研究成果如下,按时间排序,秋吉久纪夫著《恽代英的思想》,收录于九州大学中国哲学研究会《中国哲学论集》4,1978 年 10 月发表;小野信尔著《五四时期的理想主义——围绕恽代英》,收录于《东洋史研究》第 38 卷第 2 号,1979 年 9 月发表;后藤延子著《恽代英的出发——五四前夕的思想》,收录于信州大学教养部《人文科学论集》16,1982 年 9 月发表;姬田光义著《〈恽代英日记〉读书札记——通过恽代英看五四》,收录于中央大学人文科学研究所编《五四运动史像的再检讨》,中央大学出版部 1986 年 3 月发行;砂山幸雄著《五四的青年像——恽代英和无政府主义》,收录于《亚洲研究》第 35 卷第 2 号,1989 年 2 月发表;狭间直树著《五四运动的精神前提——恽代英的无政府主义的时代性》,收录于《东方学报》61,1989 年 3 月发行;后藤延子著《恽代英的五四时期的思想——以日记为中心（1）》,收录于忻州大学教养部《人文科学论集》28,1994 年 3 月发行,《恽代英的五四时期的思想——以日记为中心（2）》,收录于忻州大学教养部《人文科学论集》29,1995 年 4 月发行。

比如 1979 年，研究中国近现代史的学者小野信尔将五四新文化运动的精神基调定义为"理想主义"，而从恽代英的思想轨迹就可以看出，他是深受"理想主义"精神影响的代表性人物。小野信尔认为，恽代英这样一位无政府主义信奉者之所以能接受马克思列宁主义，其原动力就是"理想主义"。

再比如 1982 年，研究中国近代思想史的日本学者后藤延子从道德论和认识论的两方面着手，研究恽代英五四运动前夕的思想，分析包括无政府主义在内的中外思想对其思想形成产生了怎样的影响。她还在 1987 年的座谈会上强调，五四时期中国青年们所信奉的无政府主义和我们所认为的无政府主义存在很大区别。①

上述这些研究都是在没有第一手资料的基础上进行的先驱性研究。在《恽代英文集》《恽代英日记》问世后，1989 年，日本学者狭间直树和砂山幸雄分别利用上述资料发表了研究成果。

狭间直树是研究中国近代史的日本学者，受小野信尔研究成果的影响，主张无政府主义对恽代英等人产生的影响与其说是理论上的不如说是精神上的，认为无政府主义的在那个时期有着特殊的"时代性"。

砂山幸雄是从研究中国政治、中国政治思想出发，着眼于当时中国民族主义勃发时期却流行起无政府主义这一自相矛盾的事态，探究充满了爱国主义精神的恽代英从否定国家、权力的无政府主义里寻求到了怎样的答案。后藤延子也在 20 世纪 90 年代（1994、1995）加入研究队伍，周密详尽地研究了《恽代英日记》，探究中国传统思想和西洋思想对恽代英的思想形成所产生的影响，以及从武昌是恽代英的出生地与活动中心来看恽代英的思想上有哪些地域特征。

尽管有上述的前期研究的积累以及继承研究的必要价值，但遗憾的是，恽代英的研究几乎到此为止，日本近年来没有新的后续研究出现。其主要原因是最近几十年，日本学者研究中国近现代史的倾向由革命历程变成了近代化

---

① 后藤延子在五四运动研究座谈会上的报道，收录于《季刊中国研究》13，1988 年 10 月发行。

发展。因此，围绕恽代英思想所提出的几个研究课题，目前也还处于未开拓的境地。

去年，美国首次出版了恽代英相关研究著作，为我们在今天这个群众运动也能全球化发展的时代，提供了一个重新审视五四运动及其主要领导人的契机。①

我整理了自己过往曾发表过的研究成果，希望能为今后的恽代英研究提供一点参考。详见下文。

2. 恽代英是如何理解、实践无政府主义的

中国思想界自辛亥革命前期到五四运动期间，流行起无政府主义思想。在李大钊等人将马克思列宁主义介绍到中国之前，无政府主义对中国的青年学生们产生了很大的影响。日本学者较早的注意到了这一现象，并开展相关研究。

有的学者认为，之所以无政府主义风靡中国，是因为被用作了批评旧势力、旧文化的武器，能发挥一定的破坏力；有的学者则认为，无政府主义所展示的理想社会具有极大的魅力，恽代英在 1919 年写给王光祈的信件里就说过，自己这 7 年里信奉"安那其（无政府）主义"，但又和别人所理解的"安那其"不一样。那么恽代英究竟是如何理解无政府主义的呢？如果能阐明这一点，相信会成为理解恽代英思想的钥匙。

无政府主义包含着多种意识形态，即便是在西洋近代政治思想里也无法一言以蔽之，在辛亥革命后的中国最具影响力的是彼得·阿历克塞维奇·克鲁泡特金的无政府共产主义，恽代英也被他的"互助论"所吸引。但是恽代英对克鲁泡特金思想的解读，又和当时中国的诸无政府主义人士们不同，他有自己独特的见解。

中国流行克鲁泡特金的无政府主义思想，主要是因为它在清末的中国知识分子批评社会达尔文主义时，能提供理论上的根据。克鲁泡特金主张，人类社会的基本原理不是"优胜劣汰""弱肉强食"，而是"相互辅助"，这让处在灭

---

① Shakhar Rahav, *The Rise of Political Intellectuals in Modern China*: *May Fourth Societies and the Roots of Mass-Party Politics*, Oxford University Press, New York, 2015.

种亡国危机下的中国知识分子看到了希望的曙光。

　　但在恽代英看来，"相互辅助"原理下的中国社会就是"一盘散沙"，克鲁泡特金的无政府共产主义丝毫没能减轻他的危机感。他在 1917 年 11 月 23 日的日记里这样写道："在西人社会已进步者，其作事人尚有彼此互相观摩之助，若我则无此。故吾等惟有赖吾同志之互相匡正，互相扶助。"

　　与此同时，恽代英还发表文章指出，"夫沙之所以散者，以无粘液性也"，呼吁大家从公德、公心、诚心、谨慎、谦虚、服从、礼貌、利他这八个方面修养社会性。由此可以看出他有着强烈的救国救民意识和对无政府主义的独到见解。

　　另外，恽代英还深恶权力和暴力，深信无政府主义的组织原理是由自由的个体自愿结合建立的和谐社会。1917 年，恽代英自中华大学毕业后和学友们一起创办了进步团体——"互助社"，注重个人品德修养，自我反省，经常互相鼓励、振奋精神。在周作人等把日本武者小路实笃在宫崎县实践的"新村主义"介绍到中国后，北京、上海等地都发起了"工读互助团"运动。为呼应该运动，恽代英也筹办成立了"利群书社"。以上举动，也证明了他是一个忠实于无政府主义组织原理的人。

　　因为恽代英有着自己独到的见解，因此他在运营管理这些组织活动上采取了和其他社团不同的方法。"互助社"不仅以互助形式培养个人的道德修养，还积极进行社会实践，比如在夜校搞教育活动等。"利群书社"不仅学习"工读互助社"大家共同生活，还将卖书所得作为"公共财产"用于社会贡献和团体成员的日常生活。在恽代英看来，当时的中国，正处在一个为将来实现理想社会而进行职业训练和集体生活训练的阶段，像北京、上海的"工读互助团"那样，在大城市里搞集体生活，只能令一小部分的人立即实现理想社会，因此是种利己主义的想法。

　　恽代英不仅要领导"互助社"和"利群书社"活动，还在担任中华大学附中部主任的同时往各大报社投稿，并指导了武汉的五四运动，加入了"少年中国学会"，作为武汉的青年领袖而扬名于全国。

　　这一时期恽代英的思想和行动特点如下：一是克鲁泡特金的"无政府共产主义"思想对他影响显著，但他并非在中国生搬硬套，而是认识到了孕育这一思想的西洋社会和中国现实的隔阂,将这一思想作为引领中国社会变革的方法上的参照,在成立"互助社"前,他受邀参加基督教青年团(YMCA)举办的夏令营,也是为了去考察;二是恽代英当时的思想具有青年期所特有的理想主义色彩,他很早就意识到了群众组织对社会变革的重要性,因此非常重视"互助社""利群书社"的集体生活训练,在写给《少年中国》的大论文《怎样创造少年中国》里,也提到了组织论、领袖论、运动论,这是当时"少年中国学会"的年轻学员谁都没能考虑到的问题;三是恽代英讨厌脱离现实的纸上谈兵,他真挚地追求言行一致,不轻信任何新的主义,为了能实现自己的主义而深思熟虑,切实实践。正是源于这种性格特征,他多次拒绝了在1921年参加中国共产党的建立。

3. 恽代英的历史地位

在四川省泸州担任川南师范的教务主任期间,恽代英加入了中国共产党,具体时间存在争议,一说是1922年2月加入的,一说是1922年8月为购买川南师范的教学用品去上海期间加入的。

不管是2月还是8月,从恽代英走过的足迹就可以看出,他加入中国共产党的举动是必然的。恽代英以最大的热忱实践了五四新文化运动,在新文化运动挫折后,他抱着对马克思列宁主义的确信加入了中国共产党。在加入中国共产党前,他已经对这个新主义进行了充分的研究,加深了理解。

在加入中国共产党后,恽代英充分发挥入党前的活动经验,积极主动,创办《中国青年》,在发表一针见血的政治言论的同时,又亲切解答地方的年轻人的苦恼和疑问,引导整整一代年轻人走上了革命的道路。恽代英在追求无政府主义理想的过程中,想必也遇到过同样的苦恼与疑问,所以对于不断摸索解决途径的恽代英来说,中国青年的精神领袖真是最适合他的工作。

我认为,在从五四新文化运动的重要领导人发展成为中国共产党早期活动家的有志青年里,恽代英是最为重要,也是最具代表性的人物。

(译者:张桐)

惲代英が独自に模索した建党の理論と実践

　　1921 年 7 月 16 日から21 日の間、惲代英①、林育南②は利群書社③の影響を受けた湖北省の先進的な青年たちを黄岡浚新小学校に集め、共産主義の性格を持つ革命団体である共存社の設立を宣言した。これは惲代英の「独自に展開した建党活動」の重要な指標であり、中国共産党史研究室による『中国共産党歴史』第 1 巻上冊に記載され、そのハイライトとなっている。では、惲代英はどのように中国における建党活動を独自に模索したのだろうか。この問題に関する私見を簡単に論述したい。

　　惲代英(1895—1931)が独自に模索した建党の理論と実践については、彼が湖北省で始めた新文化運動から見ていかなければならない。

　　1915 年 9 月、陳独秀が創刊した雑誌「青年」(1916 年 9 月の第 2 号から「新青年」と改称)をシンボルとする新文化運動が全国で燃え上がった。惲代英は陳独秀を崇拝し、湖北省武漢で熱烈に呼応したのである。

　　「青年」創刊前となる1914 年 10 月、19 歳の惲代英は「東方雑誌」11 巻 4 号に新文化を宣揚するはじめての論文「義務論」を発表、全国規模で頭角を表し注目を集め、「光華学報」「東方雑誌」「新青年」などの学術刊行物上に「新無神論」「文明と道徳」「原分」「物質実在論」「私の人生観」「信仰を論ず」「経験と知識」などの論文を次々に発表し、中国思想界の新星となった。

　　惲代英の上記の論文では以下の基本的な観点を集中して論じている。第一に帝国主義と封建軍閥に対する痛烈な攻撃、第二に孔孟の教えに対する批判、第三に封建的迷信を批判し、現代的科学の宣伝である。

―――――――――――

　　①　惲代英(1895—1931)湖北省武昌出身、中華大学卒業後、教師となる。のちにち「中国青年」の主筆。1922 年に中国共産党に加入。第 5 回大会で中央委員となる。上海に国民党に捕えられ1931 年処刑された

　　②　林育南(1898—1931)湖北省黄岡出身、武昌中華大学に学び、1917 年互助社に参加。五四運動に傘下し、武漢学生連合会のリーダーとなる。1920 年北京医科専科学校入学。1922 年中国共産党入党。

　　③　1920 年、湖北省武漢で惲代英により設立された武漢最大の革新的社会団体。その主旨「大衆(群衆)を利し、助け、大衆のために働く」による名称。のちにメンバーの多くが中国共産党に加わった。1921 年湖北将軍王占元に対する反乱の混乱で解散に追い込まれた。

　恽代英は新文化を広めるために文章を発表しただけでなく、互助社を中心とする新文化を宣伝する進歩的社会団体を設立させた。

　互助社とは修養のための、また社会に奉仕する団体であるが、それ以上に強烈な愛国主義思想を持つ団体である。恽代英は会議のたびに「激励文」を読み上げたが、その内容は以下の通りである。

　「私は平静な心で皆さんにお話し、われわれの良心を証明する。われわれは今日、すべてのことについて報告し話し合った。われわれの発する言葉はすべてわれわれの真心から出ている。われわれは、今日わが国が極めて危険な時にあり、われわれが世界で最も屈辱を味わっている国民であることを知っている。われわれは決心した。われわれは力を尽くし、われわれがなすべきことをなすことを。われわれは怠惰になってはならず、うそを言ってはならず、自己の人格を磨くことを怠ってはならず、われわれの友人を助けなければならず、国家に仕え、社会に仕えることを忘れてはならない。われわれは、自らに能力があり、国家の事情には希望があることを知っている。解散後、明日集まる前までに、価値のある報告があることを期待している。なぜなら、今が実行の時だからだ」。

　言葉からは愛国の心情が溢れ出ている。

　湖北省での新文化運動の広がりは、進歩的な知識人の帝国主義と封建専制主義に対する迷信を打ち破り、彼らの思想を解放した。特に互助社を中心とした愛国社会団体の出現は、湖北省の新文化運動が新段階に突入し、中国共産党成立のための人材を準備し、組織上から前段階の準備をしたことを示している。

　恽代英は湖北省武漢における五・四運動のリーダーであった。五・四運動後、マルクス主義を含む各種の社会主義思潮が中国全土に広まった。恽代英は情熱的にマルクス主義を宣伝し、中国におけるマルクス主義の早期の伝播者となった。1920 年 2 月、恽代英と林育南は武昌横街頭 18 号に利群書社を設立し、利群書社は長江中流域におけるマルクス主義宣伝拠点となった。

　利群書社は「最も意を注ぐのは営業ではなく、文化を紹介することだ」

として、主に「新青年」「毎週評論」「新潮」などの雑誌を販売し始めた。8月ロシア共産党のコミンテルン極東支局がイルクーツクに設立、ヴォイチンスキー①が上海に派遣され、陳独秀など4人の革命家らと革命局を成立させた。その下部組織の出版部では陳望道が翻訳した書籍『共産党宣言』のほか、15種類の小冊子と宣伝ビラを刊行し、その中には『共産党員とはどんな人間か』『十月革命は何をもたらしたか』『論ロシア共産主義青年団運動』『ソビエトロシアの教育』『ロシアソビエト連邦社会主義共和国憲法』『兵士須知』『論労働組合』などがあり、さらに8月22日から定期的に週刊「労働界」を発行した。これらの刊行物も利群書社で販売された。

　惲代英は利群書社設立後、1920年3月末に北京に行き、少年中国学会②活動に参加した。この年の4月、彼は少年中国学会の委託を受け、『少年中国学会叢書』の編集を担当し、マルクス主義とその学説を研究すべき26の書誌のトップに置いた。10月、彼はエンゲルスの名著『家庭　私有制　国家の起源』の一部の章を翻訳し、「東方雑誌」第17巻第19期で発表したが、その中の「訳者記」で、エンゲルスは「マルクスの伝記を読むと彼が出てこないところはない」と指摘している。惲代英は1920年春、陳独秀に託されカウツキーの『階級争闘』を翻訳し、1921年1月に新青年社から『新青年叢書』第8種として出版した。階級闘争理論はマルクス唯物主義の精粋である。この本は、小生産の経過、労働者階級、資本家階級、未来の共同生活、階級闘争の全五章から成っており、人類社会の発展と基本的規律を示し、人類社会の基本活動は経済活動であり、社会制度は経済構造から決定され、資本家階級と労働者階級は根本的に対立する階級であり、その矛盾は解決できず、資本主義社会では、国家機関は資本家階級の利益を保護するものであると指摘している。よって、プロレタリアートは階級闘争によってのみ、私有

---

　①　グレゴリー・ヴォイチンスキー（1893—1956）1918年ロシア共産党入党。中国共産党成立に関与。

　②　1919に北京で李大釗、王光祈らによって設立された抗日愛国主義の青年社会団体で最も大きく影響力のあった団体で五四運動を推進する。機関誌「少年中国」を刊行。1925年分裂。

制を根絶やしにし、政権を奪取し、社会主義を実現できる。これこそ社会を
改造する唯一の正確な手段であるとしている。この本はマルクスの階級闘
争の学説を科学的に解説したため、出版後中国に強烈な反響を巻き起こし、
暗闇の中を前進する中国の進歩的な青年たちを照らす一条の光となったの
である。毛沢東は、「私の心に特に刻まれている3冊の本は私にマルクス主
義への信仰をもたらしたものだ。いったんマルクス主義の歴史に対する正
確な解釈を受け入れてからは、私のマルクス主義への信仰が揺らぐことは
なかった。その3冊の本とは、陳望道の翻訳による、中国語で出版されたは
じめてのマルクス主義の本である『共産党宣言』、カウツキーの『階級闘
争』、カーカップの『社会主義史』だ」と回顧している。

　恽代英はマルクス主義を広め、中国共産党成立のための思想的基礎を
築いた。

　1921年7月1日から4日まで南京高等師範学院の梅庵①で開催された
少年中国学会総会前後に、恽代英はマルクス主義の世界観を確立した。こ
の総会で学会の趣旨と主義を討論した際、鄧中夏②、高君宇、劉仁静など初
歩的な共産主義思想を持つ知識分子と、左舜生③、陳啓天などの右翼知識分
子とは激しい論争を交わした。鄧中夏らは学会は社会主義の方向性を確定
すべきだと主張したのに対し、左舜生らは絶対反対だとして学会は「社会
活動」に従事する改良主義の団体となるべきだとした。それは実際にはマ
ルクス主義と改良主義との論争が少年中国学会内で反映されたものであ
った。

　この論争は恽代英に教訓を与えた。中国の改造という重大な任務を少
年中国学会に託すという彼の希望は失望へと変わった。彼は総会で当初調

---

①　清末の学者で両江師範学堂監督(校長)であった梅庵にちなんで南京高等師範学院内
に建てられた庵。1920年代、社会主義青年団体が会合を開いた場所。
②　鄧中夏(1894—1933)湖南省出身。北京大学に入学後、李大釗の影響で五・四運動に参
加。中国共産党創設者の一人。
③　左舜生(1893—1969)湖南省出身。1918年に北京で李大釗らと少年中国学会を組織し
たが、国家主義はとして鄧、李らと対立。1923年パリで中国青年党結成。のちに国民党と連携、
台湾に渡る。

整役を務め、学会が分裂するのを防ごうとしたが、学会の分裂が不可避となったのを見ると、彼は断固として分裂を主張した。総会後、「楊鐘健①への手紙」の中で彼は「私は南京で学会のために調整役を務めた。調整は私の本意ではなかったが、会に当り、また会の後で旗幟を鮮明にする必要があることを学び、調整の余地がないことを知った」「私個人としては近いうち学会がボルシェヴィキ式の団体となることを望んでいる。これは総会後の思想の大変革だ」と書いている。総会後、惲代英は湖北省に戻り、林育南とともに共存社を設立した。共存社には以下のような明確な特徴がある。

　第一：趣旨が明確である。共存社の趣旨は「積極的確実な準備により、階級闘争、労農政治の実現を希求し、円満な人類共存に到達することを目的とする」どある。これはその後招集された中国共産党第一回全国代表大会で採択された綱領の基本精神と完全に一致するものである。

　第二：「厳密に、厳然と一国家を組織する」。共存社は社員、社友に分かれ、下部組織に総務部、教育部、実業部、宣伝部を設置、社友に選挙権はあるが、他の人を社員または社友として紹介することはできない。それは「社友が不健全なため社の業務に失敗するということがないよう」にである。

　第三：民主集中制を実行する。社内の事柄については社員と社友により公式に決定する。委員の選出は、社員、社友による民主選挙により行われる。「袁式金匱投票法」により、総務部委員に李書渠、教育部委員に惲代英、実業部委員に鄭遵芳、宣伝部委員に廖煥星が選ばれた。

　　共存社の趣旨は、マルクス主義を公開宣伝し擁護することであり、階級闘争とプロレタリアート専制の手段によって社会を改造し、中国で社会主義を実現することである。これは共存社が共産党組織ではないとはいえ、共産主義の性格を持つ政党に似た革命団体であり、互助社や利群書社に比べると質的飛躍を遂げ、惲代英、林育南など利群書社の大多数のメンバーの思想が愛国主義からマルクス主義への転換を実現したことを表している。

---

　①　楊鐘健（1897—1979）陝西省華県出身の古脊椎動物学者。1923年北京大学地質学科を卒業、ドイツ留学を経て1928年中国地質研究所に勤務、さまざまな化石を発掘。

　　以上をまとめると、中国共産党成立以前、恽代英、林育南を代表とする湖北の進歩的青年が「独自に建党活動も展開した」という立論は実際と合致しており、また立証できると考える。

　　共存社の成立は重大な歴史的意義を持っている。西洋と香港　台湾の中国共産党史の一部「研究者」たちは歴史虚無主義を極力鼓舞しており、彼らは1920年代初め、中国には共産党が成立する歴史的条件が備わっていなかったとし、中国共産党の成立は「舶来品」であり、ソビエトロシアから「移植」してきたものだなどとしている。共存社の設立は、中国共産党の成立はマルクス主義と中国労働者運動とのが結合した産物であり、当時の歴史の発展の必然的な帰結であることの有力な証明である。それはたとえコミンテルンとソビエトロシアの援助を受けたものであるにせよ、中国には早晩プロレタリアート政党が成立したであろうことを表している。もちろん、コミンテルンとソビエトロシアの援助は確かに中国共産党成立の歴史的プロセスを加速させた。それらは歴史が証明している争えない事実である。

（訳者：板垣友子、杏林大学）

略论恽代英独立探索建党的理论与实践

　　1921年7月16—21日,恽代英、林育南召集受利群书社影响的湖北先进知识青年在黄冈浚新小学开会,宣布成立共产主义性质的革命团体共存社。这是恽代英"独立展开建党活动"的重要标志,已写入中共中央党史研究室著《中国共产党历史》第一卷上册中,成为该著中的一大亮点。那么恽代英是怎样独立探索在中国展开建党活动的呢? 笔者仅就这个问题,略述管见。

　　恽代英(1895—1931)在中国独立探索建党的理论与实践,要从他在湖北发起新文化运动讲起。

　　1915年9月,以陈独秀创办的《青年杂志》(1916年9月第二卷起改名为《新青年》)为标志的新文化运动在全国勃然兴起。恽代英崇敬陈独秀,立即在湖北武汉热烈响应。

　　其实,在《青年杂志》创刊前的1914年10月,年仅19岁的恽代英,便在

《东方杂志》11 卷 4 号上发表首篇论文《义务论》，开始宣传新文化，在全国崭露头角，引起国人注意。由此他文思泉涌，一发而不可收，接连在《光华学报》《东方杂志》《新青年》等学术刊物发表《新无神论》《文明与道德》《原分》《物质实在论》《我之人生观》《论信仰》《经验与知识》等论文，成为中国思想界升起的一颗新星。

恽代英的上述论文集中宣传了如下基本观点：第一，猛烈抨击帝国主义和封建军阀，弘扬民主；第二，批判孔孟之道，提倡男女平等；第三，批判封建迷信，宣传现代科学。

恽代英除了撰文宣传新文化外，还创建了以互助社为核心的宣传新文化的进步社团。

互助社是一个修养且为社会服务的团体，更是一个具有强烈爱国主义思想的团体，他们在每次开会诵读的《互励文》中说："我平心静气，代表我们大家说，以我们的良心做见证。我们今天来，报告了、商量了一切事情。我们所说的，都是出于我们的真心。我们都晓得：今天我们的国家，是在极危险的时候，我们是世界上最羞辱的国民。我们立一个决心，当尽我们所能尽的力量，做我们所应做的事情。我们不应该懒惰，不应该虚假，不应该不培养自己的人格，不应该不帮助我们的朋友，不应该忘记伺候国家、伺候社会。我们晓得：我们不是没有能力，国家的事情不是没有希望。我们散会以后，在明天聚会以前，还盼望都有个有价值的报告，因为我们从这以后，是实行的时候了。"

爱国之情，溢于言表。

新文化运动在湖北的开展，破除了先进知识分子对帝国主义和封建专制主义的迷信，解放了他们的思想，尤其是以互助社为核心的爱国社团的出现，表明湖北的新文化运动进入了一个新阶段，为中国共产党的创建储备了人才，从组织上做了前期准备。

恽代英是湖北武汉地区五四运动的领导者。五四运动后，包括马克思主义在内的各种社会主义思潮在中国广泛传播。恽代英热情宣传马克思主义，是马克思主义在中国的早期传播者。1920 年 2 月，恽代英与林育南在武昌横街头 18 号创办了利群书社，成为长江中游地区传播马克思主义的中心。

利群书社"最注意的，不在营业，在于介绍文化"，开始主要销售《新青年》

《每周评论》《新潮》等期刊。8月,俄共(布)中央西伯利亚局东方民族处在伊尔库茨克成立,并派维经斯基到上海,与陈独秀等4名中国革命者成立了革命局,下设出版部、宣传部和组织部。出版部除出版了陈望道翻译的《共产党宣言》单行本外,还出版了其他15种小册子和一些传单,其中有米宁的《共产党员是些什么人?》《十月革命带来了什么?》《论俄国共产主义青年团运动》《苏俄的教育》《俄罗斯苏维埃联邦社会主义共和国宪法》《士兵须知》《论工会》等,还从8月22日起定期出版了《劳动界》周刊。这些书刊也在利群书社销售。

恽代英创办利群书社后,于1920年3月末赴北京,参加少年中国学会活动。这年4月,他受少年中国学会的委托,负责编辑"少年中国学会丛书",明确提出将马克思主义及其学说列在所要研究的26个书目的首位。10月,他翻译了恩格斯的名著《家庭、私有制和国家的起源》的部分章节,以《英哲尔士论家庭的起原》为题在《东方杂志》第17卷第19期发表。在该文《译者志》中,恽代英指出,英哲尔士为马克思的挚友,终身在宣传事业中联合努力。"读马氏传的,无有不知他的"。尤其是恽代英1920年春受陈独秀的委托,翻译了考茨基的《阶级争斗》,1921年1月由新青年社作为"新青年丛书"第八种出版。阶级斗争理论是马克思历史唯物主义的精髓。这本书共五章,即小生产的经过、劳动阶级、资本阶级、未来的共同生活、阶级争斗,揭示了人类社会发展的基本规律,指出人类社会的基本活动是经济活动,社会制度是经济结构所决定的;资产阶级与劳动阶级是根本对立的阶级,其矛盾是无法调和的;在资本主义的社会,国家机器是保护资产阶级利益的。因此,无产阶级只有通过阶级争斗,铲除私有制,夺取政权,实现社会主义,才是改造社会的唯一正确途径。由于该书科学地阐释了马克思的阶级斗争学说,所以出版后在中国引起强烈反响,成为照亮在黑夜中前进的中国先进青年的一盏明灯。毛泽东回忆说:"有三本书特别深地铭刻在我的心中,建立起我对马克思主义的信仰。我一旦接受了马克思主义是对历史的正确解释以后,我对马克思主义的信仰就没有动摇过。这三本书是《共产党宣言》,陈望道译,这是用中文出版的第一本马克思主义的书;《阶级争斗》,考茨基著;《社会主义史》,柯卡普著。"

恽代英传播马克思主义,为中国共产党的成立奠定了思想基础。

在 1921 年 7 月 1 日至 4 日于南京高等师范学院梅庵举行的少年中国学会年会前后,恽代英确立了马克思主义的世界观。在这次年会讨论学会宗旨和主义时,以邓中夏、高君宇、刘仁静等具有初步共产主义思想的知识分子和以左舜生、陈启天等右翼知识分子展开了激烈的辩论。邓中夏等坚决主张学会应确定社会主义的方向;左舜生等坚决反对,主张学会应成为从事"社会活动"的改良主义团体。这实际上是马克思主义和改良主义论争在少年中国学会内的反映。

这场辩论教育了恽代英,使他曾经把改造中国重任寄托在少年中国学会的希望变为了失望。尽管他在年会起初还是采取调和态度,以免"伤感情、生隔阂",造成学会分裂。但他见学会分裂已经不可避免时,并坚决主张分裂。会后在《致杨钟健》的信中说:"我在南京曾力为学会作调和派。调和非我本意,然当会及会后均见学会有树立一定明确旗帜的必要,实无调和的余地。""我私意近来并很希望学会为皮歇维式的团体,这是年会后思想的大改变"。会后,恽代英回到湖北,与林育南创建了共存社。共存社具以下鲜明特点:

第一,宗旨明确。共存社的宗旨是:"以积极切实的预备,企求阶级斗争、劳农政治的实现,以达到圆满的人类共存为目的"。这与随后召开的中国共产党第一次全国代表大会通过的第一个纲领基本精神完全一致。

第二,"组织严密,俨然一国家"。共存社分社员、社友,下设总务股、教育股、实业股、宣传股,社友有选举权,但不能介绍别人为社员或社友,为的是"不至于因社友不健全而失败了社务"。

第三,实行民主集中制。社内事宜,由社员社友公决。委员的人选,由社员、社友民主选举产生。经过"袁氏金匮投票法",总务股委员举李书渠,教育股委员举恽代英,实业股委员举郑遵芳,宣传股委员举廖焕星。

共存社的宗旨,公开宣布拥护马克思主义,主张用阶级斗争和无产阶级专政的手段改造社会,在中国实现社会主义。这表明共存社虽然不是共产党组织,但却是一个共产主义性质近似政党的革命团体,与互助社、利群书社相比,发生了质的飞跃,标志恽代英、林育南等利群书社的大多数成员的思想实现了从爱国主义向马克思主义的转变。

综上所述,认为在中国共产党成立以前,以恽代英、林育南为代表的湖北先进青年,"也在独立开展建党活动"的立论是符合实际的、也是立得住的。共存社的成立具有重大的历史意义。西方和港台的一些中共党史"专家",曾极力鼓吹历史虚无主义。他们认为,20 世纪 20 年代初,中国不具备成立共产党的历史条件,中国共产党的成立是"舶来品",是从苏俄"移植"来的,等等。共存社的成立有力地证明,中国共产党的成立,是马克思主义与中国工人运动相结合的产物,是当时历史发展的必然结果。它表明即使没有共产国际与苏俄的帮助,中国迟早也要建立无产阶级政党。当然,共产国际与苏俄的帮助,的确加速了中国共产党成立的历史进程。这些都是历史证明了的不争事实。

（李良明、恽铭庆）

参 考 文 献

一、著作

《马克思恩格斯选集》第 1—3 卷,人民出版社 1995 年版。

《马克思恩格斯全集》第 42 卷,人民出版社 1979 年版。

《马克思恩格斯文集》第 9 卷,人民出版社 2009 年版。

《列宁选集》第 2 卷,人民出版社 1995 年版。

《列宁全集》第 37 卷,人民出版社 1986 年版。

《列宁全集》第 42 卷,人民出版社 1987 年版。

《毛泽东选集》第 1—4 卷,人民出版社 1991 年版。

《周恩来选集》(上卷),人民出版社 1980 年版。

《邓小平文选》第三卷,人民出版社 1993 年版。

胡耀邦:《全面开创社会主义现代化建设的新局面》,《人民日报》1982 年 9 月 8 日。

江泽民:《快改革开放和现代化建设步伐,夺取有中国特色社会主义事业的更大胜利》,《人民日报》1992 年 11 月 4 日。

胡锦涛:《坚定不移沿着中国特色社会主义道路前进 为全面建成小康社会而奋斗》,《人民日报》2012 年 11 月 18 日。

习近平:《国家要强大不能泡沫化 要靠实体经济》,《京华时报》2013 年

7月22日。

《蔡元培全集》第2—3卷,中华书局1984年版。

《瞿秋白文集》(文学编)第1卷,人民文学出版社1985年版。

《林育南文集》,人民出版社2014年版。

《包惠僧回记录》,人民出版社1983年版。

《董必武诗选》,人民出版社1977年版。

陈清泉:《在中共高层50年——陆定一传奇人生》,人民出版社2006年版。

张国焘:《我的回忆》(下),东方出版社2004年版。

《中国共产党八十年珍贵档案》第1卷,中国档案出版社2001年版。

《十七大以来重要文献选编》(上),中央文献出版社2009年版。

共青团中央青运史研究室、中央档案馆编:《中共中央青年运动文件选编》,中国青年出版社1988年版。

中央档案馆、湖北省档案馆:《湖北革命历史文件汇集(1922—1924)》(内部资料),1983年。

《中国共产党历史》第1卷上册,中共党史出版社2011年版。

张允侯、殷叙彝等:《五四时期的社团(一)》,生活·读书·新知三联书店1979年版。

周宪文:《新农本主义批判》,国民出版社1945年版。

袁伟时:《恽代英前期哲学思想试探》,载《恽代英学术讨论会论文集》,华中师范大学出版社1985年版。

李良明:《访问沈葆英记录》,1983年8月13日。

《回忆恽代英》,人民出版社2015年版。

田子渝、李良明:《恽代英传记》,湖北人民出版社1984年版。

李良明、钟德涛主编:《恽代英年谱》,华中师范大学出版社2006年版。

李良明等:《恽代英思想研究》,人民出版社2011年版。

李良明主编:《恽代英全集》第1—9卷,人民出版社2014年版。

《恽代英文集》(上、下卷),人民出版社1984年版。

《恽代英日记》,人民出版社1981年版。

《恽代英教育文选》,湖北教育出版社 1991 年版。

张黎明主编:《我的父辈》,上海人民出版社 2011 年版。

[美]埃德加·斯诺:《西行漫记》,生活·读书·新知三联书店 1979 年版。

王毅武:《中国社会主义经济思想史简编》,青海人民出版社 1988 年版。

张培刚:《农业国工业化问题》,湖南出版社 1991 年版。

张培刚:《新发展经济学》(增订版),河南人民出版社 1999 年版。

王酉梅:《中国图书馆发展史》,吉林教育出版社 1991 年版。

马艳等:《马克思主义经济思想史》(中国卷),中国出版集团 2006 年版。

二、报刊文献与学术论文

《中国共产党第八次全国代表大会关于政治报告的决议》,《人民日报》1956 年 9 月 28 日。

《中共中央关于全面深化改革若干重大问题的决定》,《人民日报》2013 年 11 月 16 日。

中国国家统计局:《2014 年国民经济和社会发展统计公报》,《人民日报》2015 年 2 月 27 日。

章士钊:《业治与农(告中华农学会)》,《新闻报》1923 年 8 月 12 日。

孙倬章:《农业与中国》,《东方杂志》第 20 卷第 17 号,1923 年 9 月。

董时进:《论中国不宜工业化》,《申报》1923 年 10 月 25 日。

陈独秀:《关于社会主义的讨论》(13),《新青年》第 4 号第 23 页,1920 年 12 月 1 日。

《中央委员联名讨蒋》,《民国时报》1927 年 4 月 22 日。

《致广东省委信》(1927 年 12 月 5 日),《中央政治通讯》第 15 期,1927 年 12 月 26 日。

郭沫若:《纪念人民英雄恽代英》,《中国青年》1950 年第 38 期。

刘祖清:《广州起义中的教导团》,载《文史资料选辑》第 59 辑,1979 年。

田子渝:《浅析恽代英的经济思想》,《中共党史研究》1996 年第 3 期。

黎青平:《对党和国家利用外资政策的历史考察》,《中共党史研究》1989

年第 2 期。

马德茂:《恽代英对新民主主义时期经济理论的探索》,《党的文献》2007年第 6 期。

张克敏:《恽代英经济思想刍议》,《党的文献》2007 年第 6 期。

李天华:《关于恽代英〈中国可以不工业化乎〉一文的考证及解读》,《中国经济史研究》2012 年第 3 期。

孙国梁、孙玉霞:《"一五"期间苏联援建"156 项工程"探析》,《石家庄学院学报》2005 年第 5 期。

周柯:《我国新型工业化中的非市场化倾向及其纠正》,《地域研究与开发》2006 年第 6 期。

庄俊举:《"以农立国"还是"以工立国"——对 1920—1940 年代关于农村建设争论的评析》,《经济社会体制比较》2007 年第 2 期。

张荆红:《试论恽代英对新民主主义经济理论形成的历史贡献》,《理论月刊》2006 年第 6 期。

毛传清、毛传阳:《论民主革命时期党的工业化理论的特色》,《理论月刊》2002 年第 1 期。

姜爱林:《中国工业化水平的综合考察》,《中州学刊》2004 年第 3 期。

聂志红:《民国时期建设资本筹集的思想》,《福建论坛》2005 年第 1 期。

李良明、彭卫:《毛泽东、恽代英致孙中山总理电》,《光明日报》2014 年 8月 20 日。

段科锋:《毛泽东利用外资的思想》,《中国社会科学报》2011 年 7 月19 日。

徐惠喜:《中国投资魅力十足》,《经济日报》2015 年 6 月 25 日。

张建国:《学习习近平总书记关于引进国外人才和智力的重要论述》,《学习时报》2014 年 11 月 5 日。

张艳:《为什么说中国工业比德国落后 100 年》,《企业观察报》2015 年 6月 18 日。

申富强、胡静:《陈云重视学习论述的历史意义和时代价值》,《当代中国史研究》2014 年第 2 期。

后　记

　　人生苦短。在有限的生命里，一个人有能力去做成一件事是幸福、是享受，虽很艰辛，但却快乐。从恽代英遗著的收集、整理，至《恽代英全集》(共 9 卷)列入《中国共产党先驱领袖文库》由人民出版社正式出版，历经 30 年。这期间，我便不断享受着幸福与快乐。

　　包括《恽代英全集》在内的《文库》出版后，得到党中央领导的充分肯定，得到学界的广泛认可。2014 年 9 月 29 日上午，人民出版社在人民大会堂举行《中国共产党先驱领袖文库》出版座谈会，中共中央宣传部、中共中央党史研究室、国家新闻出版广电总局、国家图书馆有关领导和中共党史专家、学者以及瞿秋白、张太雷、恽代英、蔡和森、方志敏同志的亲属近百人出席。我作为《文库》编者的唯一代表被邀与会并发言，深感荣幸。尤其在会上，聆听了中央领导同志刘云山、刘奇葆的贺信后，更是深受鼓舞。刘云山在贺信中指出："《文库》集中展现了我们党早期领导人的革命实践和理论探索，反映了中国共产党人为理想奋斗、为真理献身的崇高品格，蕴含着丰富的思想养料，是新形势下进行理想信念教育的好教材。"刘奇葆在贺信中说："《文库》集中收录了我党早期领导人的著作文献，展现了中国共产党人为实现民族复兴的艰辛探索、坚定信念和忠诚奉献。要充分发挥《文库》作用，让更多的人了解中华民族抗争与求索的苦难辉煌，了解我们党领导人民进行革命、建设的伟大历程，增强对中国特色社会主义的信心。"

2014 年 11 月 25 日上午,人民出版社、华中师范大学、黄埔军校同学会又联合在北京华侨大厦主办"《恽代英全集》出版座谈会"。全国人大常委、中央党史研究室原主任、中国共产党党史学会会长、中国中共党史人物研究会会长欧阳淞,中央党史研究室原副主任、北京大学原副校长沙健孙,中共中央党校副校长徐伟新,中共中央文献研究室原副主任金冲及,中国社会科学院原副院长朱佳木,当代中国研究所副所长张星星以及中宣部、中组部、国家新闻出版广电总局有关领导、专家学者和恽代英亲属恽希良、恽梅、恽铭庆和老一辈无产阶级革命家、党和国家领导人的亲属代表瞿独伊、周秉德、陈知建、叶向真、罗丹、叶正光、冯海龙等 80 余人出席。欧阳淞、沙健孙、徐伟新等先后在会上发言,高度肯定了《恽代英全集》的理论价值与当代价值。欧阳淞指出:"《恽代英全集》的出版,不仅填补了党的文献领域中的诸多空白,极大地丰富了中国共产党的精神宝库,而且对于深入推进马克思主义中国化、时代化、大众化,培育和践行社会主义价值观都具有十分重要的意义。"沙健孙说:"《恽代英全集》出版是一件值得庆贺的事情;恽代英是中国共产主义运动的先驱者之一……是一个善于从实际出发,从理论上思考中国问题的具有创造精神的革命家,在中国共产党形成马克思主义中国化的革命理论的过程中,他作出过自己的独特贡献。"徐伟新认为:"作为思想家,恽代英为后人留下了很多有意义的著作,他的理论涵盖了政治、经济、军事、文化、教育等多个领域,并形成了自己独立的思想体系,这在我们党发展的早期,实属难能可贵,在早期中国共产党人中也不多见。"

2015 年 8 月 12 日,是恽代英诞辰 120 周年。8 月 11 日,由中共湖北省委宣传部、湖北省新闻出版广电局、中共常州市委、中央新闻纪录电影制片厂主办,华中师范大学、黄埔同学会协办的三集历史文献片《永远的恽代英》在人民大会堂举行新片发布会。发布会由中华英烈褒扬事业促进会副会长刘国栋将军主持,首先由国家影视重大题材审查小组负责人金德龙致辞祝贺,接着播放文献片预告片,随后展开座谈。座谈会由《人民日报海外版日本月刊》总编蒋丰先生主持。笔者与文献片导演张禾及著名导演闫东、夏蒙、著名军旅歌唱家阎维文、作曲家戚建波、《中国青年》杂志社社长王跃春相继发言,谈文献片的创作体会和成功经验,气氛十分活跃。会上,恽代英的亲属恽希良受中共中央政治局委员、国务院副总理刘延东的委托,宣读了致恽代英亲属的信,将座谈会的热烈气氛推向了高潮。最后由主办和协办单位的领导中华英烈褒奖事业促进会副会长耿志远、华中师范大学党委副书记谢守成、常州市委宣传部部长徐缨、新影集团副总裁郭本敏致辞祝贺,一致高度肯定本片不仅具有深远的历史意义,而且特别具有重大的现实意义,是献给恽代英诞辰120周年和建党95周年的一份厚礼。

鉴于恽代英诞辰正在暑假期间,华中师范大学党委决定,纪念恽代英诞辰120周年学术讨论会于8月29日举行。这次会议的筹备工作是从2014年9月开始的,邀请海内外恽代英研究者参加,强调要充分利用《恽代英全集》提供的新史料,围绕恽代英在中共党史上的历史地位和恽代英精神的当代价值展开深入研讨。来自中共中央宣传部、组织部、中央党史研究室,中央文献研究室、教育部、共青团中央、中共湖北省委宣传部、共青团湖北省委、湖北省党史研究室、常州市党史研究室的相关领导和恽代英的亲属、老一辈无产阶级革命家瞿秋白、张太雷的亲属以及来自海内外的专家学者共150余人出席了会议,共收到学术论文86篇。华中师范大学党委书记马敏、校长杨宗恺率全体校领导班子出席。北京大学、北京师范大学、军事科学院、武汉大学、华中师范大学、湖北省社会科学院、华南师范大学、陕西师范大学、日本千叶大学、浦和大学的恽代英研究者在会上作了精彩的学术报告。著名中共党史专家沙健孙以《周恩来选集》中《学习毛泽东》一文里"恽代英给毛泽东写信,可以学习陶行知到乡村里搞一搞"为例,说明恽代英很早就开始关注农民问题,认为农民是中国革命的主力军、农民问题是中国民主革命的基本问题。"这说明恽代是一个思想敏锐、善于从实际出发、从理论上思考中国问题的具有创造精神的革命家。"与会学者一致认为,在当代,学习恽代英思想、传承恽代英精神,就要学习他为中华民族的繁荣富强呕心沥血、不懈追求,为实现中华民族伟大复兴的中国梦而奉献自己一切的精神;学习他志存高远、爱国为民、严于律己、无私奉献的精神;像他一样追求真理、坚定信仰、对党忠诚、至死不渝,努力做社会主义核心价值观的践行者。

正是有了以上的这些重大学术经历,我的学生申富强博士向我提出建议,应该编一本书,将《恽代英全集》出版前的重要学术成果、出版后的社会反映及新的重要研究成果和纪念恽代英诞辰 120 周年学术讨论会的盛况认真梳理一下，做个学术总结，以纪念中国共产党诞辰 95 周年和恽代英牺牲 85 周年，同时为后人提供一些从事文集或全集编写工作的经验，应是非常有意义的。他的建议，正好也是我正在思考的问题，真是不谋而合。于是我提出了初步的编选方案，由他具体负责编辑。申富强博士十分认真、刻苦和敬业，利用今年春节假期编出初稿。3 月上旬，我俩一起在京审稿，进一步补充完善。因此，本书的出版，申富强博士贡献良多。收入本书的文字，原文大多在《人民日报》《光明日报》《解放军报》《中共党史研究》《中国经济史研究》《华中师范大学学报》《江汉论坛》等报刊发表，在编著本书过程中，申富强博士又在不影响原作者学术思想的基础上，对收入本书的文字逐篇逐章进行统一改写、修订和分类，并在文末署上了原作者姓名。经科学谋划，精心编选，最终形成了本著。

回忆总是甜美的，梦想总是美好的。我衷心地希望，在《恽代英全集》出版后，海内外能有更多的恽代英研究者涌现，好好地继承这份精神遗产，将恽代英生平与思想研究不断地持续深入进行下去，为实现中华民族伟大复兴的中国梦提供强大的精神动力。

我们荣幸地聘请到恽代英的亲属恽希良、恽铭庆为该书顾问。他俩参与了审稿并提供了宝贵意见。人民出版社热情支持出版该书，责任编辑吴继平为本书的出版付出了辛勤的劳动，摄影家陈英为本书提供了大量的照片，在此一并致以衷心感谢！

李良明

2016 年 3 月 10 日

责任编辑:吴继平

封面设计:徐　晖

责任校对:吕　飞

图书在版编目(CIP)数据

《恽代英全集》的编纂与研究/李良明　申富强　编著. —北京:人民出版社,2016.9

ISBN 978-7-01-016568-4

Ⅰ.①恽…　Ⅱ.①李…②申…　Ⅲ.①恽代英(1895—1931)-全集-研究

Ⅳ.①K827=6

中国版本图书馆 CIP 数据核字(2016)第 184590 号

《恽代英全集》的编纂与研究

YUNDAIYING QUANJI DE BIANZUAN YU YANJIU

李良明　申富强　编著

人民出版社 出版发行

(100706　北京市东城区隆福寺街 99 号)

北京汇林印务有限公司印刷　新华书店经销

2016 年 9 月第 1 版　2016 年 9 月北京第 1 次印刷

开本:710 毫米×1000 毫米 1/16　印张:21.5

字数:325 千字

ISBN 978-7-01-016568-4　定价:58.00 元

邮购地址 100706　北京市东城区隆福寺街 99 号

人民东方图书销售中心　电话 (010)65250042　65289539